사이버사회심리학

사이버사회심리학

이성식 · 전신현

집문당

이성식
미국위스컨신(매디슨) 대학교 박사
현재 숭실대학교 정보사회학과 교수

전신현
미국위스컨신(매디슨) 대학교 박사
현재 고려사이버대학교 청소년상담학과 교수

사이버사회심리학

2020년 4월 30일 1판 1쇄

저자 | 이성식 · 전신현
발행인 | 임동규
발행처 | **(주)집문당**
등록 | 1971. 3. 23. 제2012-000069호
주소 | 03134 서울시 종로구 돈화문로 82, 5층
전화 | +82-1811-7567
이메일 | sale@jipmoon.com
홈페이지 | www.jipmoon.com

ISBN 978-89-303-1870-9 93330

가격 18,000원

이 도서의 국립중앙도서관 출판시도서목록(CIP)은 e-CIP홈페이지(http://www.nl.go.kr/ecip)와 국가자료공동목록시스템(http://www.nl.go.kr/kolisnet)에서 이용하실 수 있습니다.
(CIP제어번호: CIP2020015614)

머리말

사회심리학은 개인의 심리를 우리 일상생활과 행동들에 견주어 보면서 흥미롭게 공부할 수 있는 분야이다. 더구나 인터넷과 사이버공간이 우리 일상의 큰 부분으로 자리 잡게 되면서 사이버사회심리학이라는 연구분야에 관심을 가질 필요가 있게 되었다. 사이버공간에서의 인간의 심리와 행동은 어떠한가? 이러한 물음에 답하기 위해 사회심리학의 여러 주제들에 대해 『사이버공간의 사회심리학』이라는 저서에서 다룬 바 있다. 10년 전에 이루어진 작업은 그동안의 연구가 부족했어서 집필하는 데 어려움이 있었다. 그러나 이후 꾸준히 국내외에서 온라인에서의 사회심리학관련 여러 주제들이 연구되어 왔고 이러한 연구들을 담고자 새 책의 필요성이 있게 되었다. 이 책은 사이버공간에서의 사회심리학에 관한 여러 연구들의 결과들을 요약하고 정리하고 있다. 이 저서에서는 사회심리학에서 다뤄 왔던 여러 주요 주제들, 즉 자아, 사회지각, 인상형성, 귀인, 태도, 감정, 설득, 자기제시와 인상관리, 호감과 사랑, 집단, 그리고 집합행동, 친사회적 행동, 폭력행동, 인터넷중독에 이르기까지 여러 영역의 주제들을 사이버공간에 적용한 바 있는 연구논문들을 정리하여 다룬다. 저서는 주제별로 개략적인 정리를 했고 하나하나의 세부 논문들을 자세히 다루지는 않았는데 더 상세한 정보는 문헌을 참고하면 될 것 같다. 이 저서를 내면서 아직도 부족한 부분이 많고 마음에 차지는 않지만 기존 책으로는 요즈음의 현상을 담을 수 없고 더 이상 미룰 수 없어 용기를 내고 출판하기로 하였고 좀 더 좋은 작품은 다음 기회에 넘기기로 기약한다. 출판을 허락해 주신 출판사 사장님과 수고를 해주신 관계자 및 여러분들께 감사를 드린다.

2020년 4월
저자 일동

차 례

제9장 집 단 / 167

제10장 집합행동 / 193

제11장 친사회적 행동 / 211

제12장 폭력행동 / 233

제13장 인터넷중독 / 251

제 1 장

사회심리학과 사이버공간

제1장 사회심리학과 사이버공간

1. 사회심리학

1) 사회심리학이란?

사회심리학은 어떤 학문인가? 사회심리학을 다룸에 앞서 우선 사회학과 심리학에 대해 간략히 살펴보자. 사회심리학은 사회학과 심리학의 중간에 위치한다고 볼 수도 있기 때문이다. 사회학은 사회에 대해 연구하는 학문이다. 사회학은 개인에 초점을 두고 개인을 분석단위로 하는 미시사회학 또는 사회심리학을 포함하기도 하지만 전통적인 의미에서 보면 개인이 아닌 집단, 조직, 지역, 국가의 현상과 그것을 분석단위로 하는 거시사회학과 중간 수준의 조직사회학이 보다 사회학의 대표 분야로 여겨져 왔다. 따라서 산업화, 불평등, 인구변화, 사회결속력 등의 사회적 속성에 관심을 갖고 연구한다. 즉 사회학은 개인과는 독립적인 사회현상을 다룬다. 반면 심리학은 개인을 분석단위로 하고 개인의 특성을 다룬다. 심리학은 어떻게 보면 개인을 다룬다고 하기보다는 개인의 하위단위의 속성을 다룬다고 할 수 있는데, 예컨대 개인의 성격, 기억, 지능, 동기 등이 대표적인 연구주제가 된다. 심리학은 사회와 관계없이 개인의 일정하고 안정된 특징을 연구한다.

사회심리학은 사회 속의 사람들에 관해 연구하는 학문이다. 사회심리학은 개인을 다루지만 개인과 개인과의 관계라든지, 사회로부터 영향받는 개인의 심리나 행동처럼 개인의 심리나 행동의 사회적 속성을 다룬다는 점에서 심리학과는 구분된다고 할 수 있다. 사회심리학의 가장 대표적인 정의로 Allport(1985)의 정의가 있는데, 그가 '사회심리학은 실제로 존재하는 다른 사람 혹은 존재한다고 생각되는 다른 사람, 그리고 그가 속한 사회상의 위치가 개인의 생각, 감정, 행동에 미치는 영향을 연구하는 학문'이라고 정의했다. 사회심리학은 사람들이 사회환경으로부터 어떻게 영향을 받아, 어떤 심리와 행동특성을 보이는지를 연구한다. 우리는 가족성원, 친구, 이웃, 그리고 심지어 한 번도 만난 적이 없는 인터넷에서 접한 사람들과 서로 영향을 주고받고 있다. 나 자신이 부모와 닮은 행동을 하는 것은 유전적 이유도 있겠지만 가정이라는 환경 속에 부모로부터 영향을 받았음을 나타낸다. 또 우리는 직접적으로 상호작용하는 사람 말고도 상상의 다른 사람들로부터도 영향을 받는다. 더 나아가서 사람들은 사회구조상 어느 위치와 지위를 갖고 있기에 그것으로부터 영향을 받기도 한다. 남자는 사회가 기대하는 역할로 인해 그것으로부터 영향을 받으며, 교수나 선생도 주위의 기대 속에 역할을 수행하고 있다. 사회심리학은 이처럼 개인을 다루지만 사회 속에서의 개인을 다룬다. 그런데 사회 속의 개인은 수동적이기도 하지만 사회에 영향을 주는 능동적 존재이기도 하다. 따라서 혹자는 사회심리학을 개인이 사회로부터 받는 영향뿐만 아니라 개인이 사회에 미치는 영향까지 포함한 서로 간의 영향과 관계를 연구하는 학문이라고 정의하기도 한다.

사회심리학은 분석 단위로 보면 개인을 다룬다는 점에서 조직이나 사회를 다루는 전통사회학과는 분명 구분된다. 그리고 개인을 분석 단위로 한다는 점에서 심리학과 동일하다. 그러나 사회심리학은 개인을 다루지만 개인 특성 혹은 하위 속성보다는 개인과 개인의 관계, 개인과 그가 속한 집단과의 관계, 개인과 사회의 관계를 다루는 점에서 심리학과는 구분된다고 할 수 있다. 어떻게 보면 분석 단위로 구분해 볼 때 사회학에서는 사회 전체, 지역, 조직이 분석 단위가 되고, 심리학에서는 개인이 분석 단위가 되지만 사회심리학에서는 그 분석 단위가 상호인간관계의 수준이라고 볼 때 그 차이는 뚜렷이 구분된다고 볼 수도 있겠다. 그렇지만 사회심리학은 상호개인관계 이외에 통상 심리학과 같이 개인을 분석단위로 한다. 다만 사회심리학은 개인을 다루고 분석하면서 주위 사람과의 관계나 사회환경적 요소를 중시하는 점에서 심리학과는 구분된다고 할 수 있다. 폭력을 예로 본다면 전통사회학이 사회결속력과 가족의 해체가 폭력범죄율과 어떤 관계가 있는가의 거시 현상에 주목한다면, 심리학은 충동성이라는 성격을 폭력의 원인으로 다루고 있고, 사회심리학은 두 사람이 서로 분노가 증폭되는 상황을 다룬다든지(개인과 개인의 관계), 혹은 가정에서 부모의 무관심과 부적절한 양육 그리고 친구나 학교 환경이 어떻게 개인의 폭력에 영향을 미치는가(사회 혹은 집단의 개인에의 영향)를 다룬다는 점에서 구분된다고 볼 수 있다.

2) 두 가지 사회심리학

그런데 사실 사회심리학은 심리학 내에서도 그리고 사회학 내에서도 다루고 있다. 심리학에서는 개인의 현상을 이해하는 데 있어 개인이 독립적으로 존재할 수 없기 때문에 다른 개인과의 관계나 사회의 영향을 다룰 필요가 있었고, 또한 사회학 내에서는 거시사회학 이외에도 개인의 사회적 행위를 다루는 미시사회학이 또 다른 중요한 분야이기도 하다. 이렇듯 사회심리학은 심리학과 사회학에서 모두 주요 분야로 다뤄지고 있다. 사실 심리학과 사회학에서의 사회심리학이 서로 명확히 구분되지는 않지만, 그것을 심리학적 사회심리학과 사회학적 사회심리학으로 구분하는 경우도 있다. 전자가 주로 미시적 상황에서의 개인들이 서로 영향을 주고받는 개인과 개인의 관계에 주목한다면, 후자는 주로 사회구조, 집단, 조직, 역할, 규범의 작용을 중시하여 집단 안에서의 개인, 혹은 집단과 집단과의 관계, 그리고 개인과 사회의 관계를 다루는 점에서 구분되기도 한다. 즉 심리학적 사회심리학이 개인과 개인의 관계로 사회지각, 인상형성, 설득, 자기제시, 인상관리, 호감 등의 주제를 다룬다고 한다면, 사회학적 사회심리학은 개인과 개인과의 관계보다는 집단과 사회로부터 개인이 어떻게 영향을 받는지를 다뤄, 가정과 학교에서의 사회화, 자아형성, 집단규범에의 동조, 역할규범학습, 집단 간의 갈등, 계층과 성격(혹은 행동)의 관계 등의 주제를 주로 다룬다고 할 수 있다.

그러나 사회심리학에서는 통상 두 영역을 크게 구분하고 있지는 않으며, 다루는 주제가 서로 상당 부분 겹친다. 그럼에도 심리학 내 사회심리학은 그동안 많은 연구와 발전이 있었던 반면 사회학 내에서는 특히 국내의 경우 주로 거시사회학에 치우쳐 사회심리학의 연구가 상대적으로 활발하지는 않았다. 예를 들어 미국의 경우 심리학 내 사회심리학에서는 *Journal of Personality and Social Psychology*가, 사회학 내 사회심리학은 *Social Psychology Quarterly*가 대표적 저널에 속하며, 국내에서는 심리학을 중심으로 『한국심리학회지: 사회 및 성격』이 발간되고 있지만 사회학 내에서는 사회심리학과 관련한 뚜렷한 학회지마저 없는 실정이다. 사회학적 사회심리학의 분야가 크게 발전되었다면 심리학의 분야와는 다른 나름대로의 영역이 자리 잡았을 텐데 그렇지 못한 아쉬움이 있다. 이 책에서는 두 영역을 구분하지는 않을 것이며 심리학적 사회심리학과 사회학적 사회심리학에서 다루는 중심 주제를 포괄하여 다룰 것이다.

3) 사회심리학의 주요 주제

그렇다면 이 책 사회심리학에서 다루는 주제는 무엇인가? 사회심리학에서 다루는 주제는 광범위하다. 하지만 기존 사회심리학 책에서 다루어져 왔던 주요 주제들을 크게 다음과 같은 네 분야로 나누어 다루기로 한다.

첫 번째는 자아, 사회지각, 인상형성, 귀인, 태도, 감정 등 사회심리학의 기초 개념에 대한 논의이다. 이 개념들은 사회적 속성을 가짐과 아울러 개인의 다양한 영역에서의 행동을 설명하는 주요 요인으로 강조되고 있다. 예컨대 자아와 관련해서 보면 자기 자신을 어떻게 바라보는가에 따라 학업성취도나 우울과 같은 감정, 문제행동 등이 달라지듯이 개인에 영향력을 미치는 주요 개념인데, 이러한 자아가 사회로부터 어떻게 형성되는지와 개인의 제 영역에 어떤 영향력을 갖는지를 다룬다. 이러한 개념들을 통해 사회심리학의 기초를 다질 수 있다.

두 번째는 사회심리학의 주요 주제 중 하나인 개인과 개인의 대인관계에 관한 주제들이다. 인간관계에서 서로 간에 어떻게 상대를 설득하는지, 자기를 표현하고 인상을 관리하는지, 서로가 어떻게 서로에게 호감과 매력을 느끼고 친밀한 관계로, 그리고 사랑하는 사이로 발전되는지 주제 등 심리학적 사회심리학의 주요 내용들인 개인과 개인의 관계가 그 주요 주제가 된다.

세 번째는 집단 내 개인의 행동과 집단의 영향 등 집단 속의 개인에 관한 주제이다. 사람들은 가정, 학교, 직장, 각종 사회모임체의 일원으로 살아가면서 자신이 소속되어 있는 집단으로부터 어떻게 영향을 받고 집단 규범에 동조하는지, 집단에서의 의사결정은 어떤 특성이 있는지, 집단성원으로서의 집단정체성은 얼마나 중요하며 그 역할은 어떠한지, 그리고 집단 간의 갈등 등 집단을 둘러싼 주제가 그것이다.

마지막으로 사회심리학에서는 인간의 주요 행동을 다룬다. 사회심리학 교재에서 많이 언급되는 행동으로는 집합행동, 남을 돕는 친사회적 행동, 그리고 폭력 혹은 공격행동이 있는데, 여기서는 그 원인과 사회적 속성들을 다룬다. 이들 연구를 통해 개인의 행동이 사회로부터 어떻게 영향을 받는지를 알 수 있으며, 또 한편으로는 개인이 사회에 어떠한 영향력을 행사할 수 있는지를 이해할 수 있다.

2. 사이버공간

1) 새로운 사회공간으로서의 사이버공간

오늘날 정보사회에서 인터넷으로 펼쳐지는 사이버공간의 세상은 생활의 중요한 부분을 차지하고 있다. 정보사회의 특징은 바로 사이버공간이 출현했다는 점에 있다. 정보기술의 발전과 인터넷의 출현으로 정보사회에서는 사람들과의 관계가 인터넷으로 연결된 사회망을 통해 이루어진다. 즉 장소와 물질에 기반한 현실과는 달리 시공간을 초월한 무한의 네트워크를 통해 사람들의 관계가 이루어진다.

사이버공간은 현실공간과 대치되는 것으로서 가상공간이라고 불리기도 한다. 하지만 인터넷 이용자 수가 급증하면서 인터넷으로 이루어진 사이버공간은 우리의 삶에 없어서는 안 될 중요한 생활공간이 되었고, 사람들은 인터넷을 통해 서로 만나고 대화를 나누며 많은 시간을 보내고 있다. 그러한 점에서 사이버공간은 현실공간과 분리되지 않는 새로운 일상의 사회적 공간이 되어가고 있다.

그렇다면 사이버공간이 갖는 특징은 무엇인가? 사이버공간은 현실공간과 다른가? 여기서는 먼저 인터넷매체가 갖는 매체적 특성을 살펴본 후 그러한 것으로 비롯된 새로운 공간인 사이버공간의 특성에 대해 알아보기로 한다.

2) 인터넷 매체의 특성

(1) 탈육체성

인터넷에서의 표현방식은 문자이다. 물론 디지털기술의 발달로 문자 이외에 그림, 사진, 동영상, 음향을 통한 교류도 가능하지만 주된 방식은 문자에 의존한다는 점이다. 이메일이나 게시판에 글 올리기, 채팅 등에서 보듯이 사이버공간에서는 물리적 육체가 존재하지 않고 텍스트, 정보가 존재한다. 사이버공간에서는 면 대 면의 상호작용이 아닌 문서화된 텍스트 형태로 메시지를 전달하며 그러한 정보가 사물을 그려낸다. 그러한 이유로 사회실재감이 낮고, 또한 표정, 목소리, 복장 등 비언어적 단서가 결여되어 있어서 교류가 사무적이고 정감이 부족하다는 지적도 있다. 그런 반면 사이버공간에서는 텍스트로부터의 이미지가 존재하며, 이미지의 상호작용이 이루어진다. 따라서 사이버상에서는 충분하고 효율적인 의사소통이 어렵지만, 현실을 초월한 이미지의 대화와 상호작용이 가능하다. 더구나 탈육체성으로 상상의 매혹적인 공간이 되기도 한다.

(2) 익명성

사이버공간은 자신의 신분, 지위가 노출되는 대면적 상황과 달리 자신의 신분이 노출되지 않는 익명적인 특성이 있다. 즉 사이버공간에서는 성, 연령, 지위 등 실체를 드러내지 않고 자신을 숨긴 채 자유롭게 의사소통을 할 수 있다. 물론 사이버공간에서는 실명으로도 개인이 존재할 수 있지만 주로 닉네임이나 익명으로 대화를 나누며, 그러한 이유로 사이버공간은 자유의 공간이 되고, 욕망에 따라 행동 가능하며, 탈지위의 수평의 공간이 되기도 한다. 물론 익명성이 왜곡된 의사표현과 규범 위반의 부작용을 초래한다는 지적도 있다.

(3) 탈시공간성

사이버공간은 시공간의 제약이 없는 공간이다. 물론 채팅과 같은 동시적 대화가 있지만 사이버공간의 경우 컴퓨터의 메시지 저장 능력 때문에 이메일의 사용에서처럼 메시지 전달자는 편리한 시간에 메시지를 발송하고, 또 수신자는 시간적 여유를 갖고 반응할 수 있다. 즉 사이버공간에서는 시간적 일치가 필요 없고 또 아울러 24시간 이용이 가능한 점에서 시간의 제약을 받지 않는다. 또한 사이버공간에서는 서로 다른 물리적 공간에서 메시지를 교환할 수 있다. 멀리 있는 사람을 이메일과 채팅 등을 이용해 만날 수 있고 인터넷을 통한 화상회의도 가능하다. 이처럼 공간의 거리감을 극복하면서 사회관계도 전지구적으로 무한히 확장된다. 사이버공간에서 우리는 어느 일정한 곳에 있는 것이 아니라 시공간을 초월하여 시공간을 떠도는 유목민적 존재가 된다. 이처럼 사이버공간에서 우리는 시간적·공간적 제약으로부터 자유롭다.

(4) 가용성

이와 같은 사이버공간의 특성은 언제든지 쉽게 접근하고 사용가능하다는 가용성의 공간으로 특징되기도 한다. 사이버공간의 높은 접근성과 편리성으로 인해 언제든지 방문하고 머무를 수 있으며, 새로운 사람과 자유롭고 빈번하게 만날 수 있다.

(5) 상호작용성

사이버공간은 개방적 네트워크로 이루어져 있기 때문에 지금까지의 공중파 일반매체와는 달리 정보를 받을 뿐만 아니라 우리의 정보를 능동적으로 전달하여 참여할 수 있는 공간이 된다. 즉 사이버공간에서 참여자는 정보의 소비자이면서 적극적인 생산자가 될 수 있다. 따라서 누구나 사회의 한 구성원으로서 자신이 갖고 있는 정보를 제공할 수 있고, 또 자신의 의견을 개진할 수 있는 등의 행동 주체가 될 수 있다. 인터넷공간은 네트워크의 속성상 쌍방향의 대화와 상호작용이 이루어져 서로 교류하고 사회관계를 확대해 나간다. 인터넷에서는 일대일 교류 이외에 여러 사람이 함께 대화에 참여할 수 있어, 일대다 그리고 다대다 의사소통이 동시에 이루어지기도 한다.

(6) 비선형 / 비연속성

인터넷을 통한 의사소통은 비선형적이고 비연속적인 하이퍼텍스트로 구성되어 있어 정보가 어디가 시작이고 끝인지를 알 수가 없다.

책이나 비디오테이프를 보면 스토리가 연결되어 있어 각 장이나 장면 하나하나는 아무 의미가 없다. 하지만 사이버공간의 정보들은 마디들로 연결되어 있기 때문에 정보의 흐름이 순차적이고 연속적으로 이루어지는 것이 아니라 그 대신 하나의 작은 정보라도 그 자체로 존재하게 된다. 그 정보들은 그 자체로 여기저기를 떠돌아다니면서 이용자의 목적에 따라 어떤 텍스트로 연결되는가에 따라 재구성이 가능하다. 따라서 이용자가 의도에 따라 어떻게 사용할 것인가에 따라 정보는 새롭게 재편된다. 이처럼 사이버공간에서는 생산자 중심의 정보가 이용자 의도대로의 정보로 바뀌게 되는 특징을 지니게 된다.

3) 사이버공간의 특성

이러한 인터넷의 매체 특성으로 사이버공간은 다음과 같은 새로운 공간의 특성을 갖는다.

(1) 자유의 공간

사이버공간에서는 물질적인 육체가 존재하지 않고 익명적이기 때문에 현실과 달리 현실의 구속, 억압으로부터 탈피하여 자유롭게 된다. 현실공간에서는 여러 제약과 규범으로 하지 못했을 일들을 사이버공간에서는 거침없이 자유롭게 자신의 의사대로 표현할 수 있다. 게시판에서의 자유로운 의견개진이나 성적인 욕망의 표출과 같이 사이버공간에서는 자유로운 행동이 가능하다. 이처럼 사이버공간은 현실을 뛰어넘는 초월적이면서 사회규범으로부터의 구속과 억압으로부터 해방되는 자유로운 공간이 된다. 그렇지만 자칫 현실로부터 해방된 모습이 탈억제 등의 여러 문제를 낳기도 한다.

(2) 수평의 공간

사이버공간에서는 개인의 사회적 지위, 권력, 나이, 성 등을 나타내는 사회적 단서가 제공되지 않기 때문에 대등한 관계에서 의사소통이 이루어지며, 현실과 달리 지위가 높은 상대의 영향력이 작용하는 것이 적어진다. 즉 사이버공간은 탈지위의 수평의 공간으로 사람들의 관계는 사회적 지위에 얽매이지 않는 평등의 관계에 놓이게 된다. 사이버공간에서는 탈육체적이어서 메시지를 보낸 사람이 누구인가는 중요하지 않고 다만 메시지 자체가 중요하다. 따라서 사이버공간에서 인간관계 형성과 의견 결정은 메시지 전달자가 누구인가보다 메시지의 내용이 더 중요해진다.

(3) 참여의 공간

사이버공간은 누구에게나 개방되어 있다. 사이버공간은 네트워크를 통해 이루어져 있기 때문에 전통적 권력 독점의 가능성이 적어지게 되었다. 네티즌들은 자신의 의견을 적극 개진해 나가면서 여러 사회이슈에 참여한다. 사이버공간에서는 정보가 개방적이고, 인간관계의 평등성을 구현할 수 있으며, 누구나 참여가 가능하다는 점에서 사이버공간을 통한 전자민주주의의 가능성이 강조된다. 아마도 사이버공간이 젊은 청소년들에게 각광받게 되는 것도 청소년들이 나이에 구속됨이 없이 지배당하지 않고 환경을 통제할 수 있기 때문이며, 이러한 점에서 여성, 그 밖의 사회약자들에게도 매력적인 공간이 될 수 있다.

(4) 출현적 공간

사이버공간은 정적이지 않은 계속적이고 출현적 질서를 갖는 공간이 된다. 즉 기존에 존재해 있던 사회가 아니라 새롭게 주도하여 빈 공간에 만들어가는 세상이다. 사이버공간은 주어지지 않은 만들어지는 공간이다. 그리고 그러한 점에서 사회 참여자이자 구성원으로서 개개인이 사회보다는 더 힘을 발휘하는 공간이 된다. 이처럼 사이버공간은 인간의 능동성과 자율성에 바탕을 둔 공간이며, 새로운 규범과 가치가 생성될 수 있는 공간이 될 수 있다.

(5) 가상의 공간

사이버공간은 현실을 뛰어넘는 가상공간이기도 하다. 사이버공간에서는 현실에 구속되지 않고 자신이 원했던 욕구를 충족하고 자신이 원했던 바를 실현할 수 있는 공간이 된다. 사이버공간은 현실과는 분명 다르다는 것이 강조된다. 현실에선 불가능한 것이 사이버공간에서는 이루어질 수 있기 때문이다. 그렇지만 그것은 미지의 가상공간만은 아니다. 사이버공간은 실재의 사람들이 상호작용하고 상호교류하는 공간이기 때문이다. 따라서 사이버공간은 현실의 일부이며 연장이 된다. 사이버공간에서의 우리의 모습은 우리가 원하는 내재하는 삶 자체이며, 또 그 공간에서의 삶이 또 하나의 다른 현실이 되어가고 있기 때문이다.

(6) 인간관계의 장

사이버공간은 시간이 없거나 거리 때문에 잘 만날 수 없는 사람에게 서로 만날 수 있는 만남의 장을 제공한다. 사이버공간은 새로운 인간관계를 형성할 수 있는 네트워크의 장이 된다. 사이버공간을 통해 평소 알지 못하던 사람과 대화가 가능하고 성, 인종, 지역을 뛰어넘어 사람들을 한곳에 만나게 해 주는 만남의 장소가 된다. 사이버공간에서는 유사한 관심을 가진 사람끼리의 동호회 등 친밀한 사이버공동체로까지 발전하기도 한다. 물론 그러한 만남은 비지속적, 상황적, 유동적이기도 하지만, 그럼에도 유사성을 기반으로 정서적 유대가 형성되고, 또한 마음의 위안처가 될 수 있는 공간이 된다.

3. 사이버사회심리학에서 다룰 주제들

이 책의 궁극적인 목적은 사이버공간의 사회심리학의 여러 주제들을 다루려는 것에 있다. 사이버사회심리학이란 현실 오프라인이 아닌 새로운 사회공간인 온라인 사이버공간에서 벌어지고 있는 개인과 개인의 관계, 사이버동호회 등 집단을 둘러싼 여러 주제들, 그리고 사이버공간에서의 여러 행동들에 대한 주제를 다루는 분야라고 할 수 있다. 이 책은 사회심리학의 주요 주제들을 중심으로 그것이 사이버공간에서는 과연 어떠한가를 다루려고 한다. 아마도 사이버공간이라는 새로운 장이 탄생되면서 새롭게 다뤄야 할 사회심리학의 분야가 있을 것이지만 이 책은 그러한 새로운 주제의 모색보다는 기존의 사회심리학에서의 주제들을 중심으로 그러한 것들이 사이버공간에서는 어떤 특성으로 펼쳐질 것인지를 중점적으로 다뤄보려고 한다.

이를 위해 앞으로는 앞서 살펴본 사회심리학의 주요 주제대로 사이버공간에 적용하여 그동안의 논의와 연구들을 살펴볼 것이다. 첫째로는 사회심리학의 기초 개념으로서 사이버공간에서의 자아, 사회지각, 인상형성, 귀인, 태도, 감정 등의 주제들을 다룰 것이다. 사이버공간에서의 자아의 모습은 어떠한 특성을 갖는가? 그것은 현실과 다른 새로운 모습인가 아니면 현실의 또 다른 모습인가? 사이버공간에서는 상대를 지각하고 상대의 인상을 형성함에 있어 어떠한 특성이 존재하는가? 사이버공간에서는 자신 혹은 상대방의 행동의 원인을 어디에 귀인하는가? 그것은 현실과 다른 특성을 갖는가? 사이버공간에서 태도는 어떻게 형성되며, 또 행동에는 얼마만큼의 영향력을 갖는가? 그 영향력의 정도는 현실보다 큰가 아니면 큰 차이가 없는가? 사이버공간에서 감정의 모습은 어떠한가?

둘째로는 사이버공간에서의 개인과 개인 간의 인간관계에 대한 여러 주제들을 다룰 것이다. 사이버공간에서의 설득, 자기제시와 인상관리, 호감과 사랑의 주제가 그것이다. 사이버공간에서는 상대를 어떻게 설득하는가? 사이버공간에서는 자신을 상대에게 어떻게 보이려고 노력하며 그 전략은 무엇인가? 사이버공간에서는 서로 간에 친밀한 관계가 가능한가? 주로 텍스트에 의존하는 사이버공간에서는 비언어적 단서의 부족으로 서로의 관계 형성이 현실과는 달라 친밀한 관계가 이루어지기 어렵다는 주장이 있다. 하지만 그러한 의사소통의 한계를 극복하고 서로 모르는 사이에서도 서로의 관심을 공유하는 가운데 친밀한 관계가 가능하기도 하다. 사이버공간에서는 자신의 속마음이나 비밀을 숨김없이 표출하기 때문에 보다 진실되고 친밀한 관계가 성립될 수 있을 수도 있다. 과연 그런가? 사이버공간에서도 서로에게 호감과 매력을 느낄 수 있는가? 그렇다면 그 결정요인은 무엇인가? 그리고 사이버공간에서도 사랑이 가능한가?

셋째로는 사이버집단을 주제로 하여 집단동조, 집단의사결정, 집단정체성, 집단 간 갈등을 다룰 것이다. 사이버집단의 특성은 무엇인가? 사이버집단에서의 규범에의 동조는 얼마나 가능한가? 그 결정요인은 무엇인가? 사이버집단에서의 의사결정과정에서 집단사고의 위험은 얼마나 존재하는가? 사이버집단에서는 혼자서 의사를 결정하는 것보다 다소 극단으로 치우치는 집단극화과정이 얼마나 있는가? 사이버공간에서는 집단정체성이 더 강화되는가? 그래서 온라인 집단 간 논쟁에서와 같이 집단 간 갈등은 더 증폭되는가?

넷째로는 사회심리학에서 주로 다루는 주요 행동들인 집합행동, 친사회적 행동, 폭력행동이 사이버공간에서는 어떠한지 국내외 연구결과들을 정리해 보려고 한다. 여기서는 사이버공간에서의 집합행동, 친사회적 행동, 사이버폭력 행동의 특성을 논하고 그것을 설명하는 요인들이 무엇인지, 그것은 현실에서와 얼마나 다른지를 중심으로 다룰 것이다. 아울러 그 외에도 여기서는 사이버공간의 등장으로 새롭게 나타난 현상으로서의 주요 주제의 하나인 인터넷중독의 논의를 다루기로 한다.

다음 장부터는 각 주제별로 기존 오프라인 중심의 사회심리학 논의를 간략하게 다루고 사이버공간에서는 그 주제가 어떻게 연구되어 왔는지를 기존 연구들을 정리하여 그 특징을 살펴볼 것이다.

제 2 장

자 아

제2장 자 아

1. 자아의 정의와 형성

1) 자아의 정의

자아는 "나는 누구인가?"에 대한 답이다. 즉 자아는 자기 자신의 신체, 사고, 감정, 성격 및 행위들의 통일된 전체에 관한 생각이라고 정의된다(Rosenberg, 1979). 자아는 자신에 대한 개인의 생각이다. 그런데 자아는 본질상 사회적이며, 사회과정의 일부로서 간주되어야 한다는 것이 강조된다(Hewitt, 1991). "나는 누구인가?"의 질문에 흔히 "나는 학생이다", "나는 누구의 아들이다", "나는 누구의 아빠다"와 같이 사회적 존재로서 규정하는 경우가 많듯이, 인간 심리의 사회적 속성을 연구하는 사회심리학에 있어서 자아는 가장 중요한 개념의 하나라고 할 수 있다. 자아는 개인의 개별적 모습을 담고 있기도 하지만, 그보다 자아에는 사회의 모습이 반영되어 있으며, 따라서 개인이 사회와 독립적으로 존재하는 것이 아니라 다른 사람과 상호작용을 하면서 사회 안에 존재한다는 측면을 잘 제시하고 있다. "나는 뚱뚱

하다"라고 신체의 측면에서 자신에 대해 말할 때에도 그것은 주위 사람들이 자신을 그렇게 생각하고 있다는 것을 반영하고 있는 것이다. 이처럼 자아는 개인과 사회의 연결의 구심점 역할을 한다.

2) 상징적 상호작용이론

자아에 대한 논의는 Mead의 상징적 상호작용이론(symbolic interaction theory)이 대표적이다. 상징적 상호작용이론에서는 인간들 간의 상호작용에 관심을 갖는다. 그리고 사회생활이 사람들의 다양한 상호작용을 통해 형성, 유지되고, 변화된다는 것에 주목했다. 그러한 상호작용은 외적으로 뿐만 아니라 내적으로도 일어난다고 보았다. 즉 상호작용에서 외부의 상호작용 이외에 상대의 입장을 해석하고 자신과 내적으로 대화하는 내적인 상호작용 행위를 강조한 점에 특징이 있다. 상징적 상호작용이론에서 가장 중요한 개념의 하나는 역할담당(role-taking)으로 다른 사람의 입장에서 나를 바라보는 과정을 말한다. 상징적 상호작용이론은 역할담당을 통해서 상대 혹은 주위 사람들(중요한 타자: significant others)의 관점이, 그리고 더 나아가 사회의 관점(일반화된 타자: generalized others)이 나에게 반영되며, 그러한 내 안의 상호작용 과정을 통해 자아가 형성됨을 강조했다. 상징적 상호작용이론에서는 인간이 단순히 사회환경으로부터 영향을 받는 수동적 존재라고 보지는 않았다. 개인이 주위로부터 영향을 받는다고 했지만 역할담당이라는 능동적 개인해석도 강조했기 때문이다.

자아는 사회적 상호작용을 통해 형성, 발전된다. Descart는 "나는 생각한다, 고로 존재한다"라고 하여 자기모습을 찾고, 자기존재를 인식하는 인간을 강조했지만, Mead는 자아의식적인 개인이 존재하기에 앞서 사회가 존재하며, 자아는 사회로부터 형성된다는 점을 강조했다(Mead, 1934). 자아는 사회와 독립적으로 존재하는 것이 아니라 다른 사람과의 상호작용을 통해 형성된다. 자기 자신을 생각하는 자아의식은 성찰적 행위이다. 즉 자아의식은 다른 사람과의 내적 상호작용, 즉 역할담당 과정을 통하여 자신이 대상이 된 채 다른 성원들, 그리고 더 나아가서는 사회 전체가 나에 대해 생각하는 관점을 반영하는 과정에서 형성된다. 즉 자아는 개인 혼자서가 아니라 사회적 상호작용을 통해 형성된다.

자아성찰성은 'I'와 'me'의 개념에서 잘 나타난다. 'I'는 주체, 'me'는 대상의 측면을 표시한다. 즉 'I'는 자발적이고, 능동적 혹은 충동적인 모습으로서 환경과 대상들을 인지하고 있는 행동의 주체적 측면이라면, 'me'는 다른 사람의 관점에 비추어 자신을 객체, 대상으로 놓고 보는 자아의 모습이다. 'I'가 내가 하기를 원하는 것의 측면이라면, 'me'는 사회에서 나에게 요구하는 측면이라고도 할 수 있다. 'I'는 자아의 창조적이고 혁신적인 모습으로 개인의 행동을 이끌어 나간다. 그러나 'I'만 존재한다면 사회와 조화롭게 살 수 없게 된다. 그렇다고 'me'만 있게 되더라도 자아는 사회의 대행인에 지나지 않을 것이다. 능동적인 'I'와 'me'라는 성찰적 자아의식, 그리고 'me'에 대한 'I'의 작용인 내적 대화과정에서 자아형성이 이루어진다. 즉 무언가를 주체적으로 원하는 대로 추구하려고 하면서도 다른 사람의 관점을 통해 자신을 바라보고 다른 사람과 조화를 이루며, 타자의 반응을 생각하면서 자신을 통제하게 된다. 이처럼 자아는 사회의 삶의 과정에서 자율적인 나와 성찰적으로 이해한 나를 통해 형성되고 발전해 나간다(Mead, 1934; 손장권 외, 1994).

3) 자아의 형성

자아는 어떻게 형성되는가? 기존의 논의에 따르면 세 가지가 강조된다.

첫째는 남의 입장에서 자신이 반영된 평가(reflected appraisal)에 의해서이다(Mead, 1934). 자아의 구성에서 중요한 것은 남들이 나를 어떻게 볼까를 생각하는 것이다. 부모가 나를 어떻게 생각하는가? 친구들은 나를 어떻게 생각하는가? 이러한 질문을 스스로에게 던짐으로써 자아가 형성된다. 예를 들어 부모나 친구들이 자신을 능력 있는 사람으로 본다고 생각함으로써 자신이 능력 있는 사람이라고 믿게 된다. 이는 앞서 강조했듯이 자아가 사회구성원과의 상호작용으로부터 형성된다는 것을 잘 말해 주고 있다. 단 직접적 상호작용도 중요하지만 Mead의 상징적 상호작용이론에서 강조했듯이 역할담당 과정과 같은 남의 입장에서의 반영된 평가라는 내적 상호작용으로도 이루어진다.

둘째는 사회비교(social comparison)(Festinger, 1954)를 통해서이다. 자아는 자기 주변의 사람들과의 비교를 통해 형성된다. 특별히 사회비교는 자신의 의견이나 능력을 평가하기 위해 이루어진다. 즉 자신의 능력에 대한 객관적 평가 기준이 없을 때 주위 사람과의 비교를 통해 자신을 평가하는데, 사회비교를 통해 자신이 우월한지 아닌지의 스스로에 대한 자신감이 결정된다. 즉 주위 사람들과 비교해서 자기가 능력 있다고 판단되면 자신을 능력 있는 사람으로 보게 되는 것이다.

셋째는 자기지각(self-perception)(Bem, 1967)을 통해서 자아가 형성된다. 우리는 자기 스스로의 행동을 관찰함으로써 자기 자신을 지각하고 그럼으로써 자기를 파악하게 된다. 자신의 특성이 무엇인지 불분명할 때 우리는 자신의 행동을 뒤돌아봄으로써 스스로를 알 수 있다. 즉 지난 학기에 자신이 받은 높은 평점을 보고 자신이 능력 있는 사람인지를 지각하며, 남을 돕고 자원봉사하는 자신을 보고 자신이 인정 많고 따뜻한 사람이라는 것을 알게 된다.

2. 자아의 여러 가지 주요 개념들

1) 역할정체성

자아가 추상적, 포괄적 개념이라면, 정체성은 보다 구체적인 자신의 모습을 말한다. 구체적인 정체성은 여러 가지로 표현되지만 가장 대표적인 것은 역할정체성(role identity)이다. "당신은 누구입니까?"라는 질문에 자신의 이름 외에 어떻게 자신을 한마디로 표현할지 자신이 누구라고 대답하기 어렵고 막연하지만 사람들은 자신에 대한 전체적인 이미지를 갖기보다는 보다 구체적인 이미지를 갖는다. 이때 흔히 사회 속에서 사람들이 갖는 위치와 역할은 자신을 발견하게 하는 열쇠를 제공한다. 즉 사회 안의 다양한 위치, 지위와 관련하여 나는 누구인가에 대해 보다 구체적인 모습을 알게 되는데, 이를 역할정체성이라고 한다.

역할정체성은 상징적 상호작용이론과 역할이론에서 영향을 받은 개념이다. 역할이론(role theory)에서는 우리가 사회 속에 특정 위치를 갖고 있고, 그러한 지위에 따른 역할과 규범에 의해 영향을 받는다는 것을 강조했다. 역할이론은 개인이 사회구조적 위치에 따라 역할과 행동이 다르고 그것에 영향을 받는다고 본 점에서 가장 대표적인 사회학적 사회심리학이론이라 할 수 있다. 하지만 개인에게 역할이 주어지면 그 역할에 따라 행동하는 수동적인 인간을 다룬다는 점에서 역할이론은 한계를 지닌다고 비판을 받는다. 그것을 극복할 수 있는 개념이 역할정체성이다. 즉 역할정체성은 상징적 상호작용이론으로부터 나온 능동적 개념으로서의 자아를 역할개념과 연관시킨 개념이다.

'부모로서의 나', '직장인으로서의 나', '학생으로서의 나', '어떤 모임의 일원으로서의 나', '교인으로서의 나' 등 사람들은 사회에서 여러 역할을 소유하고 있으며 그러한 역할과 관련한 정체성을 갖게 된다. 예를 들어 저자는 수업시간에 학생들과의 상호작용 속에서 '교수로서의 나'가 작동되며 그와 관련된 정체성을 구현한다. 또한 집에서는 아이들의 아버지(어머니)로서, 혹은 아내의 남편(남편의 아내)으로서의 정체성을 갖는다. 자아는 통상 사회구조의 반영이라고 하는데, 역할정체성이라는 개념이 바로 이를 잘 표현해 준다. 즉 자아는 개인의 사회구조에서의 위치에 따른 여러 역할과 관련 정체성들로 구성된다고 볼 수 있다(Stryker, 1980). 그리고 그러한 점에서 자아는 다소 고정적이고, 안정적이며, 견고한 특성을 갖는데, 자신의 사회적 위치가 그리 쉽게 변하지는 않기 때문이다. 사회학자들은 사회적 상호작용 속에서 형성된 비교적 안정적인 모습으로서의 자아를 이해함으로써 사회구조의 특성을 이해할 수 있었고, 또 사회구조가 어떻게 개인에게 반영되는가를 알려고 했는데, 역할정체성은 이에 대한 가장 대표적인 개념이라 할 수 있다.

우리는 여러 역할정체성(부모로서, 직장인으로서, 학생으로서 등등)을 가지며, 자아는 그러한 여러 역할정체성의 합이라고 할 수 있다. 그런데 그런 여러 역할정체성은 순위가 있다. 즉 자아를 구성하는 데 있어 가장 중요한 역할정체성이 있고, 그 다음 순위의 역할정체성이 있는 것과 같이 순위대로의 여러 역할정체성들이 존재한다. "당신에게 가장 중요한 역할정체성은 무엇인가?" 순위는 사람마다 다른데, 그 이유는 사람들마다 역할정체성에 의미를 부여하는 바가 다르기 때문이다. 그리고 그것은 사람들마다 각 역할과 관련된 주위 사람들과의 상호작용에서의 관계가 다르기 때문이다. 다른 역할관계에서보다 자식과의 관계에서 가장 만족하고, 자식으로부터 훌륭한 부모라고 인정받는 사람은 부모로서의 역할정체성이 가장 높은 순위를 차지할 것이다. '역할정체성 순위'라는 개념이야말로 개인이 단순히 역할에 따라 움직이는 수동적 개인이 아님을 잘 나타낸다고 할 수 있다. 단순한 역할이 아닌 역할정체성의 개념, 그리고 그보다 역할정체성 순위라는 개념은 개인이 능동적으로 자신의 역할에 의미부여하는 정도가 다름을 나타내기 때문이다.

역할정체성은 개인의 행동에 영향을 미친다. 일요일에 학과 MT와 교외서클모임, 가족모임, 그리고 교회예배를 참석해야 할 때 어떤 결정을 내리겠는가? 그것은 여러 상황과 여건에 따라 달라지겠지만 통상 역할정체성 순위에 따라 순위가 더 높은 일에 참여하는 결정을 내릴 가능성이 높다고 볼 수 있다. 사실 사람들은 역할정체성 순위가 높은 일에 많은 시간과 노력을 투자한다. '교수로서의 나'가 중요한 사람은 그렇지 않은 다른 교수와 달리 연구와 강의준비에 많은 시간과 노력을 투자할 것이다.

2) 자아존중감

자아존중감(self-esteem)은 자아에 대한 평가에 관한 것으로, 자기 자신에 대한 전체적인 만족도라고 할 수 있다. 자아존중감은 학업성취나, 우울, 그리고 청소년비행 등과 밀접한 관련이 있어 설명변수로서 매우 중요하다. 즉 자아존중감이 낮은 아이들이 학업 성적도 낮고, 우울을 경험하고, 또 비행을 저지를 가능성이 높으며(Rosenberg et al., 1989), 따라서 자아존중감을 높이기 위해 노력하는 것이 중요하다는 점이 강조되고 있다.

자아존중감과 관련한 동기로서 자기고양동기(self-enhancement motive)라는 것이 있다. 즉 사람들은 누구나 자신에게 만족하려는 욕구를 갖고 있다는 것인데, 예컨대 자아존중감이 낮은 아이들이 비행을 저지르는 것도 자기고양동기 때문이라고 한다. 즉 자아존중감이 낮은 아이들은 사회에서 부모로부터 인정도 못 받고 학업 성적도 뒤처지는 경우가 많은데 자신의 낮아진 자아존중감을 높이기 위해 비행을 저지른다는 것이다. 적어도 주먹 세기나 대담성만큼은 자기를 따라올 자가 없다는 점에서 이러한 동기가 비행을 촉진한다는 것이다(Kaplan, 1980).

자아존중감과 관련한 또 다른 주요 현상으로 귀인 부분에서 다룰 자기위주편향(self-serving bias)이라는 것이 있다. 즉 어떤 현상의 원인을 어디에 두느냐의 귀인에 있어 흔히 성공의 경우는 자기 자신에 내부귀인하고, 실패의 경우는 자기 자신이 아닌 운이나 사회와 같은 외부에 귀인하는 경우가 많다는 것인데, 이러한 귀인의 형태도 바로 자아존중감을 유지하기 위한 것이라는 점이다.

나중에 자기제시(self-presentation)를 따로 다루겠지만 사람들은 자신의 좋은 모습을 남에게 보이려고 노력하며 자신의 약점을 숨기려는 경향이 있다. 이 또한 자아존중감을 유지하려는 동기와 관련이 있다. 자기핸디캡전략(self-handicapping strategy)도 그와 같은 것인데 그 예로는 시험공부를 안 한 사람이 시험 전날 일부러 술에 만취하는 경우로, 시험을 본 후 망신을 당할까봐 일부러 술을 마시고 술 때문에 시험을 망쳤다는 구실을 만드는 것이다.

우리는 자아존중감을 높이기 위해 자신을 부정적으로 보는 사람을 가급적 안 만나려고 하고, 상대가 꾸짖어도 "나에게 관심이 있어서일 거야"라고 긍정적으로 생각하기도 한다. 또 "한때 나도 이성이 많이 따라다녔다"고, "초등학교 때 반장을 했었다"고 과거에 좋았던 일을 떠올리기도 한다. 뿐만 아니라 자신보다 나은 사람과 비교하기보다는 자신보다 못한 사람과 비교함으로써 자신이 우위에 있음을 느끼는 것도 바로 자아존중감을 유지하고 높이기 위함이듯이, 자아존중감과 관련된 우리 모습은 생활 여러 곳에서 나타난다.

3) 자기효능감

자기효능감(self-efficacy)은 특별히 자신의 능력과 관련한 자신감이라고 할 수 있는데, 앞서 자아존중감이 자기 자신에 대한 전체적인 평가나 만족도라고 한다면, 자기효능감은 어려움을 피하지 않고 극복해 나가는 추진력과 능력에 관한 자기모습이다(Gecas, 1989). 자기효능감은 자아존중감보다도 여러 측면과 행동에 있어 주요 설명요인이 되는데, 자기효능감이 높으면 학업 성적이 높고, 성공 가능성이 높으며, 금연이나 암과도 싸워 극복하는 경향이 높다고 한다. 그렇기 때문에 학업이 부진한 아이들에게 "공부 좀 해라"고 하거나 처벌과 보상의 전략을 쓰기보다 "너는 잘할 수 있을 거야"라고 용기와 자신감을 심어주는 것이 더 좋은 전략일 수 있다.

4) 자기불일치

Higgins(1987)에 따르면 자아는 실제적 자아, 이상적 자아, 그리고 당위적 자아 세 측면이 있다. 실제적 자아는 우리가 흔히 자아라고 부르는 "나는 능력이 있는 사람이다"라고 보는 현재의 자신에 대한 실제모습이다. 반면 이상적 자아는 "나는 능력 있는 사람이기를 바란다"와 같이 자신이 바라는 자아의 모습이다. 또한 당위적 자아는 "나는 능력 있는 사람이어야 한다"와 같이 자신이 지니고 있어야 하는 모습을 말한다.

자기불일치(self-discrepancy) 논의에 따르면 실제적 자아가 이상적 자아나 혹은 당위적 자아와 불일치하는 경우 이 차이는 감정에 영향을 주고 그 밖에 신체 및 정신건강에 영향을 줄 수 있다고 보았다. 예를 들어 이상적 자아와 실제적 자아 간에 불일치하는 경우 자신이 바라는 모습에 실제의 모습이 따라가지 못하여 우울과 같은 감정을 유발하고, 당위적 자아와 실제적 자아가 불일치하는 경우 불안이나 죄책감을 유발한다고 하였다. 이처럼 자기불일치 논의는 우리가 흔히 말하는 실제적 자아 이외에 이상적 혹은 당위적 자아를 언급했고, 이들 간의 불일치가 중요한 설명요인이 된다는 점을 언급한 점에 의의가 있다.

5) 자기인식

자기인식(self-awareness)이란 자신의 외모, 행동, 생각에 주의를 기울이는 것을 말한다(Wicklund, 1975). 우리는 아무 생각 없이 행동하다가도 자신에 주의를 기울이면 뭔가 몸가짐이 달라진다. 우리가 거울을 보게 되면 머리모양을 다시 다듬게 된다든지 뭔가 자신을 한번 생각하게 된다. 이와 관련된 실험연구가 있다(Beaman et al., 1979). 미국에서 할로윈데이가 되면 아이들은 가면을 쓰고 집집마다 돌면서 사탕을 얻어먹는데, 통상 주인이 문을 열어 사탕을 아이들에게 주지만, 이 실험에서는 아이들보고 현관 앞 탁자 위에 놓인 사탕을 하나씩만 가져가도록 했다. 이때 탁자 앞에 거울을 놓아 아이들이 자신을 볼 수 있도록 한 경우와 거울을 놓지 않은 경우를 비교했는데, 거울을 놓지 않았을 때는 두세 개씩 사탕을 가져가는 경우가 많았지만 거울을 놓은 경우는 거의가 하나씩만을 가져갔다는 연구결과를 제시했다. 이는 자기인식이 우리 행동에 영향을 줄 수 있음을 뜻한다.

그런데 자기인식은 공적(public) 자기인식과 사적(private) 자기인식으로 나누어 설명된다. 공적 자기인식은 남에게 비치는 자신의 모습에 대해 얼마나 주의를 기울이는가 하는 것이고, 사적 자기인식은 남과는 상관없이 자신의 내면의 감정, 태도, 신념에 얼마나 주의를 기울이는가와 관련되는 것이다. 외모나 의상에 신경쓰거나 주위 사람들의 반응에 신경을 쓰는 사람은 공적 자기인식이 높은 사람이고, 자신의 감정변화에 민감하거나 자신의 생각에 주의를 기울이는 사람은 사적 자기인식이 높은 사람이다. 다른 사람이 자신의 모습을 촬영하려고 하면 행동이 어색해지면서 그것을 의식하고 행동하는데, 이는 공적 자기인식이 작동하는 것의 예라 할 수 있다. 반면, 우리가 거울을 보고 자신을 살피는 것 자체는 사적 자기인식의 예라 할 수 있다. 공적 자기인식이 높은 사람은 주위의 반응에 신경을 쓰면서 행동하지만, 사적 자기인식이 높은 사람은 자신의 소신과 신념대로 행동하는 경향이 높다. 그러나 언뜻 공적 자기인식과 사적 자기인식은 서로 상반된 것처럼 보이지만 어떤 사람이 공적 자기인식이 높다고 사적 자기인식이 낮은 것이 아니라 공적 자기인식도 높고 사적 자기인식도 높을 수 있듯이 서로 독립적이다.

3. 사이버공간에서의 자아

1) 사이버공간에서의 자아표현

그렇다면 사이버공간에서의 자아의 모습은 어떤가? 사이버공간에서 자아의 모습은 우리가 흔히 쓰는 아이디나 대화명, 아바타, 개인 홈페이지, 미니홈피/블로그/소셜네트워크서비스, 그리고 동호회 등을 통해 표현한다. 여기서는 우선 이러한 것들에 대해 간략히 살펴보기로 한다.

(1) 아이디나 대화명

사이버공간에서 사람들은 실제에서처럼 자신의 실명으로 자신을 표현하고 대화를 하기도 하지만 실제의 이름과는 다른 자신의 다른 정체성을 만들어 놓고 별명 또는 대화명으로 활동한다. 예를 들면 '게임왕', '섹시걸' 등 독특하면서도 다른 사람에게 눈에 띄고 관심을 끌 수 있는 가상의 정체성을 만들어 놓고 대화를 하고 자신을 표현한다.

이러한 아이디나 대화명은 단순히 흥미를 끌기 위한 도구로서 사용하기도 하지만 다른 사람과는 구별되는 자신의 개성을 표현하기 위해 흔치 않은 이름을 사용한다. 또 한편으로 그러한 아이디나 대화명에는 자신이 현실에서는 할 수 없었던 이상적인 자기의 모습을 담는 경우가 많다. 중요한 것은 사람들은 일정 채팅 과정에서 대화명을 선택하면 그 이미지대로 행동한다는 점이다. 또한 사람들은 여러 개의 대화명으로 여러 자아의 모습을 갖고 활동을 한다. 따라서 사이버공간에서는 서로 다른 다양한 모습으로 자신이 나타나게 된다.

(2) 아바타

아바타는 아이디와 대화명에 바해 사이버공간에서 자신의 정체성을 보다 시각적으로 나타내 주는 존재이다. 이용자들은 흔히 이미 만들어 놓은 기성제품을 사용하지만, 게임이나 채팅서비스에서 몇 가지 캐릭터를 조합하거나, 그래픽을 통해 얼굴이나 의상, 악세서리, 머리모양 등을 자신이 원하는 스타일로 직접 만듦으로써 아이디로는 도저히 표현할 수 없는 자신의 모습을 생동감 있게 표현한다.

이메일 등에서는 아바타로 자신을 표현하기도 하지만, 흔히 게임 등에서는 캐릭터를 통해 자신을 투영한다. 즉 가상공간에서 살아가는 자신의 분신을 만들어 자신의 욕구를 실현해 나간다. 이러한 아바타 속에는 현실의 자신을 잘 대변해 주는 모습이 있으며, 또 이상적인 자신을 만들고 자신을 표현하고자 하는 욕구가 담겨 있다(Jin, 2012). 아바타를 통해 성별과 신체적 제약으로부터 벗어나 모습을 다양하고 쉽게 변화시킬 수 있고, 또 그 역할을 자유자재로 수행함으로써 새롭고 자유로우면서 절대적 존재로서의 자신의 모습을 발견하게 된다.

(3) 개인 홈페이지와 미니홈피/블로그/소셜네트워크서비스

사람들은 개인 홈페이지를 제작함으로써 자신과 주변의 이야기와 사진 등을 올리는 등 자신을 외부에 알리고 표현하기도 한다. 또한 미니홈피나 블로그는 개인 홈페이지보다 제작이 쉽고 여러 각종 편의 기능도 있다는 점에서 인기를 끈다. 또한 페이스북 등의 소셜네트워크서비스(이하 SNS)에서 자신을 표현한다.

여기서는 성, 연령, 직업, 지역 이외에 자신을 보다 구체적으로 표현하기 위해 자신의 방을 꾸미고 디지털카메라나 스마트폰으로 사진을 올리며, 자신이 하고 싶은 얘기를 남김으로써 자신을 표현한다. 미니홈피와 블로그는 나를 표현하는 속성은 똑같지만 미니홈피가 블로그에 비해 일반대중을 타겟으로 한다면 블로그는 능동적으로 자기 콘텐츠를 만들어 전문적인 콘텐츠를 제시한다는 점에서 차이가 있다. 블로그에서는 온갖 자신의 관심사나 취미를 자유롭게 이야기하고 일기장에 내면의 속마음을 솔직하게 표현하듯 자신의 생각이나 느낌을 표현한다. 또 블로그끼리의 링크 기능으로 생각과 취향이 비슷한 친구를 만날 수도 있다. 또한 SNS에서는 개인 프로필 이외에 자신의 사진과 친구의 사진, 그리고 지인의 글에 좋아요와 댓글로 자신의 의견을 제시하기도 하고 자신이나 주변에 일어난 새로운 소식을 신속하게 전달하기도 하여 여론의 장을 만들기도 한다.

미니홈피와 블로그, SNS를 통해 자신을 표현하고 개성 있는 자신을 꾸미면서 낯선 사람과 소통하고 또 오프라인 현실에서 만나 왔던 사람들과 강한 인간관계를 형성해 나가기도 한다.

(4) 동호회

사이버공간에서는 공통적인 관심과 유사한 특성을 가진 사람끼리 모임을 형성하고 그러한 가운데 개인의 정체성이 공동체의식으로 나타나는 경우가 있다. 개인이 동호회와 같은 모임에서 공통의 주제나 관심사를 나눈다는 점에서 집단의 일원으로서의 정체성을 경험한다.

이러한 공동체는 물리적 공간을 초월하여 공통의 연대에 기반한다. 물론 사이버공간 내의 공동체에는 동창회나 향우회, 시민단체처럼 실제의 세계가 사이버공간으로 연장되는 경우도 있지만, 정보를 공유하거나 일정 관심사를 중심으로 사이버공간에서 비롯된 동호회의 모임이 있다. 이러한 모임은 사이버공간에서만 존재하는 경우도 있지만, 사이버공간에서 시작하여 현실의 모임으로 이어지기도 한다. 이러한 것이 발전하면 구성원들은 정서적 친밀감과 소속감을 느끼게 되며 집단의 결속력은 강화되면서 개인들은 공동체의 집단정체성과 같은 사회적 정체성을 형성하게 된다.

2) 사이버공간에서의 새로운 자아의 특성

사이버공간이라는 새로운 공간에서 펼쳐지는 자아의 모습은 어떤가? 그러한 자아의 모습 속에서 사회적 요소는 얼마나 작용하는가? 'I'와 'me' 중 특별히 어떠한 측면이 더 강조되는가? 사회구조적 역할의 반영으로서 역할정체성의 측면은 존재하는가? 새롭게 나타난 사이버공간에서 자아의 모습은 어떠한 내용을 담고 있는가? 그것은 현실세계의 모습과 다른 것인가? 사이버공간 속의 생활은 우리 삶의 방식을 상당 부분 바꾸어 놓았다. 기존의 물질적 육체에서 자유로워진 자아는 사이버공간에서 새로운 모습으로 나타나고 있다. 사이버공간은 실체가 아닌 물리적으로 존재하지 않는 정보와 이미지만이 존재하는 환경이기 때문에 물질적 육체에서 자유로워진 탈구조적이고 탈고정적이며 유동적인 다양한 자아의 모습을 가지고 자신을 매 순간 구성해 나갈 수 있게 된다. 사이버공간에서의 자아의 특성에 대해 현실과의 차별성을 강조하고 논의해 왔던 기존 주장들을 통해서 볼 때 그 모습을 보다 구체적으로 살펴보면 다음과 같다.

(1) 탈구조적 자아

사이버공간에서는 현실 사회구조의 반영으로서의 역할정체성 모습은 발견하기 어려우며 그보다는 탈구속의 자유로운 나가 존재한다. 현실에서 자아의 모습은 주어진 사회위치 혹은 그에 따른 역할로부터 나타나는 경우가 많다. 남자 혹은 여자로서의 나, 부모나 자식, 배우자 등 가정의 일원으로서의 나, 직장인(혹은 학생)의 한 사람 등 이러한 자아의 모습은 역할정체성과 같이 사회의 한 일원으로 주어진 속성으로, 비교적 안정적이고 고정적인 모습을 나타내며 지속적으로 현실의 삶에 영향을 미친다.

그러나 사이버공간에서는 현실과 달리 신체적 대면이 없고, 또 그러한 이유로 성, 인종, 계층, 외모에 구속됨이 없는 탈구조적 속성을 가질 수 있다. 또 사이버공간에서는 내가 누구의 자녀인지, 어떤 직장에 다니는 유능한 인재인지가 별로 중요하지 않다. 사이버공간에서는 텍스트만이 존재하기 때문에 남자는 여자가 되기도 하고, 또 실제의 모습과 다른 새로운 모습으로서의 '나'가 존재할 수 있다. Hussain과 Griffiths의 연구(2008)에 따르면 성인남녀 게이머 119명을 대상으로 조사한 연구에서 남자는 54%가, 여자는 68%가 가상세계에서 자신의 성별을 바꿔 활동한다는 결과를 제시했다. 이렇듯 사이버공간에서는 현실의 구속에서 탈피하여 자유롭게 선택하는 자아의 모습이 존재하며, 현실세계에서 경험하지 못한 삶을 경험하고, 현실의 사회역할이나 위치에 얽매이지 않는 탈구조적인 자아의 모습이 존재할 수 있다.

(2) 주체적 자아

사이버공간에서 세상의 중심은 나 자신에게 있다. 즉 사이버세상은 내가 만들어가는 세상이다. 사이버공간에서는 현실에서와 달리 주어진 '나'가 아니라, 내가 스스로 규정하는 자아로 존재하게 된다. 즉 수동적이 아닌 능동적, 창의적, 자율적, 적극적 자아의 모습을 갖게 된다(Granic and Lamey, 2000).

Freud가 현실의 자아의 모습을 이드(id)와 초자아(superego) 속에서 중층결정된 자아(ego)로서 보았다면, 사이버공간에서는 사회(초자아)로부터 덜 영향받는, 경직된 현실의 '나'가 아닌 자율적이고 주체적인 모습으로 존재한다. Mead의 입장에서 본다면 사회의 모습이 반영된 'me'로서보다는 행동주체인 'I'로서의 '나'가 보다 강하게 존재한다.

현실에서는 역할담당 과정에서 자아가 형성되듯이 사회규범이나 타자의 존재가 자아에 영향을 주며 자리잡게 된다. 그러나 사이버공간에서는 그러한 작용이 상대적으로 적으므로 남의 영향이 적은 개인적이고 주체적인 모습의 자아가 강하고, 남의 눈을 의식하는 공적 자기인식이 약한 반면, 남과 자신이 구분되는 개성 있는 자아, 그리고 자신이 주도권을 갖는 자기중심적 모습의 자아의 성격이 강하게 자리잡게 된다.

사이버공간에서는 남이 바라보는 나보다는 내가 그렇게 되고 싶어하는 나의 모습이 있다. 따라서 사이버공간에서 자아는 능동적이고 주체적인 모습을 갖는다. 사이버공간에서 사람들은 보다 자유로운 존재가 되고, 자신을 스스로 통제하고 조절하는 즐거움을 누릴 수 있다. 사이버공간 속의 사람들은 자신의 의지에 따라 언제든지 자신의 정체성을 수시로 변화시킬 수 있다. 이렇듯 자신의 삶을 변화시킬 수 있고, 정체성을 재구성하며 자신의 선택에 따라 자유롭게 자신을 변화시키고 만들어내는 특징이 있다.

(3) 이상적 자아

사이버공간에서의 자아의 모습에는 현실에서의 자아의 모습과는 달리 자신이 진정 원하는 자아의 모습이 드러난다. 사이버공간에서는 거울에 비춰지거나 남이 바라보거나 현실 그대로의 생긴 대로의 모습이 아닌 자신이 원하고 바라는 이상적 자아의 모습이 있다(Wallace, 1999; Ellison et al., 2006). 사이버공간에서 사람들은 이상적인 자신의 모습을 가능한 한 표현하려고 한다. 사이버공간은 현실의 자아와는 다른 모습으로 변화하고자 하는 새로운 정체성의 실험장이 된다. 즉 사이버공간에서는 자기가 원하는 다양한 모습으로 변신할 수 있다. 이러한 사이버공간의 자아의 모습에는 자신의 숨겨진 욕망의 실현이 스며들어 있다. 자신이 꿈꾸는 그리고 자신이 실현하고픈 모습이 사이버공간에서는 나타나는 것이다.

실제로 우리가 사이버공간에 빠지고 탐닉하는 것은 현실에서 이루지 못한 일을 사이버공간에서는 실현할 수 있기 때문일 것이다. 현실에서 낮은 자아존중감을 갖고 존재가치를 상실한 사람은 사이버공간에 빠지기 쉽다. 사이버공간에서는 많은 사람과 만나 남으로부터 인정받고 새로운 인간관계를 형성하면서 자신의 존재감을 확인하고, 또 게임을 통해서는 게임 속의 주인공이 되어 막강한 나를 경험하는 즐거움을 누릴 수 있기 때문이다. 또 자신이 원하는 모습의 아바타를 만들어 현실에서는 표현할 수 없었던 자신의 이상적 모습을 실현해 나가기도 한다. 이처럼 사이버공간에서는 숨겨져 있었던 그리고 원하는 이상적 모습으로서의 자아의 모습을 발견할 수 있다.

(4) 유동적 자아

Gergen(1991)이 지적하듯이 대중매체에 무한히 접하게 되는 현

대인은 다양한 시각에 노출되게 됨으로써 안정적인 자아상을 갖기 힘들다. 더욱이 인터넷의 사이버공간을 통해 다양한 문화와 접하게 되고 전 세계적으로 무한히 확장되는 만남의 장에서는 어떤 지속적인 정체성을 갖기 어려워진다.

상대적으로 현실에서는 자신의 모습을 급격하게 변화시키기 힘들다. 즉 현실의 정체성은 현실의 역할들 속에 안정적, 고정적이고, 제한적이다. 그러나 사이버공간에서는 무한한 공간 속에서 고정적이기보다는 무한히 끊임없이 변화할 수 있는 가변적이고 유동적 모습을 갖는다. 심지어 자신의 실제 모습과 다른 새로운 모습이 보이기도 한다. 즉 포스트모던적이고 불확실하며 다양한 관계로 해체되어 버린 유동적인 자아의 모습을 갖는다. 즉 예측할 수 없고 무정형적이며 무엇이 되었다가 또 다른 무엇이 돼버리는 변화무쌍한 유동적인 자아의 모습을 갖는다. 어떻게 보면 이러한 유동적 모습으로 다양한 모습을 실험하고 새로운 정체성을 경험하기도 하지만, 또 다른 한편으로는 자신을 위장하고 다른 인격체로 활동하기 때문에 불안정한 측면이 혼란을 가져오기도 한다.

(5) 다양한 복수의 자아

사이버공간에서는 또 다른 나, 즉 새로운 정체성을 경험할 수 있는데 앞서 설명했듯이 사람들은 자기가 원하는 대로 무한히 변할 수 있기 때문이다. 사이버공간에서 사람들은 자신을 다양한 모습과 다양한 방식으로 드러낸다. 이렇게 여러 상황에서 여러 개의 정체성을 가짐으로써 창조적이고 자유로우면서 개성 있는 삶을 누릴 수 있다.

사이버공간에서는 보이는 모습이 바로 실체가 된다. 따라서 자신을 여러 개로 나누어 다양하게 표현하면 그 다양한 모습이 개별적인 실체의 정체성이 된다. 한 개인이 여러 개로 존재하고, 여러 사이버 자아, 즉 다중자아로 존재할 수 있는 것이다(김선희, 2003). 그러나 일정하게 공유된 공간이 없이 무한히 다양한 경험을 하게 되면 통합된 자아의 모습을 가지기 어려워지는 부작용을 낳기도 한다. 그렇게 되면 자아는 중심으로부터 이탈하여 불안정하고 무한한 공간 속에서 표류할 가능성도 있다. 즉 다중적, 복수적 자아 속에 중심을 잃고 무한히 다양하게 변하다 보면 본래의 자아를 상실하여 자아는 안정되지 못하고 사람들은 혼란스러운 자신을 발견할 수 있다(황상민, 2000).

사이버공간에서 다면적이고 일관되지 못하며 안정되지 않은 분절적 경험을 하게 되면 정체성 혼란이 나타나는데, 심지어 현실과 가상의 경계가 모호하여 그것을 분간하지 못하다가 심리적 혼란이나 다른 부작용을 경험할 수 있다. 또 자아와 타자와의 경계가 모호하게 되어 분명하지 않게 뒤엉켜 있는 가운데 자아의 분열적 특성을 경험한다. 특별히 확고한 자아를 확립하지 못한 청소년기나 이전의 연령기의 아이들은 그러한 경험으로 일관적이지 못한 분열된 자아를 낳을 수 있다고 지적된다.

그러나 그러한 혼돈의 위험 속에서도 사이버공간에서는 여러 다중자아를 통해 새로운 자아를 실험해 보고 창조적인 새로운 나를 실현할 수 있게 되는 긍정적인 점을 간과할 수는 없다.

(6) 유연적 자아

사이버공간에서는 여러 정체성을 경험하게 되어 파편화되고 분열적일 수 있다고 하지만, 그러한 사이버공간은 오히려 자아발달에 도움을 준다는 입장도 있다. Tuckle(1995)은 사이버공간에서 경험하는 다양한 경험과 그로부터 형성되는 여러 개의 정체성은 자아를 더 강화시킨다고 주장한다. 사이버공간에서의 수많은 경험은 상황에 따라 자신의 역할과 성격을 유연하게 하여 상황에 대처할 수 있는 적응력과 능력을 키워준다는 것이다. 즉 여러 정체성은 정체성의 혼란이라는 부정적 결과가 아닌 유연적으로 상황에 맞게 정체성을 선택하여 행동하게 하는 긍정적인 측면이 있다.

우리들은 인터넷의 교류 속에서 여러 다른 차원의 경험을 쌓고 인식의 지평을 넓힘으로써 서로 의미를 공유하고 질서를 세울 수 있다. 심지어 다양한 경험과 교류를 통해 자신의 다양한 인성을 발견하게 되어 의식적인 자신과 무의식적인 자신을 통합하여 보다 확고한 자아를 형성할 수 있다. 이처럼 무한하고 다양한 경험은 정체성의 혼란보다는 유연한 자아의 모습을 갖게 한다.

3) 사이버공간에서의 자아의 모습

(1) 긍정적 자아

사이버공간에서는 무한히 자유롭게 변하는 유동적인 자아의 모습에서 통일되지 않고 무정형적이며 안정적이지 않은 '나'가 발견된다. 또 사이버공간 속에서는 어떤 고정된 사회토대를 상실한 채 불안해하며, 다중적인 자아를 갖고 존재론적으로 불확실성을 체험하는 불확실한 자아의 모습이 있다(Gergen, 1991; Poster, 1995; Holstein and Gubrium, 2000). 아울러 중요한 타자의 무한한 팽창으로 개인의 정체성은 전 지구적으로 확대되고, 포화된 다양한 인간관계 속에서 개인은 정체성을 확립하지 못하여 불안정하고 해체될 위기를 맞기도 한다. 따라서 사이버공간에서 자아는 존재론적 문제에 봉착하고, 주체와 객체의 구별이 없어지는 개인적 정체성을 상실하는 자아의 위기를 겪게 될 수도 있다(Barglow, 1994; Turkle, 1995).

그렇지만 그러한 자아의 모습에 혼돈스럽고 불안정하며 다중자아 속에 비춰진 현실을 잃고 방황하는 자아해체적인 모습만 있는 것은 아니다. 사이버공간에서는 불확실하지만 자유로운 '나'가 존재한다. 그것은 사회질서와 구속으로부터 벗어나려는 자율적인 주체의 모습이다. 즉 사이버공간 속의 우리는 능동적인 참여자이며, 자아를 스스로 구성하는 주체의 모습을 가지고 있다. 사이버공간에서는 자신의 의지로 언제나 능동적으로 수정할 수 있는 자아, 정체성의 구성의 책임이 개인에게 주어지는 자아, 주관적이고도 성찰적인 자아가 있다. 즉 세계 속에 우리가 존재하는 것이 아니라 우리 스스로 자신을 만들고 통제로부터 자유로우며 자신의 세계를 구축하는 자아가 있다.

사이버공간에서는 자아와 타자의 경계가 불분명하여 자아분열적이고 자아해체적인 위험이 있다고 하지만, 사이버공간에서의 자아에는 불안정한 모습보다는 자율적이고 능동적이며 새로운 세계를 만들어 나가는 주체적인 모습이 있다.

사이버공간에서는 다양한 복수의 자아가 있어 분열된 자아를 경험한다고 하지만 현실에서 확고한 자아를 갖는 사람에겐 문제가 되지 않는다. 현실에서 자신의 존재가치를 상실한 채 방황하는 사람들이 사이버공간에 접하다가 더욱 혼란해지는 것이다. 즉 사이버공간에서의 부정적이고 분열적인 모습도 현실로부터 출발하는 것이다. 그리고 대부분 사람들은 사이버공간에서 다양한 모습을 갖지만 본래의 자아를 잃지 않고 어느 정도 일관성을 지니면서 자유롭고 다양하게 변한다. 사이버공간에서 펼쳐지는 자아는 유동적이고 복합적이고 불안정하며 다중적 모습을 담고 있다고 하지만 그것은 일부 소수가 인터넷을 사용했을 때에 기초했기 때문에 요즘같이 많은 인구가 인터넷을 삶의 공간으로 삼고 있는 경우에 적용하기는 적절치 않다(Robinson, 2007).

더구나 자아존중감의 측면에서 보았을 때 사이버공간은 긍정적 자아를 경험할 수 있는 공간이다. Gonzales와 Hancock(2011)은 사이버공간에서의 자아의 경험은 여러 긍정적 측면이 있다는 것을 강조하면서 페이스북의 사용은 자아존중감 향상에 긍정적 영향을 미친다는 연구결과를 제시하기도 했다.

(2) 현실의 또 다른 모습으로서 자아

사이버공간에서의 자아는 현실의 모습과 다른 것인가? 가상공간에서 우리는 매우 변화무쌍하고 매 순간 자기 자신을 새롭고 다르게 구성해 나가며, 자신이 원하는 모습으로 새로운 자신의 모습을 탐색해 나간다. 그렇지만 사이버공간에서는 현실의 연장선에서 제2의 정체성이 탄생하는 것이지, 이전에 존재하지 않았던 정체성이 새롭게 만들어지는 것은 아니다.

사이버공간은 현실을 대체하는 새로운 미지의 공간이 아니라 현실의 연장선이자, 현실과 상호작용하는 공간이 되는 것이다. 미니홈피나 블로그, SNS에서의 자아의 모습이 현실과 다른 모습인가? 심지어 머드게임에서 남자캐릭터가 근육질의 몸과 공격적인 성향을 가진 것을 보면 이는 전통적인 성고정관념을 잘 반영하고 재생산하고 있음을 알게 된다. 실제로 Axelsson(2002)은 사이버공간에서의 아바타의 모습이 새로운 자아의 모습보다는 현실의 자아의 모습을 표현하는 것이라는 결과를 제시했다. 박성희(2004)의 사이버공간의 아바타 유형 분석의 연구결과에서도 대체로 선호하는 아바타는 현실적 자아와 일체감을 느끼기 힘든 상상형이나 엽기형, 혹은 자아분열적 모습보다는 실제적 현실을 지향하고 반영하며 실현가능한 희망을 표현하는 모습을 담고 있음을 제시했다. 예를 들어 행복한 커플, 단란한 가족 등의 캐릭터가 대표적인데, 신나민(2006)의 아바타 연구에서도 아바타는 이상적 나의 모습보다는 현실의 모습을 잘 반영하고 있음을 제시했다. Vasalou와 Joinson(2009)은 아바타를 통한 자기제시의 연구에서 그것은 상황 맥락에 달라 블로깅에서는 현실의 모습에 가깝게, 그리고 온라인 데이트에서는 현실보다 좀 더 매력적으로 보이고, 게임상에서는 현실보다 좀 더 지적이고 전략가처럼 보일 것이라고 예측했지만 실제 모든 맥락에서 아바타는 현실의 모습과 거의 유사했다는 결과를 제시했다. 최근 SNS의 사용으로 사이버공간에서의 자아는 현실의 실제의 자아의 모습을 나타내며 더욱 현실의 연장선에서 파악되고 있다(Hew, 2011; Marriott and Buchanan, 2014).

혹시라도 사이버공간에서 이상적 자아의 모습들이 나타난다 하더라도 그것은 단순히 상상의 '나'가 아닌 욕구의 표현이자 현실생활을 극복하려는 모습이 담겨져 있다는 점에서 현실의 연장선에 있다고 볼 수 있다. Manzi와 동료들(2018)은 페이스북에서의 자아의 표현이 어떤 자아의 새로운 모습을 보여주기보다는 자신의 자아존중감과 자기효능감을 실현하고 자기 삶이 지속되고 어딘가에 소속되어 있다는 것을 보여주기 위한 것을 나타낸다는 결과를 제시했다. 사이버자아의 모습이 아예 존재하지 않았던 완전히 새로운 모습은 아닐 것이다. 다만 그것은 현실에서는 다소 숨겨져 있었고 드러나지 않았던 나의 모습일 것이다. 사이버공간에서 우리가 새로운 역할을 경험하고 자기를 표현하는 것은 현실과 구분되는 초현실적인 것은 아니다(Robinson, 2007). 사이버공간에서의 그러한 모든 경험과 세계들은 현실의 일부가 된다. 그리고 사이버공간에서의 자아는 현실의 자아의 확장을 의미한다(Rainie, 2004).

(3) 진정한 자아

사이버공간의 자아는 진정한 자신의 모습일 수 있다. Turkle (1995)은 그러한 점에서 그것은 새로운 자아가 아니라 오프라인 현실에서 적나라하게 표출되지는 않은 것이 표현되는 것일 뿐이라고 주장하기도 한다. 실제로 Bargh와 동료들의 연구(2002)에서는 면 대면 상황에서는 실제적 자아(실제로 소유하고 남에게 표출하는 자아)를 표출하지만 사이버공간에서는 진정한 자아(true self)(자신이 소유하지만 보통 남에게 표현하지는 않는 자아)의 모습이 강하다는 것을 밝혔다. 사이버공간은 자기제시의 공간이며(Turkle, 1995; Bargh et al., 2002) 이러한 점에서 자유롭게 마음을 표출하고 자신의 진정한 모습으로서의 자아가 발견될 수 있다. 또 자신을 진실로 표출함으로써 사이버공간에서 새로운 사람과 사귀거나 사람들 간의 인간관계와 유대는 더 강해질 수 있다(McKenna et al., 2002). SNS의 사용으로 그것이 더 가능해졌는데 페이스북에서 진정한 자아를 표출할 경우 새로운 친구를 더 사귀게 된다는 연구결과가 제시되기도 했다(Tosun, 2012). Seidman(2014)은 페이스북에서의 진정한 자아의 표현은 서로의 의사소통을 가능하게 하고, 자기노출 등으로 다른 사람들로부터 주의를 끌 수 있으며, 다른 사람들로부터 동의도 얻게 된다는 결과를 제시했다.

(4) 사회적 자아

새로운 환경인 인터넷 혹은 SNS를 통해 사람들은 무한히 새로운 상호작용을 하게 되고, 끊임없이 새로운 사람과 만난다. 기존의 상호작용은 일정 공동체 내에서 제한적으로 이루어져 인간관계가 안정된 가운데 반복적으로 그리고 좁게 형성된다. 그렇지만 사이버공간에서는 대인관계를 넓힐 수 있다. 새로운 인간관계는 일정한 지위, 지역 범위를 넘어서 확대된 새로운 관계이다. 사람들은 사이버공간에서 동호회나 모임에 가입하고 참여함으로써 새로운 사회정체성을 갖는다. 그리고 중요한 타자의 확장을 경험한다. 사이버공간에서 만나는 사람들 간에 관계가 돈독해지고 친밀하게 되면 서로 공동체의식을 형성하기도 한다(Rheingold, 1993).

사이버공간에서는 친밀한 유대와 공동체의 형성이 가능하기 때문에 무한한 네트워크의 망 속에서 새로운 인간관계를 확대해 나가면서 또 다른 정체성을 경험하기도 한다. 그리고 그러한 정체성은 이후 사회적 행동에 영향을 주기도 한다. 박석철(2005)은 온라인커뮤니티에서의 서로의 관계와 기대, 평가가 온라인성원으로서의 자아정체성 발현에 영향을 주고 이는 이후 커뮤니티 이용시간 등에 영향을 준다는 연구결과를 제시했다. 사이버공간에서는 본래의 자아의 인식의 지평을 넓힐 수 있는데, 사이버공간에서 다양한 자기모습을 경험할 뿐만 아니라 새로운 사람들과의 인간관계를 누리고 넓힐 수 있기 때문이다. 사이버공간에서 형성한 새로운 관계에서 오는 정체성은 현실의 개인을 더욱 풍요롭게 만들 수 있다. 그리고 그러한 인간관계는 고정적이고 경직된 연대보다는 상황적이고 유연한 유대에 기초하며, 타자의 세계를 인정하게 되고, 보다 확대된 공동체형성의 기반이 될 수 있는 것이다. 그러한 점에서 사이버공간의 정체성은 사회적이다. 사이버공간을 통해 확대되는 새로운 인간관계를 통해 사회적 정체성을 누림으로써 우리의 자아는 더욱더 풍요로워질 수 있다.

제 3 장

사회지각

제3장 사회지각

1. 사회지각의 기초

1) 사회인지와 스키마

사람들은 세계를 바라볼 때 어떠한 사고과정을 하는가? 사회인지(social cognition)란 우리 자신이나 우리를 둘러싼 세계나 타인에 관해 생각하는 과정을 말한다(Fiske and Taylor, 1984). 사회인지에는 사회정보를 선택하고, 해석하고, 기억하고, 사용하는 방식이 포함된다. 사람들은 새로운 상황을 만났을 때 재빨리 그 상황을 파악함에 있어 과거에 비슷한 상황에 관한 기억으로부터 새로운 상황을 결부시켜 파악한다.

미팅을 나갔을 경우 우리는 파트너가 어떠한 사람인지를 파악하려고 노력한다. 우선 외모와 옷차림으로, 그 다음에는 이름에서부터 고향, 취미, 전공 등을 서로 물어보고 그러한 정보들을 통해 상대에 대해 파악하게 된다. 만약 미팅 상대가 법대생이라면 그 전공과 관련해 상대를 나름 판단을 하는데 법대생과 관련한 정보에 기반한다. 우리는 과거 경험으로부터 많은 정보를 기억 속에 축적한다. 그러한 정보들은 무질서하게 머릿속에 놓여 있기보다는 일정하게 조직적으로 자리 잡고 있는데, 이처럼 사회대상에 대해 갖고 있는 조직화되어 있는 인지구조를 스키마(schema) 혹은 도식이라고 한다. 법대생 하면 똑똑하지만 놀 줄 모르고 고지식할 것이라는 일련의 정보들이 우리의 머릿속에 조직화되어 있다. 사회학과 학생, 음대생에 대한 것도 마찬가지로 머릿속에 자리 잡고 있다. 그리고 머릿속에 있는 그러한 것들을 새롭게 만난 사람을 파악할 때 끄집어내어 활용한다. 이처럼 스키마란 현재의 경험을 해석하기 위해 사용하는 과거 경험에서 나온 지식의 조직화된 형태라고 정의내릴 수 있다.

이러한 스키마는 정보를 효율적으로 처리하는 데 도움을 준다. 즉 정보들은 서로 연결되어 있어서 하나의 정보를 알면 다른 사항들을 추론할 수 있기 때문에 처음 만난 사람의 인상을 긴 시간이 필요 없이 빠른 시간 내에 파악할 수 있다. 이러한 스키마를 통해 우리는 사회의 대상들을 지각한다.

2) 스키마의 종류

스키마에는 사람, 사회역할, 사건, 자기자신 등에 대한 도식 등 여러 가지가 있다. 사람에 대한 스키마(person schema)는 예를 들어 '명랑한 사람은 성격도 좋고, 외향적이지만, 수다스럽고, 실수가 많을 것'이라고 생각하듯이 사람들의 특성에 관한 스키마를 말하는데, 사람들의 성격 특성은 서로 연결되어 있어 하나의 성격이 발견되면 다른 성격을 추론할 수 있게 된다.

한편 역할스키마(role schema)는 어떤 역할을 갖고 있는 사람에 대하여 조직화된 스키마로, 예컨대 교수 하면 학식과 덕망이 높을 것이라고 생각하거나, 정치인이라고 하면 야망이 있고, 권력지향적이고, 부패했다는 생각이 드는 것을 말한다. 사람들은 대체로 성격에서부터 여러 가지를 추론하기보다 역할로부터 추론하는 경우가 더 많다.

스키마에는 고정관념(stereotype)도 포함된다. 고정관념은 어떤 집단에 대한 일정한 정보만을 갖고 그 집단에 대해 갖게 되는(통상 부정적) 인식을 말하는 것으로, 주로 국가나 지역, 인종에 관한 것이 많다. 예컨대 백인은 지적이나 흑인은 게으르고 난폭하다든가, 독일인은 검소하고, 이탈리아인은 흥분을 잘할 것이라는 생각을 말한다. 우리나라의 경우 지역민에 대한 고정관념이 존재하는데, 충청도 사람은 느리고, 경상도 사람은 무뚝뚝하고, 서울 사람은 깍쟁이일 것이라는 것 등이 그 예이다.

그 외에 사건에 대한 스키마는 스크립트(script)라 하며 이는 시간의 흐름에 따라 어떻게 전개되는지의 시간적 순서를 포함한다. 또한 우리는 우리 자신에 대한 스키마도 갖고 있는데 이는 앞서 설명한 자기개념(self-concept)이라고 한다.

3) 사회지각

우리는 스키마와 기존 기억들을 바탕으로 다른 사람들을 지각한다. 사회지각(social perception)이란 다른 사람들에 대한 인상을 어떻게 형성하는가에 관한 것으로 대인지각이라고도 한다(Ross and Fletcher, 1985). 우리는 사회지각을 통해 다른 사람의 성격을 추론하거나 인상이 좋은지 나쁜지를 판단한다.

그럼 어떻게 인상을 형성하는가? 우선 범주화를 통해 그 사람을 판단한다. 우리는 사람을 만나면 우선 그 사람을 성, 나이, 인종, 직업, 학력, 고향 등과 같은 것들을 기준으로 분류하고, 같은 부류에 있는 사람들은 유사한 어떤 특성이 있을 것이라고 생각하게 된다. 이처럼 우리가 사물 또는 사람을 지각할 때 그것들을 분류하는 것을 사회범주화라고 한다. 범주화는 대상을 지각할 때 쉽게 지각할 수 있도록 도움을 주지만, 범주화는 집단화라고 하듯이 일정하게 분류하게 되면 그 분류된 같은 범주의 사람들은 공통된 특성이 있을 것이라고 일반화하기 때문에 앞서 언급한 고정관념이 초래될 가능성이 높다.

한편 우리는 어떤 사람의 성격을 지각할 때 여러 연관된 특성을 통해 판단한다. 내현성격이론(implicit personality theory)에 따르면 사람들의 성격에 대해 판단할 수 있는 일정 틀이 있는데, 그것은 여러 성격들이 연관되어 있어 한 특성이 발견되면 다른 특성도 존재한다고 추론하는 지식구조를 말한다(Asch, 1946). 기존 연구들에 따르면 통상 사람들의 성격과 특성은 사회성과 지적 능력의 두 축을 중심으로 인상이 형성되는데, 사회성과 지적 능력이 높으면 부지런하다든가, 지적 능력은 낮지만 사회성이 높으면 정중하거나 따스하다고 판단되고, 지적 능력은 높으나 비사회적이면 차가운 인상을 갖게 되며, 지적 능력과 사회성이 낮으면 정직하지 못한 것으로 판단되는 것 등이 그 예이다.

우리는 상대의 얼굴표정, 목소리, 제스쳐 등으로 상대를 파악하기도 한다. 이후 감정에서 다루겠지만 우리는 상대의 얼굴표정 등을 보고 상대의 감정을 읽고 화가 났는지 등으로 상대를 지각하고 인상을 형성하기도 한다. 우리는 이후 사람들이 상대의 인상을 어떻게 형성하는지 자세히 살펴보기로 하겠다.

4) 정보의 취합

우리는 일정 사람들에 대하여 하나의 정보만이 아닌 다양한 정보를 만나게 된다. 그렇다면 우리는 그것을 어떻게 종합하여 인상을 형성할까?

그 대표적인 것이 가산원리로, 여러 특징들의 값을 합산하는 경우이다. 예를 들어 어떤 사람이 똑똑하고(4점), 예의바르나(3점), 냉정하다면(-1점) 그 사람의 호감도는 4+3-1 = 6점이 된다. 그러나 평균원리에 따르면 6을 3으로 나눈 2점이 전체 호감 점수가 되어 앞서 가산원리 때의 점수보다 낮게 평가된다. 가산원리에서는 호의적 인상에 다소 호의적인 인상이 더해지면 전체적인 호감 점수는 더 높아지지만, 평균원리에 따르면 호의적 인상에서 다소 호의적인 인상이 더해지면 처음에 호의적이었을 때보다는 다소 호감이 감소된다는 논리이다. 이후 연구들에 따르면 가산원리보다는 평균원리가 더 적절한 것으로 평가받고 있다(Anderson, 1965). 이런 원리대로라면 입사 시에 자기소개를 할 때 웬만큼 좋은 것들은 과감히 빼고 매우 호의적이라고 판단되는 몇 가지만을 제시하는 것이 유리할 것이라 할 수 있다. 한편 평균원리의 적용에 있어서 각 항목에 따라 가중치를 달리하여 평가해야 한다는 가중평균원리가 제시되기도 한다.

2. 인상형성

1) 인상형성의 요인들

(1) 핵심특질

사람에 대한 전체적인 인상형성에 있어 여러 특질 가운데 특히 더 중요하게 영향을 미치는 특질이 있는데, 그것은 '차가운' 인상인가 혹은 '따뜻한' 인상인가 하는 것이다. Asch(1946)는 인상에 대한 실험에서 여러 형용사를 사용하여 사람의 특성을 제시하였는데, '따뜻한' 그리고 '차가운' 인상이 보다 중요하여 '따뜻한'이라는 형용사가 들어가면 인간적이고, 성품이 좋으며, 인자한 인상을 갖게 되지만, 반대로 '차가운'이라는 형용사로 표현되면 잔인하고, 비사교적이고, 인색한 인상을 갖게 된다고 했다. 이처럼 '따뜻한' 그리고 '차가운' 이미지가 인상형성에 가장 중요한 요소라 할 수 있는데, 이를 핵심특질(central trait)이라 한다. 우리는 남에게 온정을 베풀고 선뜻 거액을 내놓는 연예인을 다시 한 번 쳐다보게 된다. 대선주자가 TV토론에서 자주 웃는 모습을 보이는 것도 이러한 따뜻한 이미지의 인상을 형성하기 위한 전략일 것이다.

(2) 최초정보와 최종정보

우리는 여러 정보를 통해 상대방에 대해 인상을 갖게 되는데, 첫인상이라는 말이 있듯이 시간적으로 가장 처음 얻은 최초정보가 인상형성에 있어 매우 중요하다. Asch(1946)의 실험에서 어떤 사람에 대한 묘사를 똑같은 형용사를 사용하여 순서만 다르게 표현하였다. 즉 한번은 A라는 사람이 '똑똑하고, 근면하고, 충동적이며, 비판적이고,

고집이 세며, 질투심이 강한' 사람이라고 하였고, 그 다음에는 B라는 사람을 '질투심이 강하고, 고집이 세고, 비판적이고, 충동적이며, 근면하고, 똑똑한' 사람이라고 표현하였는데, 후자 B보다 전자 A에 대해 더 호의적인 인상을 갖는다는 결과를 제시해 처음 얻게 된 정보가 인상형성에 중요하다는 연구결과를 제시했다.

최초정보가 중요한 이유에 대해서 두 가지 설명이 가능하다. 첫째는 맥락효과로, 여러 정보가 순차적으로 제시될 때 첫 번째 제시되는 정보는 전체적으로 맥락을 형성하게 되어 그 다음 정보는 앞선 맥락 속에서 해석된다는 것이다. 앞의 예에서 첫 번째 경우 처음에 긍정적 정보가 있었기 때문에 뒤에 부정적 정보가 있어도 실제보다 덜 부정적으로 인상이 형성되지만, 두 번째의 경우는 '똑똑하다'라는 표현이 부정적 표현 다음에 제시되어 '약삭빠르거나 건방지다'라는 인상을 준다는 것이다. 둘째는 주의감소 가설로서, 처음 정보가 수집되면 그 정보에 주의를 기울이게 되지만 그 다음 정보들에는 주의가 소홀해진다는 것이다.

이처럼 최초정보가 중요하다는 초두효과(primacy effect)가 있는 반면, 다른 한편으로는 순서상으로 맨 마지막에 제시되고 시간적으로 가장 최신의 최종정보가 더 중요하다는 최신효과(recency effect)가 있다. 그러나 최신효과보다는 초두효과가 인상형성에 있어 더 중요하다는 것이 일반적이다. 단 처음 정보가 너무 오래된 경우나, 사람이 너무 잘 변한다고 판단될 때, 또는 새롭게 제시되는 정보가 더 중요하다고 생각하여 그것에 주의를 기울이는 사람에게는 최종정보가 더 중요할 수 있다.

(3) 현저성 효과

현저성 효과(salience effect)란 사람들은 여러 정보들 중에서 현저하게 부각되는 정보에 의해 크게 인상을 형성하게 된다는 것이다. 전경-배경원리(figure-background priniciple)에 따르면 우리는 배경보다는 도출해 있는 전경의 형상에 주의를 기울인다고 한다. 예를 들어 미팅에 나갔을 때 수수한 여러 여학생들 중에 진하게 화장을 한 여학생이 눈에 띄거나, 수업 때 조용히 수업을 받고 있는 가운데 한 학생이 옆 사람과 웃으며 떠들면 더 잘 보이는 것은 현저성 효과 때문으로, 그 현저한 특성은 인상형성에 크게 영향을 줄 수 있다.

(4) 부정성 효과

우리는 상대방에 대한 여러 정보들 가운데 부정적인 정보가 하나라도 포함이 되어 있으면 다른 긍정적이고 호의적인 정보들은 거의 반영하지 않고 부정적 정보에 의해 크게 인상이 좌우되는 경우가 있는데, 이를 부정성 효과(negativity effect)라고 한다. 대선경쟁이나 국회의원 선거 전략에서 상대후보들의 부도덕한 점을 집중적으로 캐내어 부각하는 경향이 있는 것도 바로 부정성 효과 때문이다. 여러 부정적 정보 중에서도 부도덕한 정보는 매우 치명적인 효과를 가지는 반면, 어떤 후보가 다른 후보보다 더 도덕적이라 해서 그만큼의 이익을 더 받는 것은 아니라고 한다.

(5) 후광효과

우리는 사람을 평가할 때 '좋다' 혹은 '싫다'라고 전체적으로 평가하는 경향이 있다. 그리고 그러한 평가를 기준으로 나머지 정보들을 일관되게 처리하게 된다. 예를 들어 어떤 사람에 대해 '좋은 사람이다'

라고 평가를 하게 되면 그는 대인관계가 좋고, 성실하고, 관대하다는 등 이후의 판단을 내리게 된다. 이처럼 '좋다'라는 판단이 있을 경우 그러한 후광으로 다른 특성들이 좋게 판단되는 것을 후광효과(halo effect)라 한다(Nisbett and Wilson, 1971). 후광효과는 반드시 긍정적인 경우만이 아니라 '싫다'라고 판단된 후의 부정적 인상의 경우도 포함한다. '좋다'라고 평가된 사람이 빨리 일을 처리하면 민첩하고, 늦게 일을 처리해도 '신중하다'라고 판단되지만, '싫다'라고 평가된 사람이 일을 빨리 하면 '너무 서두른다'라고, 또 늦게 일을 처리하면 '게으르다'라고 판단하는 것이 그 예이다.

후광효과를 말할 때 가장 대표적으로 언급되는 것이 바로 외모의 후광효과이다. 잘생기거나 예쁜 외모를 지닌 사람에게 우리는 호의적인 평가를 내리는데, 즉 그런 사람들은 대인관계와 성격도 좋고 똑똑하며 자신감도 넘칠 것이라고 판단한다는 것이다. 입사 면접시험을 앞둔 사람들이 성형수술 등을 하여 외모에 신경 쓰는 이유도 이러한 외모의 후광효과 때문이다. 그러나 그러한 외모의 효과는 남녀에 따라 다소 다르다고 하는데, 남자의 경우 잘생긴 사람은 대인관계도 좋고, 자신감이 있으며, 성격도 좋을 것이라고 판단되는 반면, 여자의 경우는 사교적이고 자신감이 있을 것이라는 판단도 되지만 덜 온정적이고, 성격도 다소 좋지 않고, 또한 지적 능력에서도 뒤질 것이라고 평가된다는 연구결과가 있다.

2) 사이버공간에서의 인상형성의 특징

(1) 초기의 이론들

사이버공간에서는 컴퓨터 매개 의사소통(computer-mediated communication 소위 CMC)을 통해 인간관계가 이루어진다. 즉 대면적이고 물리적인 접촉이 아니라 문자로만 의사소통이 이루어지기 때문에, 이러한 컴퓨터 매개 의사소통의 특성이 사이버상의 인간관계에 영향을 미치지 않을 수 없다. 컴퓨터 매개 의사소통은 면 대 면 의사소통과 달리 매체가 제한적 속성을 가지므로 여러 가지 단서가 부족하여 상대에 대한 인상형성이 어렵고, 또 왜곡되기도 쉽다. 면 대 면 의사소통에서는 비언어단서인 외모나 몸짓, 의상, 목소리 등을 통해서도 인상을 형성하게 되는데, 컴퓨터 매개 의사소통에서는 이러한 단서들이 제약되어 있기 때문이다. 여기서는 이와 관련된 초기의 논의들을 살펴보기로 하겠다.

사회실재감이론(social presence theory)(Short et al., 1976)은 전화사용과 관련하여 제시되었다. 이 이론에 따르면 사람들의 상호간 태도는 시각적 단서에 의해 전달되지만 상대를 볼 수 없어 시각적 단서인 얼굴표정이나 제스처, 눈 맞춤 등을 알 수 없는 상황에서는 주로 과제지향적인 것들만이 전달된다고 한다. 실제로 전화나 이메일을 통한 대화는 사회정서적인 정보 전달이 어렵다고 하는데, Hiltz와 Turoff(1978)는 면 대 면 대화에서는 내용의 33%가 사회정서적이었던 반면, 컴퓨터 매개 의사소통에서는 오직 14%만이 사회정서적이었음이 발견되었다고 제시했다. 이처럼 사회실재감이 낮은 상황에서는 개인적이기보다 비개인적이고, 사회적이기보다 비사회적이며, 온화하기보다 차가운 인상이 형성되기 쉽다고 한다. 결국 사회실재감이 부족한 상황에서는 상대의 존재감을 덜 인지하여 친밀한 관계를 형성하기 어렵다고 주장한다.

사회단서부족이론(reduced social cue theory)(Kiesler et al., 1984; Sproul and Kiesler, 1986)도 컴퓨터 매개 의사소통의 특성

에 관심을 가졌는데, 그러한 대화에서는 정보의 부족으로 사회적 맥락의 단서(성, 연령, 직업 등)가 적다고 보았다. 그럼으로써 다른 사람 중심적이기보다는 자기중심적이 되고, 서로 간의 상호작용을 지배하는 규범이 적어, 탈억제되고 반규범적인 행동을 할 가능성이 높을 뿐만 아니라 서로 간에 심리적 거리감이 생기며, 덜 친밀하고 비개인적인 경향이 커진다고 하였다. 이처럼 사이버공간에서는 매체의 특성상 여러 단서의 부족으로 친밀한 인간관계의 형성이 어렵다고 주장한다.

또한 미디어풍요이론(media richness theory)(Daft and Lengel, 1984)에서도 유사한 논의가 제시된다. 서로 간의 이해와 대화가 원활히 이루어지기 위해서는 보다 풍부한 미디어가 필요하다. 그러나 전화와 같은 미디어는 친밀한 메시지를 전달하는 데 유용한 반면, 이메일과 같은 컴퓨터 매개 의사소통은 사회정서적인 친밀한 상호작용을 어렵게 한다고 주장한다.

(2) 친밀한 인상형성

앞에서 언급한 입장에서 보면 사이버공간에서는 인상형성의 핵심 특질이라 할 수 있는 따뜻한 인상이 형성되기 어렵다. 컴퓨터 매개 의사소통에서는 서로의 표정이나 다른 단서 없이 글로써만 대화가 이루어지기 때문에 서로 간의 인상형성이 불완전할 뿐만 아니라 상대의 의견에 동의할 때 고개를 끄떡인다든지 친근한 눈 맞춤과 미소를 보이는 것 등의 부족으로 친밀함을 느끼기 어렵다. 따라서 사이버공간에서는 상대를 실제보다 더 냉정하고 논리적이며 분석적인 사람으로 생각할 가능성이 높으며, 상대에게 최소한의 예절을 표시하지 않거나 심지어는 반규범적 행동을 하게 된다.

그렇지만 초기의 이론가들의 사이버공간에서의 인간관계가 제한적이라는 입장과 달리 그렇지 않다는 주장도 있다. 대표적인 학자로 Walther(1992)의 사회정보과정이론(social information process theory)에서는 면 대 면 관계나 컴퓨터 매개 의사소통 간에는 큰 차이가 없다고 한다. 그에 따르면 사이버공간에서 관계가 시작될 무렵은 몰라도 어느 정도 시간이 흐름에 따라 매체의 한계는 극복되면서 면 대 면에서와 같이 그 안에서 친밀한 인간관계가 충분히 형성될 수 있다고 본다. 즉 사이버공간에서 형성되는 인간관계는 서로를 탐색하는 불확실성의 시간이 더 걸릴 뿐이라는 것이다.

실제로 Walther(1993)는 여러 단계의 상호작용과정을 연구하였는데, 그 결과 첫 번째 단계에서는 사회단서부족이론의 논의에서와 같이 컴퓨터 매개 의사소통이 대면적 의사소통보다 인상형성이 불완전했지만 두 번째 그리고 세 번째 단계로 진행됨에 따라 인상형성이 대면의 경우에서처럼 발전되었음을 제시하였다. 국내 연구에서 김관규의 연구(2002)에서도 비록 컴퓨터 매개 의사소통을 통한 친밀한 관계가 현실의 대면적 관계보다 높다고 볼 수는 없지만 시간이 흐를수록 상당 수준의 친밀한 관계가 성립 가능하다는 것을 제시하였다.

이 이론가들에 따르면 이전에 서로 아는 사이였고 상호작용이 있었는가가 중요하기 때문에 컴퓨터 매개 의사소통이라 하더라도 교제기간이 길고 아는 사이였다면 충분히 친밀한 관계가 이루어질 수 있다고 본다. 사람들은 인터넷을 통해 주로 가족, 친구, 동료와 지속적인 대화를 나누기 때문에 인간관계가 삭막해질 여지가 없고, 오히려 이메일이나 SNS 등의 의사소통은 친밀한 관계를 더 견고히 한다. 설사 서로 모르는 사이라 할지라도 주로 사이버공간에서는 같은 주제에 대해 대화를 나누고 의견을 공유하기 때문에 그 관계는 친밀할 수 있다고 볼 수 있다. 또한 앞으로 계속 만날 것인가의 기대 여부가 중요한 요소가 된다고 본다. 즉 컴퓨터 매개 의사소통이라 하더라도 그 상대를 앞으로도 계속 만날 것이라고 기대한다면 충분히 친밀한 관계가 성립될 수 있다는 것이다.

사이버공간에서는 의사소통의 한계를 극복하기 위해 여러 방안이 모색된다. 컴퓨터 매개 의사소통의 한계를 극복하기 위해 이모티콘 등 다른 단서로 대치하여 사용하려는 시도가 이루어지고 있고 아울러 서로가 현존하는 단서를 보다 신중하고 세밀하게 파악하려고 노력한다. 홈페이지나 개인 블로그를 통해 다양한 형태의 단서를 제공함으로써 확장된 대인인상을 가능하게도 한다(박수이, 2006). SNS 등에서는 사진을 활용하기 때문에 그것이 더욱 가능하다.

Walther(1996)는 초대인적 의사소통(hyperpersonal communication)이라는 용어로 컴퓨터 매개 의사소통이 실제 면 대 면 의사소통보다 더 친근하고 친밀할 수 있다는 주장을 제시하기도 했다. 그 이유는 첫째, 사이버공간에서는 관심이 비슷한 사람들끼리 일정 사이트에서 만나서 서로 유사하기 때문이고, 둘째는 오히려 면 대 면 상황에서보다 익명의 상황에서 아무 걱정 없이 서로의 긴장을 풀고 편안하게 자신을 노출하고 표현할 수 있기 때문이며, 이때 자기노출은 상대방과 친밀감을 형성하고 발전하는 계기로 작용하며, 셋째는 이메일과 같은 비동시적 매체의 경우 보다 신중하게 생각하면서 자신의 의사를 조심스럽게 표현하는 것과 같은 언어선택과 인상관리에 있어서의 선택적 자기제시가 가능하기 때문이다. 이럴 경우 상대방의 인상을 형성하는 데 있어 실제보다 더 과장하거나 긍정적 면을 받아들일 수 있는 초대인적 효과를 낳을 수 있다. 실제로 Walther와 동료들(2010)은 컴퓨터 매개 의사소통은 음성대화 의사소통 못지않게 그리고 그보다도 더 긍정적 인상형성을 가능하게 한다는 결과를 제시했다.

(3) 범주화

사이버공간과 같이 개인에 대한 정보가 부족한 상황에서는 인상형성이 어렵다. 사이버공간에서는 개인에 대한 구체적 정보가 부족하기 때문에 우선 개인의 성별, 연령, 인종, 국적, 직업 등의 사회범주화를 통해 파악하려고 노력한다. 이후에 보다 자세히 다루겠지만 몰개성화의 사회정체성이론(social identity model of deindividuation effect (SIDE))에 따르면 사이버공간에서는 개인이 갖는 정보의 한계로 개인정체성보다 집단 혹은 사회정체성이 더욱 눈에 띄며, 따라서 사이버공간에서의 인상형성은 다른 어떤 단서보다도 상호작용하는 상대의 사회범주화에 기초한다고 보았다(Lea and Spears, 1992). 그리고 그와 관련한 정보를 얻고 나면 범주화한 몇 안 되는 정보에 과도하게 의존하게 된다고 보았다. 따라서 사이버공간에서는 그러한 정보에 의존하여 현실에서보다도 더 고정관념을 갖고 대화를 나눌 여지가 크다고 할 수 있다. 한 예로 타이핑을 잘못한 상대방에 대해 학력이 낮거나 무지한 사람이라는 사회범주화를 하고 나면 그 사람과의 대화는 그러한 잘못된 고정관념과 편견이 더 강하게 작용하면서 이루어질 수 있다는 것이다. 또한 성의 단서가 있으면 그것에 의존하고 성고정관념에 따라 상대를 파악하기도 한다(Bacev-Giles and Haji, 2017).

그럼에도 불구하고 Tidwell과 Walther의 연구(2002)에 의하면 사회범주화의 영향력은 현실 면 대 면에서보다 컴퓨터 매개 의사소통의 경우 약한 것이 사실이고, 사이버공간에서는 개인적 정보나 자기노출에 의한 정보의 영향력이 중요하다는 것을 제시함으로써 오히려 사회정체성이론보다는 사회정보과정이론이 설명력이 있음을 밝힌 바 있다.

(4) 최초정보의 작용

인터넷상에서 상대방에 대해 인상을 형성하는 것은 최초정보에 의한 것이 많다. 사람들은 몇 개 안 되는 단서들을 기반으로 상대방을 짐작하며, 그러한 단서는 그 사람 전체의 인상을 좌우한다. 최초의 단서는 이메일 주소나 아이디의 이름이다. 예를 들어 이메일 주소상에 ac.kr.이 붙으면 이 사람은 교육기관에 있구나 하는 첫인상이 형성되며 그러한 인상은 이후 대인관계에 지속적으로 영향을 미친다. 마찬가지로 채팅이나 게시판에 올라온 아이디의 이름을 보고 그 사람이 여자인지 남자인지, 거친 사람인지, 가벼운 사람인지 등을 판단하게 된다. 그리고 SNS에서는 사진을 통해 외모로 첫인상을 형성하기도 하며(Walther et al., 2009), 아바타를 통해 그 사람의 성격이 어떤지를 추론하기도 한다(Fong and Mar, 2015). 이처럼 첫인상이 형성되면 그것은 현실에서와 마찬가지로 상대의 전체적 인상을 형성하는 데 있어 매우 중요하여 첫인상과 일치하지 않는 모습이 발견되어도 그것을 간과하거나 무시하는 경향이 높다.

그러나 그러한 첫인상의 정보가 불확실하다는 것을 알고 있기 때문에 소위 초두효과의 영향은 현실보다는 다소 작을 수 있다. 따라서 첫 단서 이외에 인상형성을 위한 다른 여러 단서들을 더 발견하려고 노력한다. 실제로 상호작용이 진행되면서 첫인상 이외에 여러 단서들, 예컨대 성, 연령, 지위, 지역이나 사용하는 문법의 정확성과 어휘, 철자법들의 단서들을 탐색하고 그것들에 의존하게 된다. 그렇지만 온라인에서 그와 같은 여러 다른 단서가 부족하기 때문에 첫인상에 의존하며 실제로 성, 연령 등 어느 범주화 집단에 속하는가에 기반한 첫인상이 인상형성에 매우 중요한 측면도 있다. 그러나 그러한 여러 단서들보다도 더 중요한 것은 메시지의 실제 내용이 무엇인가로 이는 인상형성을 좌우하는 중요한 요인이 된다. 또한 시간이 흐르고 여러 단서와 정보가 획득되면서 첫인상의 영향력은 줄어들 수 있다.

(5) 인상형성의 다양성과 강도

사회단서부족이론에 따르면 사이버공간에서는 여러 단서의 부족으로 다양한 인상형성(인상범위)도 어렵고 또 그 강도도 약하여 강렬한 인상형성이 어렵다고 보았다. 하지만 사회정체성이론에서는 사회적 범주화로 특정 인상에만 주목하기 때문에 인상의 다양성은 적고, 또 작은 단서에나마 강렬한 인상형성이 가능할 것이라고 보았다(Lee and Spears, 1992).

실제로 Hancock과 Dunham의 연구(2001)에 따르면 컴퓨터 매개 의사소통에서는 제한된 단서 때문에 인상형성은 다양하지 못하지만, 작은 단서로 인해 강렬한 인상을 형성하기 쉽고, 또한 면 대 면보다도 상대에 대해 긍정적인 혹은 부정적인 극단적인 평가가 이루어지기 쉽다고 보았다. 이러한 결과는 몇몇 단서에 의해 강한 인상이 형성된다는 점에서 사회정체성이론을 지지하는 결과이다.

즉 사이버공간에서는 현저성 효과에서 보듯이 현저하게 나타나는 단서에 의하여 강력한 인상이 형성될 수 있다. 또 초두효과에서 보듯이 강렬한 첫인상은 그 영향력이 클 것이라고 볼 수도 있다. 강력한 인상이 부정적인 경우 부정성 효과로 인해 강력한 부정적 인상이 앞서 고정관념과 함께 부정적으로 작용할 수도 있다. 물론 그 인상이 긍정적인 경우는 서로에게 친밀감을 증진시킬 수도 있을 것이다(Walther, 1996; McKenna et al., 2002). 이처럼 부정적 모습들이 그 영향이 크다고 볼 수도 있지만 사람들은 상대의 긍정적인 모습을 더 중시하고 그러한 모습들에 근거하여 대체로 상대를 긍정적으로 보는 경향이 높다는 결과도 제시되기도 한다(Bacev-Giles and Haji, 2017).

그러나 사회정보과정이론에서는 인상의 다양성과 강도에 있어서 사회단서부족이론이나 사회정체성이론과는 다른 주장을 제시한다. 그 이론에 따르면 처음에는 인상의 제약이 있지만 시간이 흐르고 교류가 늘어남에 따라 정보제약이 극복되어 다양한 인상형성이 가능하다고 보았다. 또 초기단계에서는 강렬한 인상을 형성했던 것과는 달리 시간이 흐를수록 그 인상의 강도는 약해질 수 있을 것이라고 했다(Walther, 1996).

그렇다면 사회단서부족이론, 사회정체성이론, 사회정보과정이론의 논의 중 어떠한 주장이 더 설득력이 있는 것일까? 국내 연구로 김관규와 임현규(2002)는 74명의 대학생을 대상으로 한 실험연구에서 컴퓨터 매개 의사소통을 통해 형성된 인상형성의 경우 다양성에서는 대면 상황보다 낮았지만 그 강도는 대면 상황보다 더 강했다는 결과를 제시하였다. 우선 대학생들에게 주위 사람들의 인상을 자유롭게 기술하라고 했는데, 총 156개의 항목이 도출되었으며, 연구자들은 그것을 22개로 압축하였다. 그것들은 '꼼꼼하다, 적극적이다, 사교적이다, 인정이 많다…, 용감하다'는 내용들이다. 그런데 실험연구의 결과 컴퓨터 매개 의사소통의 경우 전체 22개의 인상 중 평균 14.49개의 인상이 가능했고, 현실의 대면상황에서는 20.57개의 인상이 형성되어 컴퓨터 매개 의사소통의 경우 인상의 다양성에서 점수가 더 낮았음을 제시했다. 하지만 인상의 강도의 경우 중립적인 것을 0점으로 하고, 긍정이건 부정이건 다음 단계를 1점, 그리고 그 다음 단계를 2, 3점으로 하여 0부터 3점까지의 가능한 인상의 강도에서 컴퓨터 매개 의사소통의 경우는 평균 1.36점이었고, 대면상황의 경우는 1.17점으로 인상의 강도는 컴퓨터 매개 의사소통에서 더 강했음을 제시했다. 이러한 결과는 사회정체성이론을 지지하는 듯해 보인다. 하지만 그들 연구에서는 시간이 경과할수록 어떻게 변하는지를 살펴보았는데, 시간이 흐름에 따라 단서의 제약이 극복되면서 인상의 다양성은 처음 14.49에서 6주 후에는 18.83점으로 늘어나 현실 대면의 경우와 큰 차이가 없음을 제시하여 사회정보과정이론이 우위에 있음을 보여주었다. 하지만 처음 형성된 인상의 강도는 시간이 지나도 약해지지 않고 쉽게 변화하지는 않는다는 것을 제시하여 사회정보과정이론의 주장과는 차이가 있음을 제시했다.

(6) 후광효과

현실에서는 외모가 첫인상을 결정하는 데 있어 중요한 요인이 된다. 그러나 사이버공간에서는 외모가 보이지 않기 때문에 적어도 외모의 후광효과는 작용하지 않는다고 볼 수 있다. 그 대신 상대가 표현하는 의견이나 상대의 성격과 자아에 대한 정보가 인상을 결정짓는 데 있어 보다 중요한 요소가 된다. 이처럼 사이버공간에서는 외모의 후광효과보다는 성격의 후광효과가 더 적용가능하다는 주장이 있다 (Ben-Ze'ev, 2004). 사이버공간에서는 지위나 외모가 아닌 성격이나 메시지의 내용과 질에 의해 평가되기 때문에 오히려 표면적 관계가 아닌 진정한 관계가 성립될 수 있다. 하지만 SNS 등에서는 사진을 올림으로써 외모의 후광효과가 작동될 여지가 있다.

3. 귀인

1) 정의

귀인(attribution)이란 자신 또는 다른 사람의 행동이 왜 일어났는지의 원인을 어디에 두는가에 관한 것이다. 여러분이 시험을 망치거나 상을 받았다면 그 원인이 어디에 있다고 보는가? 누군가와 거리에서 어깨가 부딪혔다면 자신의 부주의 때문이라고 보는가 아니면 상대방의 실수 혹은 고의 때문이라고 보는가? 귀인은 사회지각 영역으로 자신 혹은 상대를 어떻게 지각하는가에 관한 연구주제의 하나이기도 하다. 통상 귀인연구에서는 Heider(1958)가 주장했듯이 그 원인을 사람의 내적 성향에 두는지 아니면 외부 상황에 두는지에 관심을 갖는다. 귀인에서 그 원인이 상대의 내적 성격에 있다고 한다면 그 행동이 앞으로 다시 일어날 것인지를 예측할 수 있으며, 그것이 잘못된 행동인 경우 장차 그 일을 어떻게 통제할 수 있을지, 그 사람을 다시 만날지 등을 결정할 수 있게 된다. 이처럼 귀인연구를 통해 자신 혹은 다른 사람의 행동의 원인을 파악하고 자신을 둘러싼 환경을 이해할 수 있게 된다.

2) 주요 이론들

(1) 대응추리이론

우리는 통상 어떤 사람의 행동의 원인을 내적 성향에 두거나 외부 상황에 둔다. Jones와 Davis(1965)의 대응추리이론(correspondent inference theory)에서는 사람들이 귀인을 성향 혹은 상황에 두는

데 있어 언제 성향으로 돌리게 되는가를 알기 위해 그 사람의 행동과 성향 특성을 대응시키는 것에 관심을 두었는데, 그 원인이 성향 때문이라고 추론하는 과정에서 다음과 같은 조건을 다루었다.

첫째는 비공유효과로서, 우리가 행동 1을 선택할 시 a, b, c의 결과가 있고, 행동 2를 선택할 시 b, c, d의 결과가 있다고 한다면, b와 c는 공유효과이고, a와 d는 비공유효과가 된다. 어떤 사람이 다양한 행동 중에서 왜 그 행동을 했는가를 알려면 비공유효과에 해당되는 결과(a 또는 d)에 근거해 행동의 특별한 의도와 목적을 추론할 수 있다. 유학 갈 미국 대학을 선택할 때 A와 B 대학 모두 평판도나 취업률, 장학금 조건이 동일한데 A는 시골에, B는 대도시에 위치한다고 했을 때, 어떤 사람이 B 대학을 선택한 것은 대도시라는 점을 선호한 것이라고 짐작할 수 있을 것이다. 이러한 비공유효과를 귀인 현상과 연관 지어 보면 친구들과 함께 길을 가다가 윗 건물에서부터 물벼락을 맞았는데 유독 어떤 한 사람만 물벼락을 맞았다면 물을 뿌린 사람이 실수했다고 보기보다는 무슨 의도가 있었다고 의심해 볼 수 있는 것이다. 마찬가지로 어떤 사건을 모두가 공유하여 경험했는데도 한 사람만이 공유하지 못했을 시에도 그 사람 탓으로 귀인할 수 있다. 예를 들어 모두 다 시험을 잘 치렀는데 혼자 실패한 경우 그것은 그 사람한테 문제가 있다고 귀인할 수 있는 것이다.

둘째는 사회에서의 바람직성과 연관된다. 우리는 사회에서 바람직하다고 여겨지거나 규범과 기대에 동조하는 행위에 큰 주위를 기울이지 않지만 바람직하지 않은 행동에는 주목하는 경향이 있다. 우리는 사회적으로 바람직하지 못한 일을 통상 그 행동을 한 사람의 성향 탓으로 귀인하는 경향이 많다. 예를 들어 어른을 보고 인사하지 않은 아이가 있다면 무슨 다른 사정이 있을 것이라는 상황요인으로 귀인하기보다 그 아이가 본래 버릇이 없는 아이이기 때문이라고 탓할 가능성이 높다.

셋째는 사회역할에 어긋나거나 규범적 기대에 어긋날 때 개인의 성향 탓으로 귀인하게 된다는 것이다. 예를 들어 어떤 엄마가 자식을 잘 돌보지 않고 여러 모임에만 관심을 갖다가 자식에게 사고가 났을 경우 사람들은 그 엄마 때문이라고 탓하게 된다. 또한 교수는 덕망과 학식이 높을 것으로 기대되기 때문에 욕을 하는 등 사회역할기대에 어긋난 행동을 하면 성향에 문제가 있는 것으로 보게 된다.

대응추리이론에서는 사람들은 분석적이고 합리적이어서 이를 토대로 다른 사람의 행동의 원인을 성향 또는 상황에 추론한다고 보았다. 하지만 나중에 다룰 내용에서 볼 수 있듯이 '기본적 귀인오류'와 같은 많은 귀인오류가 있게 되는데 대응추리이론은 그것을 설명할 수 없다는 점과 귀인을 성향과 상황에만 둠으로써 지나치게 단순화했다는 점에서 비판을 받았다.

(2) 공변모델

Kelley(1967)는 어떠한 일의 원인을 귀인함에 있어 어떤 때 어떤 조건하에서 특정 원인을 연결시키는지를 공변모델(covariation model)을 통해 연구할 수 있다고 보았다. 그는 1) 행위자, 2) 행위의 대상, 그리고 3) 주변상황 중 어디에 귀인하는가에 있어 특정 원인과 결과가 공존하는지 살펴보려고 했다. 예를 들어 A라는 사람이 어떤 코미디 TV 프로그램을 보고 웃는다면 그 이유가 그가 잘 웃는 사람이기 때문인지(행위자), 아니면 개그맨이 웃겨서인지(행위의 대상), 또는 분위기나 상황 때문인지(주변 상황) 알아보는 것이다.

Kelley는 그 판단 근거로 첫째, 일치성, 둘째, 일관성, 그리고 셋

<표 3-1> 공변모델에서의 귀인

일치성	일관성	독특성		
높음	높음	높음	⟶	행위대상(개그맨)
낮음	높음	낮음	⟶	행위자(A)
낮음	낮음	높음	⟶	주변 상황

째, 독특성을 사용하였다. 일치성이란 A뿐만 아니라 다른 사람도 모두 웃는 일치된 행동을 보이는가를 말하고, 일관성은 A는 늘 개그맨이 나오면 웃는 일관된 행동을 보이는지를 말하며, 독특성은 A는 다른 사람이 나올 땐 안 웃는데 그 개그맨만 나오면 특이하게 웃는지를 말한다.

이때 일치성, 일관성, 독특성이 모두 높으면(개그맨이 나오면 다른 사람도 웃는데, A는 다른 개그맨이 나올 때는 안 웃지만 그 개그맨만 나오면 웃는다면) A가 웃는 원인은 개그맨(행위의 대상)에게 있는 것이다. 일치성은 낮고 일관성은 높고 독특성이 낮다면(개그맨이 나오면 웃는 사람도 있고 웃지 않는 사람도 있는데, A는 그 개그맨뿐만 아니라 개그맨만 나오면 웃는다면) 그 원인은 워낙 잘 웃는 행위자 A에게 있다. 일치성과 일관성은 낮지만 독특성이 높다면(개그맨이 나오면 웃는 사람도 있고 그렇지 않은 사람도 있고, A는 그 개그맨이 나오면 어떤 때는 웃고 어떤 때는 잘 웃지 않는다면) 그 원인은 주변상황(예컨대 분위기) 때문이라는 것이다. 앞에서 두 번째 경우가 그 사람의 행위를 행위자의 내적 성향으로 귀인하는 경우라 할 수 있다.

그러나 사람들은 공변모델과 같이 합리적이고 심사숙고하여 귀인하지는 않으며, 또한 때로는 다른 충분한 정보를 갖고 있지 못하여 추론이 어려운 경우가 있다는 점, 그리고 세 가지 정보가 모두 동등하게 작용하는 것이 아니라 서로 다른 비중으로 사용되기 때문에 모델이 다소 문제가 있는 것으로 평가되기도 한다.

(3) 성공과 실패의 귀인

사람들은 어떤 일이 성공 또는 실패했을 때 어떻게 귀인하는가? 사람들은 보통 그 원인을 주로 네 가지, 즉 능력, 노력, 운, 작업의 난이도 중 하나로 귀인한다. 어떤 학생이 시험에 낙방했다고 하자. 이때 그 사람의 능력 부족, 노력 부족, 나쁜 운, 어려운 시험문제 중 어디에 귀인을 하는가? Weiner에 따르면 성공과 실패의 원인의 귀인은 두 가지 측면을 고려한다고 보았다. 그 하나는 그것을 그 사람의 내적 측면이나 성향에 두는지, 아니면 외부의 상황에 두는지 하는 것이고, 다른 하나는 그러한 결과가 대체로 안정적인지, 아니면 불안정하고 변화가 많은지에 관한 것이다(Weiner et al., 1971).

Weiner와 동료들은 위의 두 축을 기준으로 네 가지 유형의 귀인 유형이 나타난다고 하였다. 우리가 어떤 학생의 성적을 능력에 귀인하는 것은 그의 내적이고 안정적 측면에 따른 것이고, 노력에 귀인한다면 그의 내적인 것에 귀인하지만 그 결과가 변화가 있는 불안정한 경우에서이다. 운에 귀인하는 것은 그것을 외적이고 또 불안정한 것에 원인을 두는 경우이고, 작업의 난이도에 귀인하는 것은 그것을 외적이지만 상대적으로 안정적인 것에 원인을 두는 경우이다. 예를 들어 어떤 학생이 성적에서 어떤 때는 A를 받고 어떤 때는 C를 받는다면, 그리고 그 학생에게 원인을 둔다면 우리는 그 학생의 노력 여하가 원인이 된다고 판단한다는 것이다.

그렇다면 네 가지 유형에의 귀인은 무엇으로 설명되는 것인가? 귀

<표 3-2> 성공 및 실패의 네 가지 귀인 형태

	내적	외적
안정	능력	난이도
불안정	노력	운

인의 소재가 내적이냐 외적이냐 하는 것은 어떤 사람의 행동을 다른 사람과 비교하여 이루어진다. 예를 들어 모두가 시험을 잘 못 보았는데 혼자서 특출난 성적을 얻었다면 우리는 그것을 내적 원인(그 사람의 능력이나 노력)으로 귀인할 수 있다. 골프 황제 타이거우즈의 우승을 보고 우리는 그것이 그의 뛰어난 재능이나 노력의 결과라고 믿는다. 마찬가지로 늘 패배하는 사람에게도 우리는 그의 내적 원인에 귀인한다. 어느 선수가 탁구시합에서 매 세트마다 11대 0으로 패한다면, 능력에 문제가 있다고 판단할 것이다. 하지만 누군가가 보통 또는 평균적인 성적을 얻었다면 사람들은 그것을 내적이기보다는 상대적으로 외적 요인에 귀인하기 쉽다.

또 안정적이냐 불안정적이냐 하는 것은 그 사람의 과거의 행동결과를 보고 판단한다. 골프황제 우즈의 연승을 보고 우리는 그의 능력과 재능에 감탄하기도 하고 경쟁상대의 실력이 대체로 낮기 때문(작업의 난이도)이라고 평가하기도 한다. 그러나 어떤 사람이 어떤 때는 우승하고 어떤 때는 부진한 일관되지 못한 성적을 보인다면 우리는 안정적 속성보다는 노력이나 운(악천후 날씨)과 같은 불안정한 요소에 귀인하기 쉽다.

3) 귀인의 오류

(1) 기본적 귀인오류

어떤 개인의 행동은 내적 성향과 외적 상황요인 모두에 의해 영향을 받는다. 하지만 우리는 다른 사람의 행동을 보고 외부 상황보다는 그 사람의 개인 성향으로 과잉 귀인하는 경향이 있는데, 이를 기본적 귀인오류(fundamental attribution error)라고 한다(Ross, 1977). 택시운전사의 무모한 끼어들기 운전에 대해 우리는 그 운전사가 급한 일이 있다거나 특별한 상황에 처했다고 생각하기보다는 못된 사람이라고 판단해 버리는 경우가 있다. 기본적 귀인오류를 하게 되는 이유는 지각과정에서 다른 사람을 볼 때 그 사람은 전경이 되고 상황은 배경이 되는데, 우리는 전경이 되는 그 사람에 보다 주의를 집중하기 때문이다. 하지만 나중에 설명하겠지만 기본적 귀인오류에 동서 간에 문화적 차이가 존재하는 것을 보면(동양보다는 서양에서 기본적 귀인오류가 더 높다) 그것을 인간의 지각과정이라고 보편적으로 설명하는 것은 비판의 여지가 있다고 하겠다.

그렇다면 사이버공간에서는 어떤가? 사이버공간에서는 단서의 부족으로 상대방에 대한 충분한 정보를 알지 못하는 경우가 많다. 사실 그러한 이유로 사이버공간에서는 기본적 귀인오류의 가능성이 높다고 볼 수 있다. 즉 상대방 누군가에게 어떤 문제가 발생하게 되면 사이버공간에서는 상대방의 상황이나 주위 여건 등을 알 수 없기 때문에 그것이 주로 그 사람의 성향 때문이라고 잘못 귀인하는 경우가 많다(Cramton, 2001). Cramton(2001)은 가상집단의 연구에서 지리적으로 멀리 떨어져 있거나 의사소통이 제한되어 있는 경우 정보양의 제한으로 상대방에 대해 상황적 귀인보다는 성향적 귀인의 가능성이 높다는 것을 제시했다. 하지만 이후 연구들에서는 정보를 어느 정도 아는 경우에서도 유사한 상황인데도 구성원들끼리 서로 다른 행동을 하는 경우는 상황보다는 성향적 귀인이 가능하다는 것을 제시하면서 사이버공간에서는 기본적 귀인오류가 높은 것이 아니라 조건에 따라 다르다는 것을 제시하기도 한다(Bazarova and Walther, 2009).

(2) 행위자-관찰자 차이

귀인에 있어 행위자와 관찰자는 차이를 보이는데, 행위자는 어떤 사건을 보통 외부 상황에 귀인하지만, 관찰자는 다른 사람의 행동을 내부요인에 귀인하는 경향이 높다(Jones and Nisbett, 1972). 어떤 사람이 탁자에 커피 물을 쏟았을 경우 그 행위자는 "왜 이렇게 바닥이 미끄럽지"라고 상황에 귀인하지만 그것을 바라보는 사람은 조심성 없는 사람이라고 행위자에게 귀인하는 경향이 있다. 이러한 이유는 두 가지가 있는데, 첫째는 시각적 측면으로 행위자는 자신을 보지 못하고 외부를 보지만 관찰자는 커피를 쏟은 행위자를 보기 때문이다. 둘째는 정보의 차이 때문인데 행위자는 자신의 성향이나 과거행동, 여러 상황들에 대한 정보를 알기 때문에 여러 상황에서 자신이 어떤 행동을 했었는지 잘 알지만, 관찰자는 단지 행위자의 행동에 대한 정보만을 가지고 있기 때문이다. 그런데 행위자-관찰자 차이는 긍정적이고 바람직한 행동에서보다는 주로 부정적인 행동일 때 더 차이가 있다고 연구된다. 그리고 사이버공간에서 관찰자는 상대방에 대한 외부 단서나 정보의 부족으로 인해 더욱 상대의 성향으로 귀인할 수 있다.

(3) 자기위주편향

자기위주편향(self-serving bias)이란 자신에게 좋은 일 혹은 성공은 자신 내부에 귀인하고, 자신에게 나쁜 일이거나 실패는 외부에 귀인하는 경향을 말한다(Miller and Ross, 1975). 학교시험에서 좋은 성적을 거둔 학생은 그것이 자신의 능력과 노력의 결과라고 믿지만, 그렇지 못하고 시험을 망친 학생들은 운이 나빴다든지, 시험문제가 이상하다면서 외부 탓으로 돌리는 경향이 높다. 이는 앞서 자아 부분에서 설명했듯이 누구나 자아존중감을 유지하고 자아를 증진하려는 이유 때문이라고 설명된다.

사람들은 자신의 잘못된 행동의 원인을 자신 탓으로 두는 경우가 적고 상대방이나 외부 상황 탓으로 두는 경우가 많다. 특별히 상호작용하는 당사자가 존재하는 경우 막연한 상황에 귀인하기보다는 그 상대방에게 귀인할 가능성이 높다. 그런데 자기위주 편향은 그 상대가 잘 모르는 사람일 경우에 더 일어난다고 한다. 그렇다면 사이버공간의 익명의 상황에서는 상호작용하는 서로에 대해 잘 모르는 경우가 많기 때문에 이와 같은 자기위주 편향이 높게 나타날 수 있다(Walther et al., 2002). 즉 자신에게 좋은 일은 자신에게 귀인하지만 잘못된 행위나 실패가 있을 시 자신이 아닌 상대방이나 외부 상황에 두기 쉽다는 것이다.

4) 귀인의 차이

(1) 개인차이

내부 귀인과 외부 귀인에 있어 개인차가 존재하는가? Rotter(1966)가 제시한 통제소재(locus of control) 개념에 따르면 사람들 중에는 사건이 자기 자신에 달려 있다고 믿는 내적 통제 성향이 높은 사람이 있는가 하면 사건이 자신보다는 외부 운이나 여러 여건에 의해 좌우

된다고 믿는 외적 통제 성향이 강한 사람이 있다. 그런데 내적 통제 성향의 사람은 내부 성향에 귀인하는 경향이 높은 반면, 외적 통제 성향이 높은 사람은 외부 상황에 귀인하는 경향이 높다고 한다. 이때 흔히 내적 통제 경향이 높은 사람이 현실에 잘 적응하고, 과업수행능력도 뛰어나며, 다른 사람으로부터 호감을 얻는다고 한다.

(2) 문화차이

귀인연구는 주로 서양에서 이루어져 왔으나 그것이 동양사회에서도 적용되는가에 관심을 갖는 연구가 있었다(Miller, 1984; Kashima and Trianidis, 1986; Kim and Park, 2003). 그 결과에 따르면 개인주의 서양권 사회는 개인의 책임을 중시한다. 따라서 어떤 일의 성공이나 실패를 대체로 개인 내부에 귀인하는 경향이 높다. 특히 다른 사람의 잘못은 내부 성향으로 귀인하는 기본적 귀인오류 경향이 높다. 그러나 성공과 실패의 귀인에 있어서 자신의 실패는 운으로 귀인하는 경향이 높은 반면, 자신의 성공은 자신의 능력 때문이라고 귀인하는 자기위주 편향 경향이 높은 것으로 제시된다.

한편 집합주의 동양권 사회의 경우 개인성향보다는 상황에 귀인하는 경향이 상대적으로 높다. 다른 사람의 잘못에 대해 그것을 내부에 두는 기본적 귀인오류 가능성은 낮은 반면, 자신의 실패의 경우 자신의 능력이나 노력의 부족으로 내부에 귀인할 가능성이 상대적으로 높다. 또한 자신의 성공은 자신 내부에 귀인하기보다는 외부 운이나 주위의 도움 등에 원인을 돌린다. 이처럼 동양사회에서는 귀인에 있어 겸양편향적 특성을 가지게 되는데 이는 동양사회가 서양보다 관계지향적인 사회이기 때문이라고 해석된다.

(3) 성과 계층차이

귀인은 남녀에 따라 다르다는 주장도 있다. 즉 남자와 달리 여자는 자신의 성공은 외부에, 실패는 내부에 두는 겸양 편향적 특성을 가지며, 남의 실패의 귀인에 있어서도 기본적 귀인오류 경향은 낮은 것으로 제시된다. 이는 전통적 성역할에 따라 독립적인 남자와 달리 여자의 경우 관계지향적이고 집합주의적 성향이 강하기 때문이라고 설명된다.

귀인에는 계층 간 차이가 있어 하층은 주로 외부에, 상층은 내부에 귀인하는 경향을 보인다고 하는데, 이는 어려서부터 부모의 양육 방법에 차이가 있기 때문이라고 설명된다. 즉 상층은 독립적으로 양육되는 데 반해, 하층은 강압적 방법으로 키워져 독립적이기보다는 의존적이기 때문에 상대적으로 내부의 개인 책임보다는 외부 상황에 귀인하게 된다는 것이다.

(4) 소속집단 차이

후반부의 집단 부분에서 설명하겠지만 사회정체성이론에 따르면 사람들은 자신과 같은 집단성원들을 내집단으로, 그렇지 않은 사람은 외집단으로 구분하고, 내집단 성원을 호의적으로 보고 외집단 성원을 부정적으로 보는 경향이 많다. 따라서 서로 대화하는 상대방이 외집단 성원일 경우 상대방을 탓하는 경우가 많지만, 그 상대가 내집단 성원일 경우 상대방 탓으로 귀인하는 경향이 적다. 상대가 내집단 성원인 경우는 오히려 자신의 실패나 잘못된 행위를 상대방보다는 자신 탓으로 두기 쉽다. 또 그 경우 상대방이 잘못을 하는 경우라 할지라도 그것을 그 사람의 성향 탓으로 귀인하는 경우는 적다.

Walther와 Bazarova의 연구(2007)에서는 사이버상의 63개 연구

집단을 동일학교 출신의 집단, 서로 다른 학교출신의 집단, 앞의 둘을 혼합한 집단 등 세 유형의 집단으로 나누고 각 집단별로 귀인패턴이 어떻게 다른지를 살펴보았다. 동일학교 출신 집단의 경우 자신의 잘못과 실패가 있었을 경우 그것을 자신 탓으로 귀인하는 경우가 .49였던 반면, 서로 다른 학교 출신으로 구성된 집단구성원들은 자신의 잘못과 실패를 자신 탓으로 두는 경우가 .23, 혼합된 집단의 경우 그 점수가 .29로 세 집단 간에 차이를 보였다. 특히 서로 다른 출신의 집단의 경우 성원들은 자신의 실패를 자신으로 귀인하는 정도(.23)보다 다른 사람 때문이라고 귀인하는 정도(.50)에서 차이를 보여, 내집단의 경우보다 외집단 구성원들 간의 관계에서 자신의 실패를 자신보다는 상대방의 탓으로 돌릴 가능성이 높다는 것을 제시했다.

제 4 장

태 도

제4장 태 도

1. 태도의 정의와 형성

1) 정의

여러분은 흡연에 대해 어떻게 생각하는가? 그리고 어떤 정당을 선호하는가? 대북 경제지원에 대해 찬성하는가? 범죄자에 대해 어떤 태도를 지니는가? 태도(attitude)란 특정 대상에 대하여 갖고 있는 경향을 말한다. 여기서 대상이란 사람, 사물, 특정 이슈 등을 포함한다.

태도에는 인지, 평가, 행동요소의 세 가지 요소가 있다. 인지요소란 대상에 대해 갖고 있는 모든 지식과 신념들을 말하고, 평가요소는 대상에 대해 갖는 긍정적 혹은 부정적 평가를 말한다. 그리고 행동요소는 대상에 대해 갖는 행동경향성을 뜻한다. 흡연에 대한 태도에서 “흡연은 폐암을 일으킨다”는 인지요소에 해당되고, “흡연은 좋다 혹은 나쁘다”는 평가요소에 해당되며, “흡연은 건강에 좋지 않기 때문에 담배를 피우지 않는다”는 행동요소에 해당된다고 할 수 있다. 그중 평가요소는 태도에 있어 가장 중심이 되고 대표적이라 할 수 있다. 따라서 태도를 대상에 대해 갖는 긍정적 혹은 부정적 평가로 정의하기도 한다(Eagly and Chaiken, 1993). 그러한 점에서 흡연에 대한 태도를 예로 들면 보통 "흡연에 대해 어떻게 생각하십니까?"라는 질문에 "매우 싫다"에서 "매우 좋다"에 이르는 5점 척도 혹은 7점 척도에 응답하는 방식으로 측정한다.

태도가 사회심리학에서 중요한 주제가 되는 이유는 태도가 형성되면 사람들은 그 태도에 따라 행동하게 되는 경우가 많기 때문이다. 즉 태도는 행동에 영향을 미치는 주요 요인이 된다. 그러한 점에서 태도가 어떻게 형성되는지, 태도가 과연 행동에 영향을 주는지, 그리고 어떤 조건하에서 영향을 주는지, 태도는 어떻게 변화하는지가 사회심리학의 중요한 연구주제가 되어 왔다.

2) 태도의 형성

(1) 학습이론

학습이론에 따르면 우리가 어떤 대상에 대하여 일정한 태도를 갖는 이유는 사회로부터 학습했기 때문이라고 본다. 학습이론에는 여러 원리들이 있는데 여기서는 자극-반응의 연합원리, 강화원리, 그리고 관찰과 모방에 대해서 간략히 살펴보기로 하겠다.

배고픈 개에게 먹이를 줄 때마다 종소리를 들려주면 나중에는 음식이 없이 종소리만 들려줘도 침을 흘린다는 Pavolv의 실험은 유명하다. 즉 종소리라는 자극은 침분비라는 반응을 일으키는데, 이는 종소리가 먹이를 연상시키기 때문이다. 즉 먹이와 종소리의 자극이 연합되어 개에게 어떤 반응을 일으킨다는 것이다. 이러한 자극-반응(stimulus-response)원리는 실생활에도 많이 적용이 되는데, 금연 공익광고에서 담배를 피울 때 우리의 폐가 썩어 들어가는 모습을 보여줌으로써 담배에 대해 역겨움을 느끼게 한다든지, 마약사범에 대한 치료를 위해 마약을 보여주면서 전기충격을 가해 마약에 대해 부정적 인상을 갖게 하는 것, 상품광고에 예쁜 모델을 등장하게 하여 그 상품과 모델을 연합시켜 상품에 좋은 태도를 형성하게 하는 것 등이 그 예가 된다.

이후 Thorndike나 Skinner와 같은 학자들은 위의 자극-반응원리에서 자극이 어떠한 반응을 일으키는 이유는 그 자극이 보상이나 처벌과 같은 강화와 연관되기 때문이라고 보았다. 동생을 잘 돌보았을 경우 부모로부터 칭찬을 들으면 동생을 잘 돌보는 것이 옳은 일이라는 것을 학습하게 되고, 또 동생을 때릴 때 부모로부터 야단을 맞음으로써 동생을 때리는 것은 나쁜 일이라는 것을 학습하게 되듯이 태도의 학습은 보상과 처벌이라는 강화(reinforcement)를 통해 이루어진다.

그런데 우리는 위의 강화원리에서 주장하는 바와 같이 자신의 행동에 대한 보상과 처벌에 의해서만 학습하게 되는 것은 아니다. Bandura(1977)는 관찰학습(observation) 혹은 모델링(modeling)이란 개념을 통해 다른 사람의 행동을 관찰함으로써도 학습하게 된다고 강조했다. 거짓말을 한 아이가 벌을 받는 것을 관찰함으로써 거짓말이 나쁘다는 것을 학습하게 되고, 착한 일을 하면 복을 받게 된다는 영화를 보고 그것을 학습하기도 한다. 그런데 관찰학습과정에 반드시 강화원리가 필수요건으로 작동하는 것은 아니다. 우리는 단순히 주위 사람들의 행동을 따라 하기도 하는데, 부모의 폭력행동을 학습하여 폭력에 호의적인 태도를 갖고 폭력을 행하거나 무심코 부모의 행동을 모방하여 따라 하는 경우도 있다.

사이버공간에서도 학습원리는 그대로 적용될 것이다. 사이버공간에서의 악성댓글을 올리는 것에 대한 태도를 예로 든다면 그 태도는 가정이나 친구, TV 등 현실로부터 학습 등을 통해 형성되었을 것이지만 또한 사이버공간에서의 경험(예를 들어 게시판의 다른 방문자의 행동이나 SNS나 카카오톡에서의 친구)으로부터 학습될 가능성이 높을 것이다.

(2) 균형이론

학습이론에서처럼 태도나 행동이 주위 사람이나 외부 환경의 직접적 영향에 의해 형성된다는 입장과 달리 균형이론(balance theory)과 같은 인지이론은 인간을 수동적 존재가 아닌 능동적 존재로 보고 스스로 인지하고 사고하는 과정에서 태도가 형성된다고 보았다. 균형이론은 뒤에 소개할 인지부조화이론과 함께 사람들이 인지구조에서 일관성을 유지하려 한다는 인지적 일관성에 기초하여 태도의 형성을 설명한다.

Heider(1958)에 따르면 사람들은 어떤 대상에 대해 갖는 태도에 있어서 나와 대상, 그리고 다른 사람과의 삼자관계에 있어서 균형을 이루어가며 일관성을 가지려 한다고 보았다. 예를 들어 〈표 4-1〉의 첫 번째 예에서처럼 나는 술을 좋아하고, 또 나는 교수님을 좋아하며, 교수님도 술을 좋아하는 경우, 나, 술, 교수님과의 관계는 균형을

<표 4-1> 균형관계와 불균형관계

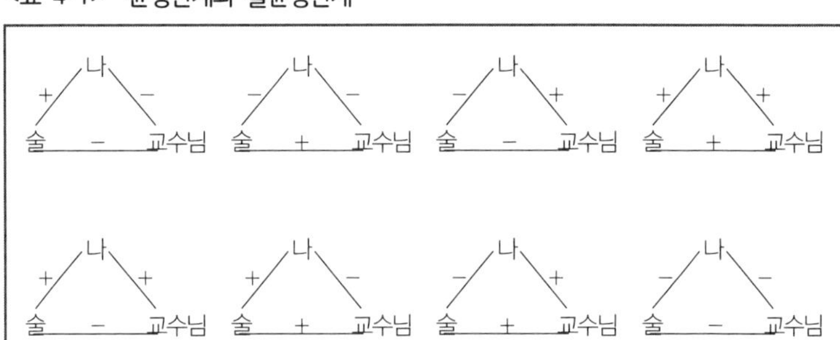

이룬다. 하지만 나는 술을 좋아하고 나는 교수님을 좋아하는데, 내가 좋아하는 교수님은 술을 전혀 못하시는 경우, 나와 술, 그리고 교수님과의 관계에서는 불균형이 존재하여 뭔가 우리를 불편하게 만든다. 이럴 경우 나도 술을 싫어하여 전체적으로 균형을 형성하든지, 술을 끊을 수 없다면 교수님을 멀리하고 술을 좋아하는 다른 교수님을 좋아하여 균형을 이룰 수 있다.

〈표 4-1〉에서처럼 세 개의 부호가 곱해서 정(+)의 관계가 되면 균형관계이고, 부(-)의 관계가 되면 불균형관계인데, 불균형관계일 경우 균형관계를 유지하기 위해 행위 주체는 대상이나 다른 사람에 대한 태도를 바꾸게 된다. 이처럼 균형이론에서는 우리가 어떤 대상(술)이나 사람(교수님)에 대해 갖는 태도가 나와 대상, 그리고 다른 사람과의 삼자관계에서 결정된다고 본다.

(3) 인지부조화이론

Festinger(1957)의 인지부조화이론(cognitive dissonance theory) 또한 인지적 일치와 관련된 이론으로, 특히 우리의 행동과 태도의 일치성에 관심을 두는 이론이다. 이 이론에 따르면 우리는 기존의 태도와 일치하지 않은 행동 혹은 의사결정을 하는 경우 부조화로 인해 내적으로 심리적 긴장과 불편함을 느끼게 되고, 따라서 일관성과 조화를 이루기 위해 자신이 이전에 갖고 있던 태도를 변화함으로써 부조화를 줄이려 한다고 보았다.

예를 들어 흡연의 해독성을 알고 흡연에 대해 부정적 태도를 갖고 있던 사람이 어떠한 계기로 담배를 피우게 되었다면 그는 흡연을 해도 오래 사는 사람의 예를 들면서 그것이 해롭지 않다고 생각하거나 흡연을 하는 것이 멋있어 보인다는 등 자신이 선택한 행동을 정당화하거나 더 좋게 평가하여 기존 생각과는 다른 태도를 형성하는 경우가 이에 해당된다. 낙태를 해서는 안 된다고 생각하던 사람이 피치못해 낙태를 하게 된 후에 필요에 따라서는 낙태를 해도 괜찮다는 태도변화를 보이는 경우도 그 예가 될 것이다.

이처럼 인지부조화이론은 태도의 형성보다는 태도의 변화를 설명하는 데 보다 적절한 이론이라고 할 수 있다. 하지만 이전의 태도와 불일치하는 행동을 했다고 해서 늘 태도변화를 일으키는 것은 아니다. 그 행동이 외부 압력으로 인한 불가피한 것이었다면 그 행동을 했다고 해서 태도가 변화하지는 않는다. 예를 들어 전쟁에 반대하던 사람이 강제로 징집되어 참전하게 되었을 경우는 자신의 행동에 있어서 선택권이 없는 강압적인 상황이었기 때문에 태도가 변화하지는 않는데, 이 경우 심적으로 괴로워할 수 있다.

사이버공간에서의 인지부조화의 논의를 보면 Chiou와 Wan(2007)은 온라인 게임중독으로부터 벗어나기 위해 태도와 행동 간의 불일치의 인지부조화 경험을 통해 온라인게임에 대한 태도를 변화시킬 수 있음을 실험 방법을 통해 제시했다. 이득규(2009)는 온라인 쇼핑몰에서의 인지부조화 연구에서 상품에 대해 구매자가 기대했던 제품의 질이나 가격이 기대에 미치지 못했을 때 부정적인 인지부조화를 경험하게 되는데, 이것이 공적 불만족태도(판매자에게 보상을 요구하거나 정부나 소비자단체에 신고), 사적 불만족태도(가족이나 친지에게 불만족을 얘기), 그리고 재구매의도에 미치는 영향에서 공적 불만족태도에 영향을 미치지는 않았지만 사적 불만족태도를 유발하고 재구매의도를 낮추는 영향을 갖는 것을 제시했고, 인지부조화 경험 시 온라인에서 이용후기 등 정보공유가 있을 때에는 두 요인이 상호작용효과를 보여 공적 불만족태도를 나타낸다는 결과를 제시했다.

(4) 기대가치이론

우리는 손익계산에 의해 태도가 형성될 수 있다. Edwards(1954)에 따르면 우리는 좋은 결과가 있을 것 같은 대상에 긍정적으로, 그리고 나쁜 결과가 있을 것 같은 대상에 부정적으로 평가한다고 전제하고, 손익계산에 근거하여 대상에 대한 일정한 태도를 형성한다고 보았다. 기대가치이론(expectancy-value theory)에 따르면 그러한 손익계산에 기대와 가치를 사용하는데, 가치는 그 결과가 지니는 가치를 의미하고, 기대는 그 결과가 발생할 가능성을 의미하는 것으로, 손익계산은 가치와 기대의 곱한 값들을 합한 것이라고 본다. 그리고 이러한 손익계산에 따라 긍정적 혹은 부정적 태도를 갖는다고 주장한다.

대학원 진학에 대한 태도의 예를 든다면 〈표 4-2〉에서처럼 대학원에 진학하는 경우와 대학원에 진학하지 않고 직장에 취직하는 경우를 각각 상정하고 다음과 같은 계산을 한다고 가정하자. 대학원에 가는 경우는 대학원 진학 후 전문성을 얻어 나중에 더 좋은 직장을 갖게 될 것이라는 가치(3점)와 그 가능성과 기대(2점)로 3×2=6점이라는 점수를 얻게 된다. 그렇지만 대학원에 진학할 경우 경제적 부담의 가치(-2점)와 그러할 가능성(2점)이 -2×2=-4점이라는 부정적 점수를

<표 4-2> 기대가치의 손익계산

		가치	×	기대		결과	
대학원 진학	전문직	3	×	2	=	6	2
	경제부담	−2	×	2	=	−4	
대학원 포기	돈 절약	1	×	3	=	3	−3
	원하지 않는 직장	−3	×	2	=	−6	

낳기도 하여 대학원을 진학할 경우 총 6-4 = 2점의 점수를 갖게 된다. 반면 대학원을 진학하지 않고 취업하는 경우 우선은 돈을 벌 수 있다는 장점과 가치(1점)와 그 가능성(3점)으로 1×3 =3점을 얻게 되지만 자신이 원하고 만족할 만한 직장을 선택할 수 없다는 가치(-3점)와 그 가능성(2점) 때문에 -3 × 2 =-6점으로, 취업을 선택했을 때 총 3 - 6 = -3점이 계산된다. 결국 최종적으로 대학원 진학 시 손익계산 2점과 대학원을 포기하고 취업 시 손익계산 -3점 사이에서 대학원 진학에서 더 큰 이익이 발생하기 때문에 대학원 진학에 대하여 호의적인 태도를 형성하게 된다는 것이다.

기대가치 논의와 관련하여 Leung(2008)은 인터넷에서의 건강정보에 대한 기대가치로서 정보의 신뢰성, 정보의 정보추구자의 욕구와의 관련성, 그리고 인터넷에서의 상호작용이 높을수록 인터넷에 만족하고 계속 사용할 의도를 갖는다는 연구결과를 제시했다.

(5) 자기지각이론

Bem(1967)은 자기지각이론(self-perception theory)에서 행동에 의해 태도가 형성된다는 주장을 하였다. 이 주장은 언뜻 인지부조화이론과 유사하다고 볼 수 있겠으나 인지부조화이론은 이전에 확고했던 태도가 행동에 의해 변화된다는 점을 강조했으나 이 이론에서는 이전에 어떤 대상에 대하여 불명확한 태도를 갖게 되는 모호한 경우가 자신의 행동으로부터 추론하여 일정한 태도를 형성한다고 본다. 이 경우 반드시 부조화를 경험하는 것은 아니다. 예를 들어 학생이 자기 자신이 공부를 잘하는지 분명하지 않을 때, 시험결과가 좋았거나 수업시간에 발표나 질문을 잘한 경험과 행동에 비추어 자신이 공부를 잘한다는 태도를 가지게 된다. 이처럼 자기지각이론에서는 자신의 태도가 어떤지 애매하고 모르는 상황에서 자신의 행동에 대한 지각과정을 통해 자신의 태도가 무엇인지를 알게 된다는 점을 강조한 점에 특징이 있다. 사이버공간에서도 이와 같은 논의에서와 마찬가지로 과거에 경험한 행동에 비추어 태도를 형성할 것이다.

2. 태도와 행동의 관계

1) 여러 조건들

앞서 언급했듯이 태도가 중요한 이유는 그것이 우리 행동에 중요한 영향을 미친다는 주장이 많기 때문이다. 폭력에 대해 심각하지 않게 생각하고 심지어 호의적인 태도를 갖는 사람은 폭력을 저지를 가능성이 매우 높다고 할 수 있다. 그러나 지금까지의 연구들을 보면 연구마다 다른데 태도와 행동 간의 일치성이 발견되지 않는 연구도 꽤 있다. 일례로 LaPiere(1934)는 중국인 학생부부와 미국 전역을 여행한 적이 있는데, 사회에서는 당시 동양인에 대한 인종편견이 심했음에도 불구하고 거의 모든 호텔에서 중국인의 숙박을 거절하지 않았었다. 그러나 여행 후 호텔에 편지를 보내 동양인 손님을 받을 것인지를 물었더니 거의 대부분인 92%가 그러지 않겠다는 응답을 보이는 태도를 보였다고 했다. 이 연구를 계기로 왜 태도와 행동 간에 불일치가 존재하는지에 관한 관심을 갖기 시작했다. 이후 연구자들은 태도와 행동 간에 항시 높은 관계가 있는 것은 아니라고 했고 태도와 행동 간의 일치정도가 높기 위해서는 다음과 같은 여러 조건들이 필요하다는 것을 제시하였다.

첫째, 태도의 강도에 따라 행동에 미치는 영향이 다르다. 보통사람들은 흡연이 나쁘다고 생각하면서도 금연을 하지 않는 경우가 많은데, 이는 태도와 행동 간의 불일치성을 보이는 것이다. 그러나 강도를 고려하면 흡연이 아주 나쁘다고 생각하는 사람은 담배도 안 피우고, 피우더라도 금연을 할 가능성이 더 높다. 즉 약한 태도보다는 강한 태도가 행동과 높은 상관관계가 있다.

둘째는 태도의 요소 중 인지요소와 평가요소가 일치할 때 태도와 행동과의 연관성이 높다. 어떤 사람이 흡연이 나쁘다는 평가요소와 함께 흡연은 폐암을 일으킬 가능성이 높다는 인지요소를 함께 갖고 있다면 그 사람은 금연을 할 가능성이 매우 높다는 것이다.

셋째는 태도의 안정성이다. 즉 어떤 대상에 대한 태도를 변함없이 지속적으로 지니고 있는가 하는 점이다. 어떤 사람이 어렸을 때부터 오랫동안 변함없는 태도를 지녔다면 그 사람은 그 태도대로 행동할 가능성이 높다. 그러나 태도는 시간이 경과함에 따라 변화하기 쉽다. 따라서 오래전에 관찰한 태도가 현재의 행동에 큰 영향을 주기는 어렵다. 즉 태도와 행동을 측정한 시간 간격이 적을수록 태도와 행동은 일치할 가능성이 높다.

넷째는 구체적 태도가 행동과 더 연관된다는 점이다. 일반적인 태도와 구체적인 행동 간에는 그 관계가 낮을 수 있다. 예를 들어 남을 돕는 행동에 대해 어떻게 생각하는가의 일반적 태도와 수재민에게 성금을 보내는 행동과의 관계는 낮다. 따라서 구체적인 행동으로서 수재민을 돕는 것에 대한 태도와 수재민에게 성금을 보내는 행동과의 관계를 살펴볼 경우 그 관계는 더 강할 것이다.

다섯째는 그 태도가 과거의 직접적인 경험에서 비롯되었는가 하는 점이다. 과거의 직접적 경험에서 비롯된 태도는 행동과 더 관계가 높다. 단순히 유럽영화가 지루하다는 이야기를 들은 사람보다 직접 유럽영화를 보고 지루함을 느꼈던 사람은 유럽영화에 대한 부정적 태도를 갖게 될 것이고 그러한 사람은 유럽영화를 안 볼 가능성이 높다. 직접적 경험으로 보다 확고한 태도가 결정되기 때문이다.

여섯째는 상황적 압력이 존재하지 않아야 한다는 점이다. 평소 남의 물건을 훔치는 것이 나쁘다고 생각하는 아이들도 주위의 여러 친구가 재미삼아 해보자는 상황에 놓이게 될 경우 그렇게 하지 않으면 용기 없다는 놀림을 받을까 두려워 자신의 태도와 일치하지 않게 행동하는 경우가 있다. 평소 술을 마시는 것이 나쁘고 건강에 해롭다고 생각하는 사람이 분위기상 어쩔 수 없이 술을 마시게 되는 경우도 있다. 이처럼 상황적 압력이 있으면 태도와 행동이 일치하지 않는 경우가 많으며, 상황적 압력이 없어야 태도와 행동 간에 일치할 가능성이 높다.

일곱째는 사적 자기인식이 얼마나 강한가 하는 점이다. 사적 자기인식이 높은 사람은 앞서 자아 부분에서도 설명했듯이 자신의 내부 감정, 태도에 더 많은 주의를 기울이지만, 공적 자기인식이 높은 사람은 다른 사람에 비친 자신의 모습에 더 많이 신경을 쓴다. 즉 사적 자기인식이 높은 사람의 경우 태도와 행동이 일치할 가능성이 더 높다. 반대로 공적 자기인식이 높은 사람은 남들이 뭐라고 할까 신경을 쓰기 때문에 자신의 태도나 소신보다는 상황에 따라 행동하는 경향이 높다.

2) 자기인식이론

사이버공간에서 갖는 태도는 행동에 주요 설명요인이 되는가? Matheson과 Zanna(1988)의 자기인식이론(self-awareness model)에 따르면 자기인식은 공적 자기인식과 사적 자기인식으로 구분될 수 있고, 두 자기인식은 수직적 관계로 한쪽이 높으면 다른 쪽은 낮아진다고 하였는데, 익명의 상황에서는 공적 자기인식의 감소가 일어나지만 사적 자기인식은 높아진다고 했다. 즉 익명의 상황에서는 사적 자기인식의 작동으로 평소 개인이 생각했던 소신과 신념, 태도대로 행동할 가능성이 높다고 보았다. 이 입장에서 보면 익명의 사이버공간에서는 외부 상황의 압력이 작용할 가능성이 낮고, 반면 사적 자기인식은 높아져 태도와 행동의 관계가 일치할 가능성이 더 높게 된다. 나중에 소개하겠지만, 온라인에 있어서도 그와 관련된 태도가 중요하다는 환경운동연구가 있고(Brunsting and Postmes, 2002), 친사회적 행동에서도 개인이 갖는 신념과 태도가 중요한 요인이며(전신현, 2015) 사이버폭력에 대해 허용적이고 긍정적인 태도를 갖는 사람들이 사이버폭력의 가능성이 매우 높은 것으로 제시되고 있으며(이성식, 2006a,b), 아울러 인터넷 건강정보에 대한 태도가 건강관련 행동에도 유의미한 영향을 갖는다는 것을 제시하고 있는데(박동진 외., 2013), 이처럼 온라인에서의 행동연구에서 개인태도가 다른 여러 설명요인들보다도 중요한 요인으로 제시되고 있는 것도 이 때문이라고 볼 수 있다.

이처럼 사이버공간에서는 대체로 현실에서보다도 태도와 행동이 일치될 가능성이 높은 것으로 볼 수 있는데, 그 이유는 사이버공간에서는 즉각적인 상황적 압력이 적고, 또 자기인식이론에서의 주장처럼 사적 자기인식이 높아서 자신의 소신과 신념, 태도대로 행동할 가능성이 높기 때문이라고 할 수 있다. 이처럼 사이버공간에서 태도는 중요한 개념이 된다고 할 수 있다.

3) 이성적 행위/계획된 행동이론

태도와 행동의 관계에 대한 대표적 이론으로는 Fishbein과 Ajzen(1975)의 이성적 행위이론(theory of reasoned action)이 있다. 이 이론은 사람들이 합리적으로 행동한다는 가정하에 행동의도가 행동을 설명하는 가장 중요한 요인이라고 본다. 즉 행동하려는 의향이 있다면 그 행동을 하게 된다는 것이다. 그런데 그러한 행동의도는 개인의 태도와 주관적 사회규범에 의해 영향을 받는다고 주장한다.

개인태도는 개인이 갖고 있는 긍정적 혹은 부정적 평가로서, 〈표 4-3〉에서와 같이 결과에 대한 평가와 그 가능성에 의해 설명된다. 범죄와 관련된 한 가지 예를 들어 보자. 범죄를 저지르면 돈을 얻을 수 있지만(2점) 벌을 받게 될 수도(-4점) 있다. 그리고 각각의 가능성이 3점이라면 2 × 3 = 6점과 -4 × 3 =-12점으로 총 6-12 =-6점이 되며 이럴 경우 범죄에 대한 부정적 태도가 형성되게 된다. 그러한 태도는 범죄를 하지 않겠다는 범죄의도에 영향을 주고 그것은 행동, 즉 범죄를 저지르지 않는 데에 영향을 준다.

<표 4-3> 이성적 행위이론

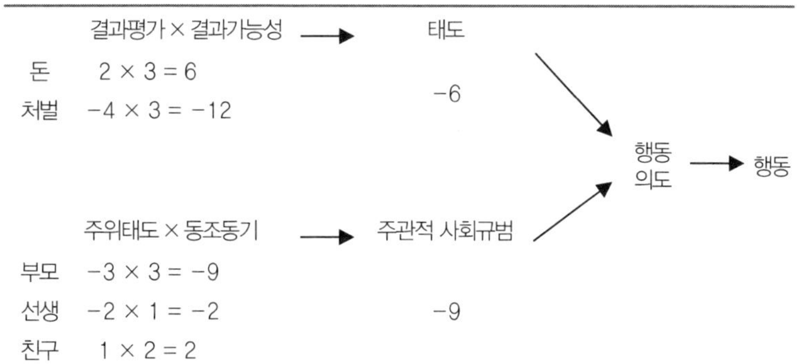

한편 주관적 사회규범은 주위 사람들의 기대로서, 주위 사람들의 태도와 그 태도에 동조하려는 경향에 의해 설명된다. 예를 들어 범죄에 대한 부모의 태도는 -3점, 선생의 태도는 -2점, 친구의 태도는 1점이고, 각각에 동조하려는 경향이 3점, 1점, 2점이라면, 부모와 관련해서는 -3 × 3 =-9점, 선생과 관련해서는 -2점 × 1 =-2점, 친구와 관련해서는 1 × 2 = 2점으로, 총 -9-2 + 2 =-9점이 되어 주위 사람들에 비추어 범죄에 대하여 부정적으로 생각하는 주관적 사회규범을 형성한다는 것이다. 결국 범죄를 부정적으로 보는 주위의 기대는 "범죄를 하지 않을 것이다"라는 행동의도를 형성하게 하고, 이는 범죄를 하지 않는 행동에 영향을 준다는 논의이다.

이성적 행위이론은 투표행동, 건강행동(피임, 다이어트 등), 환경보호를 위한 행동 등의 다양한 연구들에서 많은 지지를 받아 왔다. 즉 태도와 사회적 규범은 행동의도에 영향을 주고 행동의도가 행동을 크게 설명한다는 것이다. 그러나 여러 문화권의 연구에서는 행동의도를 결정하는 요인이 다름을 제시하고 있는데, 예를 들어 개인의 가치판단과 신념을 중시하는 서양의 개인주의문화에서는 주위의 영향으로서의 주관적 사회규범보다는 개인의 태도가 행동의도를 잘 설명하지만, 집단의 사회규범을 중시하는 동양의 집합주의문화에서는 개인의 태도보다 주관적 사회규범이 더 행동의도를 결정한다는 주장을 제시하였다.

하지만 이성적 행위이론과 달리 행동의도가 있어도 그 행동을 실행할 능력이 없다면 행동으로 이어지기는 어렵다. 공부를 열심히 하려고 해도 기본적 능력이 없다면 학업성적을 올리기 쉽지 않은 것이다. 이러한 이유로 보다 보완된 계획된 행동이론(planned behavior theory)(Ajzen, 1985)에서는 〈표 4-4〉 모형에서 자신이 행동을 실행할 수

<표 4-4> 계획된 행동이론

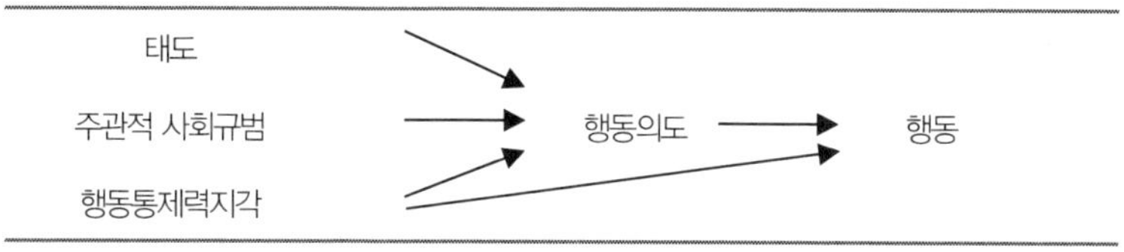

있다고 믿는 능력인 행동통제력지각을 추가할 것을 제안하였다. 여대생들의 다이어트를 예로 들면 개인태도나 주관적 사회규범 이외에도 다이어트를 성공적으로 달성할 수 있다고 생각하는 여대생이 다이어트를 하겠다는 의지를 강화하고 음식조절과 운동으로 체중을 줄이는 행동을 하게 된다는 것이다. 계획된 행동이론은 국내에서도 음주운전(한덕웅 · 이민규, 2001) 등의 연구에 적용되어 지지되는 것으로 나타나고 있다.

온라인 연구에서 Doane와 동료들(2014)은 이성적 행위이론을 사이버불링에 적용했는데 사이버불링에 대해 갖는 태도가 의도에 가장 큰 영향을 미쳤고 주관적 규범 또한 의도에 영향을 미쳤으며 불링의도가 불링행동에 큰 영향력을 갖는다는 결과를 제시했다.

온라인 연구에서는 계획된 행동이론을 적용한 연구들이 활발했다. 계획된 행동이론을 온라인 쇼핑에 적용한 최자영과 김경자의 연구(2003)에서는 태도가 온라인 쇼핑의도에 가장 큰 설명력을 가지며, 그 다음이 행동통제력지각, 그리고 주관적 사회규범의 순으로 영향력이 있음을 제시하고 있다. 이정기와 동료들(2014)의 웹툰 관련 이용에 관한 연구에서는 영화관람, 유료콘텐츠 이용, 캐릭터 상품구매 등의 의도에 있어서 주관적 규범이나 행동통제력지각보다 태도가 가장 중요한 설명요인임을 제시했다. 이처럼 태도, 주관점 규범, 행동통제력지각이 모두 중요하지만 대체로 온라인에서는 태도가 보다 중요한 요인이라는 것을 제시한다.

하지만 김명소와 한영석(2001)의 온라인 쇼핑에 관한 연구에서는 행동통제력지각이 구매의도에 가장 큰 영향력을 갖는 것으로 나타났으며, 그 다음으로 주관적 사회규범, 태도 순으로 나타났고 구매행동에는 구매의도가 그리고 행동통제력지각도 직접적 영향력을 갖는 것을 제시했다. 또한 유재웅과 조윤경(2016)은 사이버괴롭힘 행위의도에 대한 영향에서 모든 요인이 중요했지만 행동통제력지각의 영향이 가장 크다는 결과를 제시했다.

인스턴트 메신저 사용에 관한 Chung과 Nam의 연구(2007)에서는 주관적 사회규범과 태도 모두가 행동에 영향을 미쳤으나 주관적 사회규범의 영향력이 보다 컸다는 결과를 제시하고 있기도 하다. 이는 메신저의 특성 자체가 현실에서의 친구들과의 관계를 유지하기 위해 사용하는 것이기 때문이다. 최문형과 동료들(2013)의 SNS 사용에 대한 설명에서도 행동통제력지각은 유의미하지 않았고 태도와 주관적 규범은 그 영향력이 유의미했는데 태도보다 주관적 규범의 영향력이 더 큰 것을 제시했다. 이 또한 SNS는 현실 사람들과 연장선의 특성을 갖기 때문으로 볼 수 있다.

4) 기술수용모델

한편 1989년 Davis와 동료들은 이성적 행위이론의 연장선에서 컴퓨터이용자의 행동을 설명하기 위해서 기술수용모델(technology acceptance model)을 제시했다. 이 모형은 일반적인 적용에는 한계가 있지만 정보기술과 관련된 행동에 잘 적용되는 것으로, 인지된 유용성(perceived usefulness)과 인지된 용이성(perceived ease of use)이 컴퓨터수용행동에 핵심요인이라고 본다. 인지된 유용성은 컴퓨터 및 인터넷 업무와 관련되어 생산성을 향상시킬 것이라고 믿는 정도를 말하고, 인지된 용이성은 그 시스템을 이용하는 것이 보다 편리하고 용이하다고 믿는 정도를 말한다. 이 모형에 따르면 인지된 유용성과 용이성이 태도에 영향을 주고 그것이 사용의도, 그리고 행동과 연관된다고 주장하고 있다. 온라인쇼핑의도에 관한 연구에서 Ingram과 동료들(2015)은 온라인쇼핑에 대한 태도가 가장 중요한 예측요인이었고 그 태도를 설명하는 요인은 인지된 유용성과 용이성, 그 외에 즐거움과 위험인지 등이 작용했다는 결과를 제시했다.

이 모형과 관계된 국내연구를 보면 황경연(2002)의 포털사이트 이용에 관한 연구에서 인지된 유용성과 편이성은 포털사이트 이용태도에 영향을 주고 태도는 이용의도에 영향을 주어 인터넷사이트 이용에 영향을 미친다는 것을 제시했는데 그 외에도 이 연구에서는 계획된 행동이론에서와 같이 행동통제력지각이 포털사이트 이용에 영향을 미친다는 연구결과를 제시했다.

이처럼 이후의 연구들은 계획된 행동이론과 기술수용모델을 함께 고려하는 통합연구를 시도하고 있는데 Lee와 Tsai(2010)는 온라인 게임이용에 있어 주관적 규범과 행동통제력지각도 중요하지만 태도가 유의미한 영향을 가졌고 그러한 태도에 영향을 주는 요인으로는 게임의 즐거움(플로우) 이외에 기술수용모델에서의 인지된 유용성과 용이성이 중요한 요인임을 제시했다. 주지혁(2013)은 스마트폰 이용의도의 설명에 있어 계획된 행동이론의 태도와 행동통제력지각이, 그리고 기술수용모델의 유용성과 용이성이 중요했다는 결과를 제시했다. 그리고 이정기와 강경수(2015)의 스마트폰 광고수용에 관한 연구에서는 계획된 행동이론에서는 태도와 주관적 규범이 그중에서도 태도의 영향력이 중요했지만 기술수용모델의 유용성과 용이성 그중에서도 용이성의 영향력이 가장 컸고 계획된 행동이론보다 기술수용모델의 설명력이 더 크다는 결과를 제시했다. 한편 곽민석과 동료들(2014)은 스포츠용품 온라인 구매의도 연구에서 용이성은 유용성에, 유용성은 태도에 영향을 주고 태도와 주관적 규범은 모두 구매의도에 영향을 준다는 결과를 제시했고, 행동통제력지각은 유의미한 영향이 없다는 결과를 제시했다. 정새봄과 동료들(2015)의 모바일 스포츠뉴스 이용에 관한 연구에서는 이용의 즐거움(플로우) 경험이 기술수용모델의 이용의 용이성에, 그리고 용이성은 유용성을 통해 태도에 영향을 미친다는 결과를 제시했지만 이전 연구들과는 달리 태도가 이용지속의도에 유의미한 영향을 주지는 못했고 그대신 주관적 규범이 이용지속의도에 유의미한 영향력을 갖는다는 결과를 제시했다.

제 5 장

감 정

제5장 감 정

1. 감정의 정의

우리는 일상속에서 기쁨, 슬픔, 두려움, 화, 사랑, 질투심, 수치심, 죄책감 등의 감정을 경험한다. 이러한 감정들은 개인적 감정으로 볼 수 있지만 다른 사람과의 관계속에서 경험하는 것이기 때문에 사회심리학의 주요 주제가 된다. 즉 사회심리학에서는 사람들과의 관계에서 영향을 받으면서 또한 인간 행동에 영향을 미치는 감정을 연구대상으로 다룬다.

감정과 유사한 여러 용어들이 있다. 우선 느낌(feeling)은 고통, 피로 등 육체적인 본능 상태를 포함하는 개념이라면, 감동(affect)은 어떠한 대상에 대한 긍정적 혹은 부정적 평가와 관련되고, 기분(mood)은 사회관계와는 관련이 적은 일시적 느낌이라면, 정서(sentiments)는 단순한 느낌보다는 사회관계에 의해 발생되는 지속적인 감정 상태를 말한다. 이렇게 감정 관련 용어들을 구분할 수 있지만 통상 이런 것을 포괄하는 감정(emotion)이라는 용어를 사용한다.

2. 감정에 대한 논의들

1) 초기의 심리학의 여러 입장

감정에 관한 연구들은 감정의 근원에 대해 서로 다른 의견을 보여왔다. 예를 들어 감정이 생득적으로 타고난 것인지 후천적으로 습득한 것인지, 신체적 증상의 표현인지 아니면 정신적 현상인지, 비이성적이거나 충동적인 것인지 아니면 이성적이고 인지적 작용에 의한 것인지에 관한 것이다.

초기의 심리학자들은 감정을 육체적 증상을 포함한 강렬한 느낌과 충동에 의한 흥분 및 동요의 상태로 보았다. 기쁠 때는 웃고, 슬플 때는 울고, 화가 나면 얼굴이 화끈거리고 붉어지는 등의 육체적 현상을 동반하는 것이다. 초기 심리학자들은 감정의 원인을 선천적이고 생물학적인 데에 두었다.

진화론에 근거한 심리학자들은 동물에서나 인간에게 모두 적용되는 진화과정으로서의 감정에 관심을 두고 본능적이고 생득적인 감정이 모든 문화에서 차이 없이 공통적으로 경험된다고 하였다(Plutchik, 1980). 그리고 생리학이나 신경학에 기초한 학자들은 자율신경체계나 뇌신경체계가 감정을 결정하여 어떤 외부의 자극이 있을 시 심장이나 신경체계, 호르몬의 변화, 뇌의 내분비선의 활성화 등에 의해 감정을 경험한다고 했다(Izard, 1977).

학습이론에 근거한 학자들에 의하면 감정도 학습한 결과라고 본다. 즉 감정도 보상과 처벌에 의해 경험하는데 예상한 것보다 더 많은 보상을 받았을 때나 예상한 처벌을 받지 않았을 때 기쁨을 경험하고, 예상했던 보상을 받지 못했을 때 화를 경험한다는 식으로 접근한다

(Lazarus, 1968).

인지이론가들은 감정이 단순히 생리적이고 육체적인 반응이 아니라 인간의 사고과정과 인지적 평가에 의한 것이라고 본다. 감정은 생리적 현상과 인지의 상호작용의 결과인데, 자신에게 신체적, 생리적 변화가 생기면 이것에 대해 설명가능한 정황에 근거하여 자신의 감정을 슬픔, 두려움 혹은 화 등으로 해석한다는 것이다(Leventhal, 1974).

2) 사회학에서의 감정

사회학자들은 단기적 즉각적 반응으로서의 감정 그리고 육체적 증상의 감정보다는 사회관계 속에 오랫동안 지속되는 감정에 관심을 둔다. 감정이 신체적이고 생리적 현상임을 부정하지는 않지만 감정이 단순히 생리적 반응에 의한 결과라기보다는 그 근원이나 결과가 사회적이라는 점을 강조한다. 사회학자들에 의하면 감정은 문화나 규범에 의해 경험되는 것이어서 사회나 문화에 따라 달리 경험될 수 있음을 강조한다. 이는 감정경험이 육체적이고 생리적이어서 문화에 상관없이 보편적이라는 입장과 상반된다 할 수 있다.

심지어 거시적 사회학자들은 단순히 개인의 경험으로서 감정이 아니라 사회가 변화됨에 따라 사회 차원에서 어떻게 감정에 변화가 있었는지를 연구하기도 하였다(Stearns and Stearns, 1986). 예를 들어 서비스를 강조하는 경제변화가 남을 즐겁게 하고 화를 억제하는 등의 감정경향에 영향을 주었다고 주장한다. 또 유아사망율이 높은 사회에서는 아이들이 죽어도 큰 슬픔 없이 슬픔을 약하고 짧게 느낀다고 한다.

사회학자들은 사회지위에 따라 감정경험이 다르다고 했다(Thoits,

1989). 남자가 여자보다 두려움이나 슬픔을 덜 느끼는 것은 선천적이고 생리적인 이유도 있지만 남자와 여자는 사회화과정이 다르기 때문에 서로 다른 감정경험을 한다고 보았다. 여자가 남자보다 더 공감적이고 감정이입을 하는 것도 그 때문이다. 계층에 따라 감정경험이 다를 수도 있는데 상층일수록 행복해하고 긍정적 감정을 경험하지만 하층일수록 부정적 감정을 경험할 가능성이 많다. 또한 권력을 가진 사람은 분노를 더 표출하고 타인의 고통에 덜 감정이입적이기도 하다.

사회지위와 감정과의 관계에 대한 대표적 연구로 Kemper(1978)에 의하면 감정은 사회관계속의 상호작용의 결과인데 권력과 지위를 통해 파악된다고 한다. 권력을 갖게 되면 안정감을 느끼지만, 권력을 잃게 되면 두려움과 불안감을 느끼고, 한편 지위를 얻게 되면 행복감을 느끼고, 그렇지 못하면 화와 우울을 경험한다고 했다. 그리고 지위손실 시 다른 사람에 그 탓을 하게 되면 화를, 자신에게 원인을 두면 수치심을 경험한다고 하는 등 권력과 지위를 중심으로 이루어지는 사회관계가 다양한 감정경험에 영향을 준다고 했다.

3) 감정규칙과 감정관리

한편 감정의 결정요인으로 문화와 사회적으로 구성된 규범의 중요성을 강조한 입장이 있다. 상징적 상호작용이론가들(Hochschild, 1979; Shott, 1979)은 인간의 상호작용 속에서 인지적 해석과정을 통해 느끼는 감정에 관심을 가졌다. 상징적 상호작용이론가들에 따르면 "나는 화가 난다", "나는 기분이 좋다" 등 인간은 자신의 감정을 인식하고 무엇인가로 정의내린다. 자신을 대상으로 자아를 정의내리듯 자신에게 일어난 감정경험도 해석하고 규정한다고 했다. 이 입장은 인지

이론가들과 유사하지만 인지심리학자들과 달리 문화와 규범의 영향력을 강조한 것에 차이가 있다. 즉 모든 감정의 생리적 증상은 사회문화와 관련하여 어떻게 해석되는지에 따라 특정한 감정이 경험된다고 했다. 또한 생리적 반응 없이도 규범에 따라 감정을 느낄 수 있고, 오히려 이러한 감정경험으로 생리적 증상에 영향을 줄 수도 있다고 보았다.

우리는 문화와 규범에 따라 감정을 경험한다. 데이트를 할 때에는 즐거우려고 하고, 결혼식에서는 기쁜 감정을 가지려고 하며, 장례식장에서는 슬퍼하려고 하는 등 상황이나 규범에 따라 자신의 감정을 관리한다. 감정관리(emotion management) 혹은 감정작용(emotion work)이란 그와 같이 규범에 따라 자신의 감정을 조정하고 관리하는 것을 말한다(Hochschild, 1979, 1983). 사회성원들 간에는 서로 공유하는 사회규범 혹은 감정규칙(feeling rules)이 있는데 어떤 상황에서 어떻게 행동해야 하는가의 규칙 혹은 규범을 말한다. 승무원들은 짜증이 나고 화가 나는 상황에서도 자신의 감정을 억제하고, 웃음을 잃지 말고 친절하게 감정을 표출해야 한다는 규칙을 교육받는다. 이와 같은 감정규칙에 따라 자신의 감정을 관리한다.

기쁨과 같은 긍정적 감정은 표현하는 것이 좋지만 화나 분노와 같은 부정적 감정은 표현되기보다는 억제되어야 한다는 것이 규범이자 감정규칙이 된다. 또 혼자 있을 때는 몰라도 타인과 있을 때 사회규범에 의한 감정표현규칙은 더 작동된다. 이처럼 감정은 규범과 규칙에 의해 영향을 받는데 이와 같은 감정규칙과 감정관리와 같은 개념이야말로 감정은 사회적인 것이라는 것을 잘 표현하는 것이라 할 수 있다.

4) 일차적 감정과 이차적 감정

이와 같은 입장에서 보면 감정은 단순히 생리적 증상이 아니라 사회관계 속에 형성되고, 문화적으로 규정되는 것으로 볼 수 있다. 상징적 상호작용이론가들에 따르면 사회관계 속에 자아가 형성되듯이 감정도 자아와 같이 형성된다. Shott(1979)은 감정도 자아와 같이 역할담당 과정을 통해 형성된다고 했는데, 자기 자신을 대상으로 다른 사람이 나를 어떻게 볼지와 관련해서 감정을 경험한다고 했고, 그것을 역할담당 감정이라 했다. 죄책감, 수치심, 당황감, 자부심과 같은 감정은 이와 같은 역할담당 과정을 통해 경험하는 대표적 감정들이다. 죄책감이나 수치심, 당황감은 다른 사람의 입장에서 자신이 평가절하될 때 느끼는 감정이라면, 자부심은 그 반대의 자신에 대해 뿌듯함을 느끼는 감정이다. 이와 같은 감정들은 개인의 도덕적, 규범적 행위의 중요 동기가 된다고도 하는데, 예를 들어 폭력 시 다른 사람의 반응을 예상하고 수치심을 느낀다면 폭력을 하지 않을 것이다.

이러한 감정들은 다른 감정들과는 다소 다른 성격을 갖는데, Kemper(1987)는 이를 일차적 감정과 이차적 감정으로 구분하기도 했다. 일차적 감정은 어느 사회에서나 발견할 수 있고 선천적이고 생리적 증상으로 나타나는 감정을 말한다면, 이차적 감정은 사회마다 다르게 구성되고 인지적 해석과정으로 경험되는 감정을 말한다. 통상 두려움, 화, 행복, 슬픔, 놀라움, 역겨움 등의 감정이 일차적 감정이라면, 죄책감, 수치심, 자부심, 질투, 동정심이나 감정이입과 같은 감정은 이차적 감정이다. 이와 같은 이차적 감정은 문화와 규범에 따라 형성될 뿐만 아니라 개인의 규범적 행위의 주요 설명요인이 되며 감정을 통한 사회통제를 가능하게 한다. 우리가 감정이 신체적, 생리적 증상인 것인지 아니면 사회관계 속에 문화규범에 영향을 받는 것인지의 논쟁에서 소위 일차적 감정은 전자에, 이차적 감정은 후자에 더 잘 적용된다고 할 수 있다.

3. 사이버공간에서의 감정

1) 감정표현

사이버공간에서의 컴퓨터 매개 의사소통에서는 비대면이고 여러 가지 단서의 부족으로 감정표현이 어렵고 제약이 많다, 그래서 사회 단서부족이론 등 초기 학자들은 그러한 감정표현의 어려움 때문에 온라인공간에서는 따뜻하고 친밀한 관계를 형성하기 쉽지 않다고 주장해 왔다(Sproull and Kiesler, 1986). 그렇지만 대면적 의사소통과 컴퓨터 매개 의사소통과는 그 차이가 크지 않고 시간이 지나면 충분히 친밀한 관계를 형성할 수 있다고 한다(Walther, 1992). 사이버공간이 차가운 공간이라고 하지만 실제로 따뜻한 인상을 형성하기 위한 노력들이 시도되는데 그 대표적인 예가 이모티콘이다. 이처럼 컴퓨터 매개 의사소통에서도 어느 정도 감정표현이 가능하고 친밀한 관계가 가능하다.

심지어 현실에서는 불가능한 것을 인터넷에서 감정을 포함한 자기노출로 친밀한 관계를 더 증진시킬 수 있기도 하다(Bargh and McKenna, 2004). 대면에서는 누군가에 좋아한다는 표현을 쉽게 못해도 비대면에서는 자신의 좋아하는 감정을 솔직히 표현할 수 있다(McKenna and Bargh, 1999). 오히려 이러한 점으로 고민상담 등에서 컴퓨터 매개 치료가 선호되고 환자는 자신의 내적 생각과 감정,

느낌 등을 토로하여 치료에 도움을 받을 수 있다(Lange et al., 2001). 컴퓨터 매개 의사소통은 이렇듯 누군가에게는 더 안정적인 환경을 제공하며 서로의 감정을 공유하게 만든다.

컴퓨터 매개 의사소통에서 감정표현이 어렵고 대인관계가 쉽지 않다는 증거는 부족하다. 오히려 인터넷 등에서 서로의 관심과 감정적 욕구를 공유하고 토로할 수 있는 사람을 만나게 되고 친밀한 관계를 형성하기에 더 용이하다는 주장이 제기된다. Derks과 동료들(2008)은 컴퓨터 매개 의사소통에서 감정이 충분히 전달되지 못한다는 증거를 찾기 어려우며 오프라인에서와 같이 차이 없이 감정표현이 온라인에서도 유사하다는 점을 주장했다.

감정 공유의 모습은 SNS 등에서 '좋아요' 등에서 볼 수 있다. 사실 SNS와 같은 소셜미디어에서는 정보나 의견 이외에 사용자의 감정을 전달할 수 있다(Hidalgo et al., 2015). '좋아요'는 의견에 대한 동조이기도 하지만 공감의 표현이고 서로 공감을 공유하는 것이라 볼 수 있다. 또한 감정 공유의 형태로 해시태그가 있다. 인스타그램 등에서는 해시태그로 이모티콘을 사용할 수 있어 감정 공유를 할 수 있다.

2) 이모티콘의 사용

온라인에서는 비대면의 상황에서 감정표현의 제약 때문에 이모티콘 등을 통해 자신의 감정을 표현하려고 한다. 실제로 이모티콘의 사용은 긍정적이고 친밀한 관계를 증진하는 데 기여한다. 전통적인 온라인 논의에서는 비대면의 익명의 상황 때문에 친밀한 인간관계의 형성이 어렵다고 보았지만 사회정보과정이론(Walther, 1992)의 주장에서와 같이 이러한 이모티콘 등의 사용으로 그 한계를 극복하며 친밀한 인간관계가 충분히 가능하다. 이모티콘은 비대면에서 충분히 전달되지 않는 감정을 좀 더 명확히 하고 딱딱할 수 있는 부정적 톤을 감소시킨다. 이모티콘으로 웃는 모습이나 정서적 측면을 표현하고 윙크를 하기도 하며 또한 아바타로 자신을 보다 친밀하게 표현하기도 한다.

이렇듯 사이버공간에서는 이모티콘의 사용으로 충분히 감정이 풍부하게 전달될 수 있다(Derks et al., 2008). 그리고 Lo(2008)는 이모티콘이 없이는 전달자가 정확한 감정, 의사, 의도를 전달하지 못한다는 것을 제시했다. 이모티콘은 사람들의 일상맥락에서 뿐만 아니라 작업환경에서도 효과를 준다고 하는데 Luor와 동료들(2010)은 작업환경에서의 실험연구결과 화나는 등의 모습의 부정적 감정의 이모티콘은 작업환경(단순한 그리고 복잡한 환경 모두에서)에서 부정적 효과를 낳았고, 환하게 웃는 모습의 긍정적 이모티콘은 특히나 복잡한 작업환경에서 긍정적 효과를 낳는다는 결과를 제시했다.

오종환과 동료들(2014)은 우리나라의 경우 온라인상에서 드러나는 이모티콘 연구에서 자모음이 반복되는 이모티콘을 자주 사용한다는 것을 제시했다. ㅋㅋㅋ와 같이 자음의 반복이 이모티콘의 사용에서 가장 높은 비율을 차지했으며, 그 다음이 ㅠㅠ와 같은 모음의 반복, 그 다음이 ㅎㅎ, 그리고 언짢음을 나타내는 ──의 반복 사용도 나타난다고 했다. 이런 자모음의 반복은 눈웃음 ^^의 이모티콘보다도 더 높은 사용율을 보였다.

이모티콘은 다양한 표정과 감정을 실어 비대면의 한계를 극복하는 역할을 한다. 이모티콘은 전달하고자 하는 내용의 의미와 의도를 잘 전달하고(Dresner and Herring, 2010; Reis et al., 2018), 대화를 더 원활하게 그리고 메시지에 대한 긍정적 반응을 유도하고(Huang et al., 2008), 친밀감을 더 증대시키며(Janssen et al., 2014), 즐거움을 더 하여 사회관계나 자아표현을 더 촉진하기도 한다(Hsieh and Tseng, 2017). 그리고 더 나아가 신뢰를 쌓고 상대를 설득시키기까지 하여 상품의 구매의도를 촉진시키기도 한다(김준수, 2017).

3) 부정적 감정의 표출과 감정규칙

컴퓨터 매개 의사소통에서는 부정적 감정표현이 더 많이 발생한다. 그리고 익명의 상황에서는 사회실재의 부족으로 상대방을 덜 인지하게 되고 그럼으로써 타인에게 부정적 감정을 쉽게 표출할 수 있게 된다. 그래서 온라인에서는 화표출이 더 가능해진다(Siegel et al., 1986; Orenga et al., 2000). 온라인의 익명 상황에 있게 되면 상대가 존재하는 대면의 상황에서보다 더 탈억제하여 자신이 느낀 감정을 쉽게 표출하게 되는데 그 감정이 부정적 감정일 때 그것을 조절하지 못한다. Kato와 동료들(2007)도 이메일 사용과 같은 온라인에서는 감정단서가 낮아 전달자와 수신자 간에 오해를 낳고 화와 불안감과 같은 부정적 감정을 초래할 수 있다는 결과를 제시했다.

그렇지만 사이버공간에서도 현실에서와 같이 다른 사람과의 상호작용에서 화나 분노와 같은 부정적 감정은 표현되기보다는 억제되어야 한다는 감정규칙이 적용된다. 김대중(2016)은 컴퓨터 매개 의사소통의 감정표현, 특히 부정적 감정표현의 연구에서 감정규칙이 적용되는지를 살펴보았다. 부정적 감정에서는 분노와 슬픔을 다루었는데 그 결과 분노의 표현은 더 활발하지만 슬픔의 표현은 약화된다는 것을 제시해 적어도 슬픔감정은 외부에 표현하지 말아야 한다는 감정규칙이 적용된다는 것을 제시했다. 그런데 그 표현은 자신의 관찰가능성에 따라 다를 수 있음을 주장했다. 채팅 상황에서 문자기반의 컴퓨터 매개 의사소통에서는 분노의 표현이 더 하지만 상대방을 마주하는 등의 화상기반의 의사소통처럼 관찰가능성이 높을 때는 분노의 표현이 적다는 것을 제시했다. 즉 온라인이라도 자신이 노출되는지에 따라 부정적 표출은 달라지고 적어도 화상 기반의 의사소통에서는 현실에서의 감정규칙을 따르는 결과를 나타냈다.

사람들의 얼굴상의 감정표현 연구에 따르면 누군가 타인이 존재하는 상황에서는 더 웃는 얼굴을 한다. 이처럼 타인이 존재하는가 여부는 감정표현에 영향을 주는데 상대가 누구인지 그리고 그 권력관계가 어떠한지도 중요하다(Fischer et al., 2004; Parkinson et al., 2005). 그대신 상대가 없고 혼자 있는 상황에서는 좀 더 강렬한 슬픔을 표현하는 경향이 있기도 하다(Jakobs et al., 2001). 감정표현의 규칙은 상황에 따라서도 다르고 누구와 대화하느냐에 따라 다르기도 한데, 대체로 SNS 등에서는 긍정적 감정이 지배적이고 기대되는 감정이다(Choi and Toma, 2014; Waterloo et al., 2017). 그렇지만 SNS에서도 감정표현은 플랫폼에 따라 다르게 나타나 Vermeulen과 동료들(2018)에 따르면 페이스북이나 인스타그램, 스냅챗에서는 더 긍정적 감정을, 그리고 트위터에서는 부정적 감정을 더 공유한다는 결과를 제시했다.

비대면의 상황에서는 상대를 덜 의식하기 때문에 소위 수치심과 같은 역할담당 감정을 덜 느끼게 된다. 수치심과 같은 감정은 타인이 존재하고 타인을 의식하는 가운데 타자의 입장에서 느끼는 감정인데 비대면의 서로 모르는 사이의 온라인에서는 수치심을 느낄 가능성이 낮다. 그러나 근간에 SNS의 사용에서는 지인들과의 관계가 있고 네트워크로 이루어져 있어 모르는 사이라도 몇 단계만 거치면 다 아는 사이이기에 규칙 위반 시 수치심을 느끼게 될 것을 예상해 행동을 조심하게 된다. 온라인에서는 부정적 감정표출 가능성이 상대적으로 높고 수치심 등의 감정은 낮아 규범위반행동의 가능성이 높다고 하지만 그래도 요즘 같은 SNS에서와 같이 서로 아는 사람과의 의사소통에서는 더욱 더 현실에서와 같이 감정규칙이 작용한다고 볼 수 있다.

그렇지만 대체로 오프라인과 비교해 보면 온라인에서는 부정적 감정을 표출할 가능성은 더 높은 것으로 정리할 수 있다. Kafetsios와 동료들(2017)은 여러 감정들을 요인분석한 결과 긍정적 감정, 부정적 감정, 그리고 걱정 감정 등 세 감정으로 요약했는데, 오프라인 대면에서는 온라인 컴퓨터 매개 의사소통에서보다 긍정적 감정을 더, 그리고 부정적 감정을 덜 경험하게 되어 차이가 있음을 제시했고, 걱정 감정에서는 오프라인과 온라인에서의 차이가 없었음을 제시했다.

4) 여러 행동에서의 영향

감정은 어떠한 행동에 영향을 주는 동기요인이 되기에 사회심리학에서 중요하게 다룬다. 기존 연구들을 보면 각각의 감정보다는 긍정적 감정과 부정적 감정으로 크게 나누어 관련 행동에의 영향을 살펴본 연구로 진행되었다. 즉 어떤 상품이나 사이트 등에 긍정적 감정을 경험하면 그 상품을 구매하는 주요 요인이 되지만, 그 반대로 부정적 감정을 경험할 때 재구매의도를 낮추는지에 관한 것이다.

그동안의 연구에서는 긍정적 감정의 영향을 다룬 연구가 많았다. 소비에서 긍정적 감정은 소비행동을 촉진할 수 있는데 어떤 상품 등에 긍정적 감정을 느끼면 그 상품에 호의적 태도를 형성하여 소비 등의 행동에 영향을 줄 수 있다(Schwartz and Bohener, 1996). 온라인과 관련해서는 상품보다는 온라인사이트에 대한 감정을 주제로 연구되어 왔는데, 김상조(2008)는 온라인사이트에서 경험하는 긍정적 감정이 그 사이트에 갖는 신뢰감과 독립적으로 그 사이트에의 재방문의도에 영향을 미치는 주요 요인이 된다는 결과를 제시했다. 하동희와 이형룡(2018)은 온라인 관광커뮤니티에서 느낀 긍정적 감정은 지속적 이용의도에 영향을 미친다는 결과를 제시했다.

긍정적 감정과 같이 부정적 감정도 주요 요인이 되어, 예를 들어 조승호와 조정렬(2011)은 인터넷 웹사이트에서 소비자의 제품서비스에 대한 화와 같은 감정적 반응이 계획된 행동이론의 여러 요인들(주관적 규범, 태도, 지각된 행동통제)과 함께 적극적 불평행동의 소비자행동을 설명하는 주요 요인임을 제시했다. 손준상(2007)의 인터넷쇼핑에서 웹충성도 연구에 의하면 인터넷쇼핑에서 경험한 긍정적 감정은 상품재구매에 영향을 미친다는 결과를 제시했는데 이 연구에서는 부정적 감정이 재구매의도를 낮춘다는 결과를 제시하지는 않았다.

그 외에 이후에 다룰 행동연구에서 제시하겠지만 감정은 여러 행동영역에서 주요 요인이 될 수 있다. 긴장에서 비롯된 화와 같은 부정적 감정은 온라인에서 폭력 등으로 표출되고(이성식, 2003; Patchin and Hinduja, 2011), 평소의 즐거움이나 감정이입의 감정은 정보공유 등의 남을 돕는 친사회적 행동에 영향을 주며(Wang and Wang, 2008; 전현규 · 이건창, 2015), 피해자에 대해 갖는 감정이입의 정도는 사이버불링을 줄이는 주요 요인라는 연구도 있다(Doane et al., 2014). 또한 우울 등의 부정적 감정은 인터넷중독의 주요 원인이 되기도 하는 등(Brenner, 1997; 이정윤, 2005; 전세훈 · 이지연, 2017) 감정은 여러 영역의 행동에 주요 요인이 될 수 있다.

제 6 장

설 득

제6장 설 득

1. 설득의 정의와 주요 경로

설득(persuasion)은 전달자가 전달메시지나 의견을 통해 대상자의 태도나 행동의 변화를 시도하는 것이라 정의내릴 수 있다. 태도의 변화는 앞서 인지부조화이론에서도 소개했듯이 스스로에 의해 이루어지기도 하지만 다른 사람의 설득이나 광고를 통해서 이루어지기도 한다. 정치인이 유권자를 설득하여 자신을 선출해 달라고 하는 경우나 TV광고에서 상품을 선전하는 것, 보험설계사가 계약에 가입시키기 위한 설득 등 우리 생활 여러 곳에서 설득은 이루어지고 있다. 여기서는 이러한 설득의 논의를 다뤄보기로 하겠다.

설득은 어떻게 이루어지는가? Petty와 Cacioppo(1986)의 정교화가능성모형(elaboration likelihood model)에 의하면 설득은 두 가지 경로를 통해 태도에 영향을 미칠 수 있다고 하는데 그것은 개인이 정보를 정교화할 수 있는 혹은 주의 깊게 사고할 수 있는 능력에 달려 있다고 하였다. 그들은 설득을 크게 중심경로와 주변경로로 나누어 설명하는데, 중심경로란 전달하는 메시지 자체를 통해 특정 정보를 전달하는 것이고, 반면 주변경로란 메시지의 내용과 상관없이 그 외 요인(누가 전달하는가)을 이용하여 설득하는 방법이다. 여기서 정보를 신중하게 생각하면 중심경로를, 그 논리에 주의 깊게 생각하고 싶지 않으면 주변경로를 따른다고 했다. 그런데 중심경로를 통해 형성된 태도는 더 오래 지속되고 행동을 결정하는 데도 영향력이 크다고 보았다.

설득에서는 전달자, 메시지내용, 그리고 대상자의 세 요소를 구분하여 설득이 어떻게 효과적으로 이루어지는지를 살필 수 있다. 메시지내용을 중심으로 설득이 이루어진 경우 중심경로를 통한 것이며, 메시지를 전달하는 전달자나 설득의 대상이 되는 대상자의 특성에 의해 설득이 이루어졌다면 주변경로를 통한 설득이라고 할 수 있다. 여기서는 이 세 가지 요소를 중심으로 설득에 영향을 미치는 요인들을 살펴보기로 하겠다(McGuire, 1985).

2. 설득의 주요 요소

1) 전달자의 특성

첫째, 전문성으로, 전달자가 해당 분야에 대한 전문적 지식을 가지고 있는 정도에 따라 설득의 효과는 다르다. 전달자가 그 영역에 대해 잘 모르거나 경험이 없는 경우보다 지식이 많고 실력이 있어 보일 때 상대방을 잘 설득할 수 있다. 뉴스에서 교수들과 인터뷰하는 것도 설득력을 높이기 위한 것이고 치약선전에서 치과의사가 선전하는 경우 더 광고효과가 높을 것이다. 전문성은 의사가 가운을 입거나 하는 등 주변경로를 통해 전달된다. 전문성은 전달자가 자신감 있고 간단명료한 어법을 사용할 때 더 높게 인식되고 전달자의 언변이 유창하지 않고 머뭇거리거나 말실수를 할 경우 전문성이 낮다고 평가되어 설득력이 낮아질 수 있다.

둘째, 신뢰성은 전달자가 얼마나 정직하고 사심 없이 순수한 동기에서 자신의 입장과 의견을 제시하고 있는가를 나타낸다. 전달자가 전문성이 높을 때 대체로 신뢰성이 더 가지만 아무리 전문성이 높더라도 전달자의 설득의도가 순수하지 않다고 판단될 때 그 설득력은 낮아질 것이다. 설득으로 전달자에게 이득이 있다고 보이는 경우 그 신뢰성은 낮게 평가되고 자신의 이익에 반하는 사람이 전달자인 경우 신뢰성이 높게 평가된다. 환경오염의 주범인 대기업을 비판하는 연설에서 환경보호단체의 연설자보다는 기업관계자의 연설이 더 설득력이 높다.

셋째, 전달자의 외모는 설득에 있어서 중요한 요소이다. 실제로 잘생긴 외모에 더 호감을 갖게 되는데, 길거리 설문조사에서도 잘생기거나 예쁜 조사자의 설문에 더 응한다고 한다. 광고모델로 미인을 쓰는 것도 자극-반응의 연상작용에서 설명한 바와 같이 그 상품이 미인과 연상작용을 일으키기 때문이기도 하지만 후광효과로 인해 여러 측면에서 매력적으로 보이기 때문이다.

넷째, 설득의 전달자가 대상자와 유사한 특성을 가졌다면 설득의 효과를 높일 수 있다. 어른이 대학생에게 100원을 빌려달라고 한 경우보다 비슷한 대학생이 100원을 빌려달라고 했을 때 돈을 빌려줄 가능성이 더 높다. TV광고에 유명한 연예인을 모델로 기용하는 경우도 있지만 어떤 광고를 보면 보통 시민을 출연시키는 경우가 있는데,

이는 유사성의 효과를 노린 광고라 할 수 있다. 우편을 통한 설문조사에서 보내는 사람의 이름이 받는 사람과 유사할 때 응답률이 높다는 보고도 있다. 그러나 유사성이 설득에 항상 효과적인 것은 아니며 상황에 따라 그렇지 않을 수도 있다는 지적이 많다.

다섯째, 사회영향이론(social impact theory)(Latane, 1981)에 의하면 전달자가 한 명일 때보다 여러 명일 때 설득효과가 더 높다고 한다. 모 맥주광고나 구두광고에서 여러 명의 연예인이 동시에 등장하는 것도 바로 이러한 효과를 노린 것이다. 그러나 이 경우 전달자들이 서로 관계가 없다고 인식될 때 더 효과적이라고 한다.

2) 메시지내용

첫째, 우리는 이전에 우리가 갖고 있던 지식과 일치하지 않는 특이한 메시지에 관심을 갖게 된다. 자기 전에 껌을 씹으라는 껌 선전은 그 특이성 때문에 설득의 효과가 높은 예이다. 그러나 너무 특이하면 오히려 효과가 낮기 때문에 어느 정도 적당하게 특이해야 한다. 또한 그러한 특이한 메시지는 보통의 전달자보다 전문가가 전달하고 신뢰성이 높을 때 더 효과적이라고 한다. 치과의사가 "이 껌은 자기 전에 씹어도 좋다"라고 특이한 메시지를 전달할 때 설득효과가 있는 것이다.

둘째, 메시지는 쉽고 논리적이어서 이해하기 쉬어야 한다. 또 메시지의 양이 많다고 설득효과가 증가하는 것은 아니다. 질이 높은 메시지라면 몰라도 질 낮은 메시지는 오히려 그 양이 많을수록 설득효과가 감소할 수 있다. 단순한 양보다는 그 메시지가 얼마나 구체적인가가 중요하다. 또 메시지 양의 효과는 대상자가 메시지에 얼마나 관여하는가에 따라 달라질 수 있다. 메시지 내용에 관여도가 낮은 사람에게는 질에 상관없이 메시지 양이 많을수록 설득효과가 증가한다. 하지만 관여도가 높은 사람에게 질 높은 메시지는 그 양이 증가할수록 설득효과가 증가하지만, 질 낮은 메시지는 그 양이 증가할수록 설득효과도 감소하는 부정적 결과를 낳게 된다.

셋째, 한쪽만을 제시하는 메시지보다는 양방적 메시지를 전달하는 것이 설득에 더 효과적이다. 예를 들어 여행사에서 여행상품을 제시할 때 어느 한 장소만을 계속 주장하는 것보다 이곳은 이러한 점이 좋은 반면 단점은 무엇이고, 저곳은 저러한 면이 좋은 반면 단점은 무엇인지 제시한 후 어느 한 여행지를 추천한다면 더 신뢰를 줄 수 있다. 그러나 양방적 주장이 항상 좋은 것은 아니다. 대상자가 그 메시지 내용을 잘 모르거나 처음 입장에 이미 동의했을 때 일방적 주장이 설득력을 가진다면, 대상자가 학력이 높고 많은 정보나 대안을 갖고 있을 때, 그리고 대상자가 첫 제안에 반대표시를 했을 경우에는 양방적 주장이 설득에 더 효과적일 수 있다.

넷째, 설득은 감정관련 메시지와도 관련이 있어 좋은 기분을 유발하는 메시지가 설득력이 높다. 또한 부정적 감정으로 두려움을 유발하는 메시지가 설득에 효과적일 수 있다. 금연을 하도록 설득하기 위해 흡연이 폐암을 일으킨다고 말해 주는 것이 그 예가 된다. 두려움은 인지구조를 자극하여 태도를 변화시킬 수 있고, 또 사람들은 자기보호동기가 있어 설득에 따르지 않을 경우 나타날 수 있는 질병을 염려하기 때문에 설득될 수 있다. 그렇지만 지나친 공포는 태도변화보다는 오히려 무기력감을 주어 효과가 없다는 주장이 있어 어느 정도 적당한 두려움이 적절하다 할 수 있다.

다섯째, 광고에서 우리가 흔히 경험하듯이 광고메시지가 어느 정도 반복되면 처음에 친숙하지 않았던 것도 친숙하게 되고, 또 주의를 기울이지 않았던 것도 점차 그 내용을 알게 된다. 이처럼 반복적 메시지는 설득에 도움이 된다. 그런데 메시지는 어느 정도까지만 반복되어야지 지나치게 반복되면 오히려 식상하거나 지루함을 느끼게 하여 역효과를 낼 수 있다. 그러나 질이 높고 복잡한 메시지의 경우 반복되더라도 대상자들이 좀 더 오래 견디는 경향이 있다고 한다.

3) 대상자의 특성

첫째, 설득은 설득대상자의 자기관여에 따라 다르다. 자기관여란 대상자가 설득하려는 내용에 얼마나 관심을 갖고 있는가를 말한다. 자기관여가 높은 대상자는 중심경로인 메시지내용에 주의를 기울이지만, 그렇지 않은 사람은 내용보다는 전달자의 특성과 같은 주변요인에 관심을 갖는다. 피부가 예민한 사람은 화장품의 특성에 주의를 기울이지만 그렇지 않은 사람은 상품의 특성에 관계없이 누가 모델로 나왔는가에 주의를 기울이는 경우가 그 예가 된다.

둘째, 설득대상자가 지능이나 교육수준이 낮다면 쉽게 설득할 수 있다. 그러나 예상과 달리 지능이 높은 사람은 메시지를 쉽게 이해할 수 있어 설득하기 쉬운 반면 지능이 낮은 사람은 그것을 이해하기 어려워 설득에 문제가 있을 수 있다. 그와 달리 설득대상자가 지능이 낮다면 복잡하고 상세한 메시지는 좋지 않다. 설득대상자가 지능이 높다면 메시지에 의심을 갖거나 반대의견을 제시할 가능성이 높으므로 단순한 메시지보다는 자세한 메시지가 유리할 것이다.

셋째, 대상자가 자아존중감이 낮을 때 설득에 승복하기 쉽다고 생각할 수 있다. 그러나 지나치게 자아존중감이 낮은 사람은 불안이나 주의결핍으로 인해 설득이 어렵다. 또한 자아존중감이 높은 사람도 설득에 반발하거나 의심을 하기 때문에 설득이 어렵다. 따라서 보통 정도의 자아존중감을 가진 사람이 설득하기 가장 쉽다.

넷째, 대상자가 면역력을 갖고 있는가가 중요하다. 대상자가 갖고 있는 생각을 바꾸려고 하는 경우 이미 이전에 누군가 대상자를 약하게 설득하려고 시도하였고 이에 저항한 적이 있다면 그 대상자는 이미 면역이 되어 설득하기가 무척 어렵다. 따라서 이러한 대상자들에게는 보다 강한 설득의 메시지가 필요할 것이다. 반면 이전에 설득 시도를 경험하지 않은 면역이 없는 대상자를 설득하기는 상대적으로 쉽다.

다섯째, 대상자의 특성 중 남들에게 좋은 인상을 주고 자기제시를 하려는 자기감시능력이 높은 사람들은 설득 시 주위 반응에 영향을 받지만 자기감시능력이 낮은 사람은 그렇지 않다. 예를 들어 어려운 사람을 도와달라는 부탁을 하면서 그 결과로 주위의 칭찬과 긍정적 보상을 받을 것이라고 할 때 자기감시능력이 높은 사람은 더 설득당한다는 것이다. 마찬가지로 자기감시능력이 높은 사람은 상품의 이미지나 디자인 등 주변경로에 관심을 갖지만, 자기감시능력이 낮은 사람은 제품의 기능이나 견고함에 더 관심을 둔다(Snyder and DeBono, 1985). 따라서 대상자의 이런 특성에 따라 설득전략을 달리하여야 효과가 높다.

3. 사이버공간에서의 설득

1) 전달자의 특성

사이버공간의 설득에서 전달자의 영향은 어떠한가? 사실 기본적으로 인터넷에서 설득은 면 대 면의 경우에서보다 어렵다고 볼 수 있다. 그것은 무엇보다 사이버공간에서는 실재감이 낮고 비언어적 단서가 부족하기 때문이다(Wilson, 2003; Guadagno and Cialdini, 2002). 사이버공간에서는 설득의 전달자의 주요 요소가 되는 전문성이나 신뢰성의 단서가 낮고 외모에 의한 설득의 가능성도 낮다. 아울러 비대면과 익명의 사이버공간에서는 사적 자기인식이 높아짐에 따라 대인 상호영향력은 낮고, 대신 개인이 평소 갖고 있던 신념과 태도에 따라 행동할 가능성이 높아 설득이 쉽지 않다(Sassenberg and Jonas, 2007).

첫째, 사이버공간에서는 사회적 지위나 전문가라는 단서를 찾기 어렵다. 그렇지만 Fogg(2002)는 사이버공간에서 전달자가 전문적이라고 평가되는 경우로, 질문에 즉각적으로 응답을 할 때, 새로운 정보를 자주 업데이트 할 때, 전문자격증이나 수상경력 등이 제시될 때, 여러 나라 언어가 사용될 때, 외양 디자인이 전문적으로 꾸며져 있을 때라고 했고, 업데이트가 잘 이루어지지 않고 링크연결이 잘 안 되거나 철자에 오류가 있을 때는 덜 전문적으로 보인다고 제시했다.

Dubrovsky와 동료들의 연구(1991)에서 대면상황에서는 높은 지위의 사람이 그 집단을 이끌어 나가지만 컴퓨터 매개 상호작용의 상황에서는 모두가 동등하게 참여하기 때문에 지위와 전문가의 영향이 적게 나타난다는 결과를 제시했다. 그러나 사이버공간에서도 일정 지위나 전문가라고 판단되는 단서를 찾게 되는 경우 그 영향력은 대면상황에서보다 약하지만 어느 정도 작용을 한다는 평가가 있다(Guadagno and Cialdini, 2005). 국내에서 이재신과 김지은(2009)은 전문가와 네티즌들에 의해 작성된 영화평에 있어서 네티즌보다 전문가의 영화평이 그 영화에 대한 태도와 관람의도에 영향을 미쳤다는 결과를 제시했고, 조수영(2011)도 인터넷 건강정보에 대한 연구에서 일반인이 제공한 정보에 대해서는 방어적이고 부정적이었던 반면 전문가가 제공한 정보에 더 신뢰를 보인다는 결과를 제시했다.

둘째, 사이버공간에서는 신뢰성의 단서도 찾기 어렵다. 그렇지만 사이버공간에서도 신뢰성을 높일 수 있다. 웹사이트에서 신뢰성에 사장 영향을 주는 요인은 디자인 외관과 정보구조이다(Fogg et al., 2003). 특히 웹사이트의 디자인은 첫인상을 형성하는 데 중요하며(Lingaard et al., 2006), 디자인은 브랜드보다도 중요한 요인이라는 연구결과가 있다(Yoo and Kim, 2014). 그외 웹사이트에 관련 기관의 주소나 전화번호 등 연락처가 있는 경우 이는 실제로 연락 가능한 누군가가 존재한다는 것을 나타내기 때문에 신뢰도를 높이는 단서가 될 수 있다. 또한 그 기관이 영리목적이 아닌 비영리기관일 때, 건물이나 구성원들의 사진이 있을 때, 주소명이 기관일 때, 사이트에서 경쟁사의 사이트로 연결될 수 있을 때, 그리고 제시되어 있는 정보의 출처나 인용문, 참고서적 등이 있는 경우 신뢰성을 높일 수 있다(Fogg, 2002).

온라인의 경우에서도 전달자가 판매자일 때 그 동기의 순수성이 의심되기 때문에 그 설득의 효과는 낮다. 조수영의 연구(2011)에서는 전문가에 의한 인터넷 건강정보에 더 신뢰성을 갖게 되지만 상업적 링크가 있는 경우 그 신뢰성을 떨어뜨린다는 것을 제시했다. 즉 전달자가 전문가이면서 영리를 추구하려는 의도가 없는 경우 그 신뢰성이 더 높다고 할 수 있다. Sparks와 동료들(2013)의 온라인을 통한 친환경 리조트 여행상품의 판매에 있어서 전달자가 판매자 직원일 때보다 일반인 고객들일 때 신뢰성 등을 높이고 이는 구매의도에 영향을 준다는 결과를 제시했다. 조영신과 정세훈(2013)은 소셜미디어를 이용한 사회공헌활동의 홍보효과에 있어 그 주체가 기업일 때보다 비영리조직일 때 그 의도가 순수하고 이타적이라고 판단한다는 결과를 제시했는데 기업이 전문성에서는 더 높게 평가되지만 신뢰도는 감소할 수 있음을 제시했다. 그리고 그 정보원이 조직인지 개인인지에 따라 차이가 있는지를 검증했는데 그 차이를 발견하지는 않았다. 기업과 같은 조직은 의심받기 쉬우며 개인이 정보원일 때 더 설득효과가 높을 것이라고 예측했지만 소셜미디어에서는 설득의도를 숨길 수 있고 기업이 개인 파워블로거를 활용하는 경우도 있어 소비자는 개인의 메시지를 기업의 것으로 판단할 가능성이 있어 그 차이가 존재하지 않음을 제시했다. 온라인에서는 일반인들이 작성한 소비자들의 평판이나 댓글이 그 신뢰성을 더 높일 수 있다(Bickart and Schindler, 2001; Sparks et al., 2013). 온라인에서는 신뢰성의 단서가 낮아 설득이 불리할 수 있지만 일반인들의 평판이나 댓글은 영리적 의도가 낮고 신뢰성을 높이기 때문에 이러한 점을 활용할 수 있는 온라인공간은 불리한 측면만 있는 것은 아니라고 할 수 있다.

셋째, 사이버공간에서는 전달자의 신체적 매력이 작동하지 않아 설득에 불리하다(물론 사진이나 동영상을 이용할 수 있지만). 그러나 신체매력을 활용할 경우 설득에 유용하다. 예를 들어 Gueguen과 Jacob(2002)은 이메일로 설문조사를 요청할 때 그냥 요청한 경우와 사진을 첨부하여 요청한 경우를 비교했는데, 후자의 경우 설문에 응한 경우가 많다는 결과를 보여, 실제로 전달자가 신체와 외모를 노출하는 경우(물론 그것이 호감이 가야 하겠지만) 설득효과가 있음을 제시하고 있다. 아울러 모니터상에 존재하는 가상 캐릭터의 매력에 따라 설득 효과가 달라진다는 연구가 있다. 예를 들어 Parise와 동료들의 연구(1999)에서 게임에서 캐릭터의 외모가 덜 매력적이었을 때에는 다른 캐릭터의 협조가 32% 정도였지만, 캐릭터 외모를 보다 매력적으로 바꾸었을 때 92%의 협조를 얻게 되었다는 결과를 제시했다.

넷째, 사이버공간에서의 유사성 또한 설득의 중요한 요소 중 하나가 된다. Cialdini와 동료들의 연구(1997)에 따르면 설득자가 자신과 동일한 집단의 성원일 때 설득에 응할 가능성이 높다는 결과를 제시해 전달자와 대상자의 유사성이 설득에 있어 중요함을 제시했다. 사이버공간에서 커뮤니티나 동호회는 서로 관심을 공유하는 유사한 사람들 간의 교류가 많다고 볼 수 있는데, 그러한 점에서 이 곳 사이버공간을 이용할 경우 그 설득력을 높일 수 있다.

다섯째, 사이버공간에서는 다수전달자의 효과가 더 작동할 수 있고 그 가능성은 현실에서보다도 더 커 설득력을 높일 수 있다. 사이버공간이야말로 여러 이용자들의 의견과 전파로 다수전달자가 존재하기 때문에 다수의 전달자가 있다는 것이 설득의 주요 요소가 된다고 할 수 있다. 한 사람의 정보가 다른 사람의 댓글로 지지되고 확인될 때 다수전달자 효과로 인해 설득력이 더 높을 수 있기 때문이다.

2) 메시지내용

일반적으로 어떤 매체를 통한 메시지의 전달보다는 면 대 면의 상황에서 설득이 더 효과적이다. 상대를 설득하기 위해 편지나 전화를 이용하기보다 직접 만나는 이유가 그 때문이다. 면 대 면으로 만나면 호감을 가질 수 있고, 신체적 매력에 이끌리며, 뭔가 특별하다는 느낌을 받기 때문이다. 그러나 면 대 면 설득의 경우 제한된 사람들만 설득하게 되는 단점이 있다. 따라서 설득 대상이 많은 경우 설득은 한계가 있다. 이러한 경우 신문이나 TV, 인터넷 등의 광고를 통해 설득 전략을 세운다. 그러나 TV나 라디오 광고 같은 경우 짧은 시간 안에 설득이 이루어져야 하기 때문에 단순하고 짧은 문구를 사용해야 하며 그만큼 상세한 상품 정보의 전달이 어렵다. 따라서 복잡하고 많은 양의 정보는 통상 신문광고를 이용하는 경우가 많은데 요즘에는 인터넷이 이러한 용도로 더 많이 이용된다. 이처럼 인터넷은 효용 면에서 보다 저렴하면서도 더 넓은 범위의 대상에게 상세한 정보를 통해 설득할 수 있게 된다.

사이버공간에서는 전달자나 대상자의 특성보다는 메시지 자체가 중요하다. 사이버공간과 같은 컴퓨터 매개 상호작용의 경우 사회적 단서보다는 메시지에 더 관심을 갖게 되는데(Matherson and Zanna, 1989), 이러한 점에서 사이버공간에서의 설득은 중심경로를 통해 이루어지며 홈페이지는 그러한 정보를 상세히 알리는 수단이 된다. 면대 면 상황에서는 주변경로에 의해 설득이 이루어지는 경우가 많다. 하지만 텍스트 기반의 인터넷에서는 중심경로의 메시지 자체가 중요하다. 초기의 연구에서 Chaiken과 Eagly(1983)에 의하면 비디오와 같은 매체는 전달자가 호감이 가는 인물일 때 설득효과가 뛰어나지만 문자매체의 경우는 전달자의 호감도가 낮을 때에도 메시지 중심의 설득이 가능하다고 보았다. 즉 인터넷을 이용한 설득은 메시지 중심으로 이루어진다고 볼 수 있다. 실제로 DiBlasio와 Milani(2008)는 비록 온라인에서의 설득은 면 대 면의 경우보다 쉽지는 않지만 온라인에서의 설득은 주로 중심경로의 메시지내용이 중요하다는 실험결과를 제시했다.

인터넷을 통한 설득의 경우 다른 매체와는 달리 충분한 메시지로 상품 등을 소개할 수 있는 장점을 지닌다. 그 메시지는 앞서 메시지의 특이성이 중요하다고 하듯이 인터넷에서는 자유로운 의견과 경험을 올릴 수 있으며 그중 특이하고 새로운 정보는 설득의 주요 요인으로 작용할 수 있다. 그것도 전문가에 의한 특이한 메시지가 효과적일 수 있으며, 또한 많은 사람들에 의해 증명되었다는 메시지가 포함될 때 효과적일 수 있는데, 예를 들어 국내에서 박현희와 동료들(2010)은 온라인 화장품 판매에서 그러한 사회증거메시지가 소비자 구매결정에 중요한 요인이 된다는 것을 제시했다.

그 메시지는 정보에 대해 좀 더 구체적일 때 설득에 효과적일 수 있다. Sparks와 동료들(2013)은 온라인 친환경 리조트 여행상품의 판매에서 전달자가 일반고객일 때 그리고 그 고객들이 모호한 내용보다는 구체적인 정보를 제공할 때 아울러 그 메시지에 친환경 로고인 증서가 있을 때 신뢰성을 높여 설득력을 갖는다는 결과를 제시했다.

양방적 메시지의 효과와 관련하여 Park과 Lee(2014)는 페이스북 등 SNS에서의 설득에 관한 연구에서 앞서 전달자의 특성으로 전문성과 수신자와의 유대와 유사성이 중요하다는 것 이외에 메시지정보 자체의 속성과 관련해 많은 사람에게 동의를 얻었는지의 동의성, 구체적이고 자세한 설명을 제공하는가의 생생함, 그리고 긍정과 부정의 정보를 모두 포함하는지의 양방적 주장의 중립성이 주요 요인이라는 것을 제시했다.

Hong과 Park(2012)는 상품에 대한 온라인리뷰에 있어서 서술적 평가와 통계적 자료제시를 통한 평가 중 어느 것이 더 설득력이 있는지를 살펴보았다. 이 연구에서는 긍정적 리뷰만 있기보다는 오히려 부정적 리뷰만 있는 것이 설득력이 높고, 특히 통계적 자료가 있을 때 더 신뢰성을 높인다는 결과를 제시했다. 이는 통계적 자료가 어느 정도 효과가 있음을 제시하는 것이고 또 긍정적 리뷰가 있다고 반드시 신뢰성이 더 높은 것은 아닌 것을 제시한다. 그렇지만 단순히 그리뷰의 신뢰성이 아닌 그 상품에 대한 태도에 있어서는 부정적 리뷰만 있는 경우가 가장 그 태도 점수가 낮았고 긍정적 리뷰만 있는 경우가 매우 높아 리뷰의 신뢰성이 상품에 대한 긍정적 태도로 연결되는 것은 아닌 것을 제시했다.

온라인 설득에서 소비자 입장에서 보면 전달자의 전문성이나 신뢰성 등의 정보가 부족하기 때문에 구전정보나 사용후기에 의존하게 되는데 과연 그 영향은 어떤지에 관한 연구가 진행되기도 했다. 이와 관련된 연구에서도 유창조와 동료들(2009)은 온라인에서는 불확실성에 대한 위험성 때문에 긍정적 정보보다는 부정적 정보에 더 민감하게 되고 실제로 온라인 부정적 구전정보가 긍정적 정보보다 소비자 반응에 더 큰 영향력을 미쳤다는 결과를 제시했다. 그런데 이현선과 리대룡(2004)은 부정적 내용의 후기나 긍정적 내용의 후기보다도 양방적 사용후기가 있을 경우 더 신뢰하게 되고 구매에 영향을 준다는 결과를 제시했다. 장해와 박주식(2015)의 온라인 구전정보에 관한 연구에서는 구전정보가 구체적이고(생생함) 긍정 혹은 부정에 치우치지 않고 중립적이며(중립성), 또 많은 사람들이 동의한 정보(동의성)일수록 구전정보에 신뢰를 갖게 되고 재차 구전할 의향에 영향을 준다는 결과를 제시했다.

3) 대상자 특성

대상자의 특성과 관련하여 보면 사이버공간은 특히 관심 분야의 정보를 더 자세히 알고 싶어 하는 자기관여가 높은 대상자에게 많은 정보를 제공할 수 있는 이점이 있다. 따라서 불특정 다수에게 보내는 이메일이나 배너 혹은 팝업광고보다는 특정 분야의 정보를 알고 싶어

하는 사람에게 홈페이지나 블로그 등을 통해 상세하고 풍부한 양의 정보를 제공할 수 있다. 즉 자기관여가 높은 대상자가 설득하기에 적합하다고 할 수 있다. 온라인의 경우도 상품 관여도가 높은 사람에게는 중심경로인 메시지가 중요하다고 볼 수 있는데 김종욱과 동료들(2005)의 인터넷 쇼핑 연구에서는 제품 구입에 있어서 제품 관여도가 높은 소비자는 제품 정보에 주목하는 반면 그 관여도가 낮은 소비자는 제품 정보 이외의 웹사이트의 분위기 등 부수적인 요인들에 의해 영향을 받는다는 결과를 제시했다. 그러한 연구는 Kim과 동료들(2010)의 온라인 쇼핑 연구에서도 나타난다. 한편 박상철과 정남호(2013)는 온라인 여행 커뮤니티의 사용의도와 정보의 공유의도에 관한 연구에서 정보원의 신뢰성과 정보의 품질이 높을수록 온라인 커뮤니티 정보에 대한 관여도가 높아짐으로 관여도가 매개요인이 되어 영향을 준다는 결과를 제시하기도 했다. 그리고 장해와 박주식(2015)의 온라인 구전정보에 관한 연구에서는 구전정보의 메시지에 신뢰를 갖게 될수록 재차 그 정보를 구전할 의향을 갖게 되는데 이때 관여도가 조절변인으로 작용하여 관여도가 높을 때 의향이 높다는 결과를 제시했다.

한편 사이버공간에서의 설득은 대상자가 남자인가, 여자인가에 따라 다르다는 것을 언급한 연구가 많다. Guadagno and Cialdini, (2002)의 연구에서 남자는 독립적이어서 메시지와 관련하여 설득되지만 여자는 관계지향적이어서 전달자가 누구인지, 그 사람과 나의 유대가 어떤지에 따라 설득된다고 주장한다. 그러한 점에서 남자는 여자보다 메시지 중심의 사이버공간에서 더 설득당한다고 한다. 반면 여자는 이메일이나 게시판과 같은 상황에서보다는 대면적 접촉 상황에서 더 설득당한다고 한다. 이메일이나 게시판과 같은 상황에서는 상대가 누구인지 쉽게 확인되지 않기 때문이다. 실제로 이메일의 사용에 대한 연구에서 Guadagno와 Cialdini(2007)는 이메일은 특히 남자들에게 유용하며 경쟁적인 상대를 설득하려고 할 때 효과가 있다는 것을 제시했는데, 그만큼 남자는 설득에 있어서 메시지가 중요하다는 것을 나타낸다. 반면 여자의 경우 이메일보다 대면적 접촉에 의해 설득이 보다 쉽게 이루어진다는 연구결과를 제시했다. 전우영과 정현주(2006)는 온라인 사용후기가 구매의도에 미치는 영향에서 사용후기의 영향은 남자보다 여자에게서 더 컸는데, 남자는 그중에서 객관적인 제품사양 정보에 반응하지만 여자는 주관적 판단이나 의견에 더 민감하게 반응한다는 결과를 제시해 성차가 있음을 제시했다.

제 7 장

자기제시와 인상관리

제 7 장 자기제시와 인상관리

1. 자기제시와 인상관리의 정의

자기제시(self-presentation)는 자기 자신에 대한 생각, 느낌 등 자신의 정체성을 다른 사람에게 표현하는 행위로서 무엇보다 자기제시의 개념에는 자기 자신을 다른 사람에게 호의적이고 바람직한 방향으로 제시하려는 것을 말하며, 개인이 상호작용하는 다른 사람이 형성할 인상을 통제하는 과정을 말하기도 한다(Leary, 1995; Schlenker, 2003).

자기제시야 말로 자아가 사회적 속성을 갖는다는 것을 나타내는 주요 개념이라 할 수 있는데, 자기 자신을 상호작용하는 상대에게 좋게 보이려는 것은 자신이 사회생활 속에 존재하는 개인이라는 점을 입증하는 것이기 때문이다. 그 대표적 논의로 Goffman(1959)은 사회생활을 무대 위에서 연기하는 연극행위라고 보면서 사람들은 끊임없이 남에게 긍정적인 자기상을 보이려 노력한다고 주장하였다.

이처럼 자기제시는 다른 사람에게 긍정적 인상과 그로 인한 보상을 얻기 위한 것이다. 그러기 위해서는 어떠한 전략이 필요한데, 상호작용하는 상대에게 자신의 좋은 이미지를 보여주려는 것이 자기제시라고 한다면, 인상관리(impression management)란 이를 위해 이미지를 통제하는 등의 보다 구체적인 전략과 과정이라고 정의 내릴 수 있다(Schlenker, 1980). 인상관리는 다소 거짓의 속임수가 포함되기도 하지만 반드시 그렇지는 않다. 또한 의도적인 행동이라고 볼 수 있지만 의도하지 않은 가운데 일어나기도 한다.

2. 사이버공간에서의 자기제시와 인상관리

1) 인상관리의 시도

사이버공간에서도 주위 사람에게 좋은 인상을 줌으로써 좋은 관계를 형성하고 지속시키려는 인상관리가 있다. 그렇지만 사실 사이버공간은 비대면적이고 익명적 상황이어서 인상관리의 필요성이 적을 수도 있다. 주위의 아는 사람에게 인상관리를 하는 것과 비교해 볼 때 모르는 상대방에게 좋은 인상을 주려는 시도는 상대적으로 적을 것이기 때문이다. 우리는 아는 사람과 만나기 전 거울을 다시 한 번 보게 되지만 사이버공간에서는 서로 보이지도 않고 알지 못하는 경우가 많아 그럴 필요성을 덜 느낀다. 물론 SNS에서와 같이 현실에서 아는 사람과의 관계에서는 인상관리가 있게 된다.

사이버공간에서는 모르는 사이라도 상대를 앞으로 만날 가능성이 높다고 인식하거나 혹은 상대가 이미 잘 알고 있는 사람일 때 인상관리를 더 시도할 가능성이 높다고 볼 수 있다. 즉 서로 모르는 인터넷

상황에서보다는 잘 알고 지내는 사람과의 이메일에서나 혹은 가까운 친구와 관계를 맺는 SNS의 경우, 또는 동호회 모임 등에서 좋은 인상을 형성하려는 인상관리가 일어나게 된다(Tong et al., 2008).

2) 선택적 인상관리

그러나 사이버공간에서는 사회적 실재감의 결여와 여러 단서의 부족으로 인상관리가 쉽지만은 않다. 웃는 모습이나 다정함, 온화함 등을 표현하고 싶어도 비대면 상황에서는 감정 혹은 정서표출이 어렵기 때문이다. 그러한 사회단서의 부족 때문에 사이버공간에서는 더 적극적으로 자기제시와 인상관리를 시도하게 된다는 주장도 있다(Tidwell and Walther, 2002). 사이버공간에서는 비언어적 요소들을 통해 인상관리를 시도하는데 이메일이나 메신저 대화의 경우 웃는 모습 혹은 반가운 표정 등의 이모티콘은 인상관리의 대표적인 예가 된다. SNS에서 자신의 일상이나 여러 콘텐츠와 동영상 등으로 보다 입체적으로 자신을 표현하기도 한다. 또한 웹디자인과 같은 장식적 요소로 좋은 인상을 형성하게 할 수 있다(성지연·박정의, 2008). 이미나와 동료들(2012)은 투표인증샷이 투표독려의 목적도 있지만 자기제시의 일종이라는 결과를 제시했다. 한편 김은미와 동료들의 연구(2017)에서는 온라인 메신저상에 뉴스를 공유하는 행위도 일종의 상대방에게 자신의 좋은 이미지를 제시하고 좋은 관계를 유지하려는 자기제시의 성향에서 비롯되는 것이라는 주장을 했다.

더욱이 사이버공간에서는 비동시성으로 면 대 면 상황에서보다 메시지를 보내고 응답할 수 있는 충분한 시간이 주어지기 때문에 자기제시를 하고 좋은 인상을 형성하기 위한 여건이 충분하다고 볼 수 있다. 따라서 좀 더 신중하게 자신의 긍정적인 면을 보여주기 위해 시간을 두고 더 침착하게 선택적 자기제시를 시도한다. 온라인에서는 오프라인에서보다 타인에 대한 평가의 불안을 줄일 수 있어 자기제시를 편하게 할 수 있다. 그리고 바람직하지 못한 자아를 숨기면서 긍정적 측면을 표현할 수 있다. 이처럼 오히려 사이버공간은 인상관리의 이상적 환경을 제공하며 효율적인 인상관리를 할 수 있게 된다(Papacharissi, 2002).

자기제시는 인터넷이나 SNS의 이용동기 중 대표적 동기로 평가되듯이(박성희 · 최준호, 2004), 자신의 이상적 모습이나 다양한 자아를 표현할 수 있다. 페이스북과 같은 SNS는 자신의 신상과 정보, 프로필사진과 친구의 사진, 또 좋아하는 것과 싫어하는 것 등을 올려 다양하게 자아를 표현할 수 있어 인상관리의 최적의 기회를 제공한다(Kim and Lee, 2011).

사이버공간에서는 현실로부터 자유로우면서 자신이 원하는 이상적인 모습을 표현하려 한다(Bargh et al., 2002). 그러나 앞서 언급했듯이 인상관리는 앞으로 만날 가능성이 높은 상대에게 시도된다는 점에서 지나치게 이상적 모습만을 보여주는 것은 아니고 가급적 자신의 진실된 모습을 보이고자 노력한다(Ellison et al., 2006). 이러한 점에서 자기노출은 자기제시에 중요한 하나의 전략이 될 수 있다. 하지만 지나치게 정직하게 자신을 표현할 경우 부정적 모습도 표현될 수 있기 때문에 좀 더 시간을 두고 신중을 기하는 선택적 자기제시의 형태를 띤다고도 할 수 있다(Walther, 1996; Gibbs et al., 2006). 인상관리는 사회적 관계를 위한 자신의 표현 전략이라 할 수 있다. 따라서 사이버공간 내에서 앞으로 관계를 계속 유지하고 싶거나, 사이버공간을 현실과 연결되는 공간으로 인지하고 앞으로 상대를 만난다고 생각할 때 또는 이전부터 아는 사람과의 관계일 때 선택적 자기제시와 인상관리가 더 적극적으로 행해진다고 할 수 있다.

선택적 자기제시의 전략으로는 표현통제, 개인정보통제, 이미지통제의 세 가지가 대표적인데(Feaster, 2010; Kuo et al., 2013), 표현통제는 정중함의 표현 등을, 개인정보통제는 개인의 재산이나 건강 등의 정보를 통제하는 것을, 그리고 이미지통제는 아바타사용 등을 통한 전략을 말한다. Kuo와 동료들(2013)은 페이스북의 자기제시의 연구에서 전체적으로는 이미지통제와 표현통제가 중요했지만 성별로 달라 남자에게는 표현통제가, 여자에게는 이미지통제와 개인정보통제가 중요하다는 결과를 제시했다.

3) 자기제시의 모습들

그렇다면 과연 사람들은 인터넷을 통해 자신의 어떤 모습을 표현하려고 하는 것일까? 따뜻하고 다정다감한 모습인가? 성실한 또는 능력 있는 모습인가? 국내에서 박수이(2006)는 74개의 블로그 운영자 조사에서 블로그에서의 자기제시와 인상관리의 연구를 시도했는데, 조사결과 여러 항목을 크게 여섯 항목—창의적 모습, 명랑한 모습, 온화한 모습, 분석논리적인 모습, 보수적인 모습, 거칠고 강인한 모습—으로 분류하였다. 그중 블로그 운영자들은 자신의 독특하고 참신한 창의적 모습과 명랑한 모습을 보여주기를 가장 원하였고, 그 다음으로 온화한 모습과 분석적인 모습이었으며, 보수적이거나 거친 모습은 보여주길 원치 않는다는 결과를 제시했다. 즉 사람들은 남과는 다른 차별적이고 능력 있고 개성 있는 모습을 보이고, 아울러 명랑하고 쾌활한 모습으로 친근하게 보임으로써 친밀한 관계를 유지하는 것을 우선시한다는 것을 제시한다.

자아증진이론(self-enhancement theory)(Sedikides, 1993)에 따르면 사람들은 주로 긍정적 이미지를 보여주려고 하고 대신 부정적 이미지는 감추려한다고 했다. 그런데 자아확인이론(self-verification theory)(Swann, 1983)에서는 사람들은 자기가 갖고 있는 모습 그대로의 자아를 확인하기 위해 긍정적 이미지나 부정적 이미지 모두 보여주려 한다고 한다. Bareket-Bojmel과 동료들(2016)은 페이스북에서의 자기제시 연구에서 자아증진동기에 의해 긍정적 이미지를, 그리고 자기확인동기에 의해 부정적 이미지도 표현하는데, 상대의 반응은 긍정적이거나 부정적 이미지를 표현할 때 모두 좋아요라는 긍정적 반응을 보여주고 있다는 결과를 제시했다.

4) 자기제시와 인상관리의 요인

그럼 누가 왜 더 자기제시와 인상관리를 하는가? 자기제시에는 개인차가 있다. 그 대표적인 요인은 자시감시성이다. Snyder(1979)에 의하면 자기감시(self-monitoring)란 상황에 자기 자신을 맞추는 능력을 말하는데, 상황이나 청중에 맞춰 자신을 관찰하고 통제하며 관리하는 경향을 말한다. 자기감시가 높으면 자신의 행동과 표현이 다른 사람에게 어떻게 받아들여지는지, 다른 사람이 자신을 어떻게 평가할지를 걱정하고, 바람직한 이미지를 위해 자신을 스스로 감시하고 자신이 처한 상황에서 무엇이 적절한 행위인지를 신경쓰는 경향이 높다. 반대로 자기감시가 낮으면 자신이 갖고 이는 내적 태도나 성향을 표현하는 경향이 높은데, 상황이 이 상황에서 다른 상황으로 청중이 다른 사람일 때에도 일관된 경향을 갖는 특징이 있다(Gangestad and Snyder, 2000). 자기감시 경향이 높으면 사이버공간에서도 자기제시나 인상관리의 가능성은 더 높다고 볼 수 있는데 페이스북에서의 연구에서 그 가설을 지지한 연구가 있다(Hall and Pennington, 2013).

자기감시외에도 다른 성격적 성향이 강조되기도 했는데 외향적 성격이나 자기애가 강한 나르시시즘의 성격이 높을수록 자기제시 경향이 높다고 주장된다. 그리고 자아존중감이 높은 사람이 그 경향이 높다는 주장도 제시된다(Seidman, 2013). 그리고 자아존중감이 높거나 자기가치를 중심하는 사람은 SNS 등에서 자신의 잘못된 정보에 방어적인 전략을 사용하는데 Rui와 Stefanone(2018)은 자기가치를 중시하는 사람이 공적으로 자신에 대한 잘못 공개된 사실에 부정적 감정을 느끼게 되고 그래서 그 사실을 수정하려는 인상관리를 시도한다는 결과를 제시했다.

그밖에 자기인식 중 주위로부터 공적 자기인식 경향이 높거나(Shim et al., 2008), 비슷한 개념으로 상상의 청중을 의식하면서 행동하는 경향(Lapsley et al., 1989)이 높은 사람이 자기제시나 인상관리에 신경을 쓴다. 그리고 개인의 프라이버시에 관심을 갖는 사람도 특별히 특정한 부분만 인상관리의 전략을 하는 경향이 높다는 연구도 있다. Ranzini와 Hoek(2017)은 페이스북에서의 인상관리에 대한 연구에서 누가 인상관리를 하는지를 알기 위해 자기감시, 상상의 청중의식, 그리고 프라이버시 관심의 영향을 비교했는데 자기감시 능력의 영향은 유의미하지 않았으나 청중을 의식할수록 그리고 자신의 프라이버시에 관심이 높을수록 인상관리를 더 한다는 결과를 제시했다.

3. 인상관리의 전략들

그러면 우리 일상생활에서 흔히 볼 수 있는 인상관리의 전략에는 어떠한 것들이 있는가? 인상관리는 두 가지 축을 기준으로 하나의 축은 그것이 적극적인가 아니면 방어적인가 하는 것으로, 적극적 인상관리는 좋은 인상을 보여주기 위한 능동적이고 적극적인 전략을 말하고, 방어적 인상관리는 자신의 이미지가 나빠지는 것을 막기 위한 전략을 말한다. 또 다른 축은 단기적인가 아니면 장기적인 전략인가 하는 것으로, 단기적 인상관리는 특정 상황에서 임기응변식으로 하는 전략을 말하고, 장기적 인상관리는 자신의 이미지를 아예 바꾸려는 보다 장기적인 전략을 말한다. 이 두 축을 중심으로 네 가지 유형의 인상관리 전략을 구분할 수 있는데(Tedeschi et al., 1985, p. 70), 여기서는 적극적-단기적, 적극적-장기적, 그리고 방어적 인상관리에 대해 서술하기로 한다.

1) 적극적-단기적 인상관리

인상관리에서 적극적-단기적 인상관리는 여러 가지가 있다. 우선 환심사기(ingratiation)로 상대의 호감을 증대시키려는 시도로서 상대 비위를 맞추거나 칭찬 또는 아첨을 하고 혹은 상대 의견이 옳다고 동조를 함으로써 상대에게 호감을 얻으려는 행동이 있는데, 사이버공간에서도 상대 의견에 댓글로 동조를 표시하거나 비위를 맞추는 등의 인상관리가 있다.

자신에 대한 평가를 높이기 위해 상대에게 자신의 능력을 과시하기(self-promotion)에서 자신의 화려한 이력을 제시한다든지, 전문가적인 취미, 관심사, 의견을 통해 자신의 능력을 보인다든지, 블로그에서 자신의 특출난 재주를 과시하는 것 등이 있다. 예컨대 어느 주부가 자신의 요리솜씨를 뽐내는 블로그를 운영한다든지, 세탁소 주인이 동영상을 통해 자신의 다림질의 기술을 보여주려는 시도도 적극적인 자기제시이자 인상관리라 할 수 있다. 또한 조회 수를 늘리려는 시도도 많은 사람들이 자신이 인기가 있고 인정받고 있다는 것을 보여주려는 인상관리라 할 수 있다.

하지만 지나친 자기과시는 호감도를 떨어뜨리게 되므로 좋은 전략이 못 된다는 연구결과도 있다. 페이스북에서 친구와 함께 있는 사진을 게시하고 또 친구의 수가 많음을 표현하여 사회연결성을 표현할 수 있는데 하지만 적당한 수보다 지나치게 많은 친구의 수는 실제 자아모습을 표현하는 데 부정적일 수 있음을 제시한다(Zwier et al., 2011). 한편 이윤미와 동료들의 연구(2006)에서는 동성 간에는 과시형 표현이 호감도를 낮춘다는 결과를 제시했지만 여자의 경우 자기과시를 한 남자에게 유능하다는 평가를 내려 성별 차이가 있음을 제시했다.

때로는 간청하기(supplication)로 상대에게 나약한 모습을 보여 동정심을 유발하게 하는 행동으로 인상관리를 하는 경우가 있는데, 미니홈피 미니룸에 혼자 외로이 있는 나약한 모습을 보이는 것이 그 예이다. 또한 도덕적으로 존경받기 위해 남에게 모범이 되려고 하는 모범보이기(exemplification)의 행동으로 남에게 봉사하는 모습이나 자신의 성실한 모습의 사진과 글을 통해 자신의 모범적 모습을 표현하기도 한다.

김유정(2008)은 대학생을 대상으로 실시한 미니홈피에서의 적극적-단기적 인상관리의 연구에서 그러한 인상관리의 점수가 높지는 않은 것을 제시했는데 5점 만점에서 자기과시가 평균 2.9점으로 그나마 가장 높았고, 환심사기(2.6점), 모범보이기(2.5점), 위협하기(2.1점), 간청하기(2.0점) 순으로 나타났음을 제시했다.

2) 적극적-장기적 인상관리

적극적이면서 보다 장기적인 전략으로는 매력적인 모습을 보이기 위해 외모를 관리하는 행동, 자신의 지위를 남에게 보여주려는 시도(고급 의류나 고급 차를 타고 다닌다든지, 사회 유명인사와 잘 안다고 남에게 알리는 행동), 그리고 남에게 자신의 비밀을 털어놓는 행동인 자기노출(self-disclosure)이 있다.

사이버공간에서 외모 꾸미기를 통한 적극적인 인상관리의 예는 미니홈피에서 찾아볼 수 있는데 자신을 더 적극적으로 표현하는 방법으로는 아바타로 자신을 나타내는 것, 가장 잘 나온 사진을 올리는 것, 미니룸을 꾸미는 것, 배경음악을 올리는 것 등이 있다. 고준과 동료들(2008)은 싸이월드에서 자기제시의 욕구가 높을수록 디지털아이템을 더 구매하여 자신을 꾸민다는 연구결과를 제시했다. SNS의 사용으로 사이버공간에서도 메시지의 내용 이외에 사진계정의 외모를 통해 인상관리를 할 수 있게 되었는데 김아름과 동료들의 연구(2011)에서는 트위터에서의 인상형성연구에서 사진을 통해 인상관리를 할 수 있음을 제시했다.

사이버공간에서는 자기노출을 통해 상대방이 자신에게 호감을 갖도록 하는 더 적극적인 관리를 하기도 한다(Joinson, 2001). 아마도 자기노출은 사이버공간에서의 대표적인 인상관리 형태라 할 수 있다. 평소에 하지 못했던 말이나 진심을 표현하는 자기노출이라는 적극적

인상관리를 통해 서로가 호감을 갖는 친밀한 관계로 발전할 수 있다. 박성복과 황하성(2007)은 인스턴트 메신저를 통한 상호작용에서 자기노출을 통한 자기제시의 증가가 정서적으로 친밀감을 형성하고 심리적으로 같은 공간을 공유하고 있다는 느낌을 형성하게 한다는 연구결과를 제시했다.

그럼에도 외향적인 사람보다 내성적인 사람은 온라인에서도 자기노출을 꺼리며, 또한 개인주의 사회보다 동양의 집합주의 사회의 사람들이 남에 대한 시선에 신경을 쓰기 때문에 자기제시에 주의하게 되고 더더욱 선택적 자기제시를 한다는 연구결과가 있다(Chen and Marcus, 2012). 또한 자기노출을 아무에게나 하는 게 아니라 Gibbs와 동료들의 연구(2006)에서는 앞으로 현실에서 만날 기대가 높거나 좋은 관계를 맺고자 하는 상대에게 자기노출이 시도되며, 그러한 점에서 페이스북 등에서의 자기노출로 자기제시와 타인과의 관계를 발전시키기도 한다는 연구가 있고(Ellison et al., 2007; 김유정 2011), 그러한 자기노출은 자기제시와 인상관리에 있어 성공을 거둔다고 한다(자기노출은 다음 장의 호감 논의에서 자세히 살펴보기로 하겠다).

3) 방어적 인상관리

방어적인 인상관리 중 단기적 전략으로 자신의 실수나 잘못에 대한 변명을 한다든지, 자신의 잘못된 행동이 그 상황에서는 어쩔 수 없었다고 정당화하는 것이 있다. 그런데 비난받을 상황에서 변명과 정당화를 하는 것은 자아존중감의 차이에서 비롯된다는 주장도 있어 자아존중감이 낮은 사람은 자신의 잘못에 대해 변명을 하지만 자아존중감이 높은 사람은 정당화를 한다고 한다.

그리고 방어적 - 장기적 인상관리로는 변명을 하지만 지나치게 자주 혹은 극단적인 변명을 하는 행동(예를 들어 학교결석의 이유로 부모님이 돌아가셔서라고 변명하는), 술이나 약물중독 또는 정신이상의 증세를 보여 위기를 극복하려는 경우 등이 있다. 사이버공간에서 방어적-장기적 인상관리의 예는 흔치 않지만 방어적-단기적 전략으로 변명이나 정당화는 일상의 대화에서 흔히 발견된다.

한편 사이버공간에서의 방어적 인상관리로는 페이스북과 같은 SNS의 사용에서 자기자신에 의한 글과 사진의 직접적 표현이 아니라 타인에 의한 글과 사진을 조정하려는 방어적 인상관리 전략이 있을 수 있다. 예를 들어 Strano와 Queen의 연구(2012)에서는 그러한 방어적 형태로 하나는 타인에 의한 태깅을 직접 없애는 것이고 다른 하나는 게시자에게 삭제 요청을 하는 것을 제시했는데, 매력적이지 않은 외모나 이미지, 잘못된 표현, 일반적으로 바람직하지 않다고 여겨지는 행동들, 바람직하지 않은 권위적인 모습들, 그리고 어떤 집단에서의 부조화하는 모습 등 다섯 가지에 대해 방어적 전략으로 태깅을 없애거나 삭제 요청을 하는 예를 제시했다. 이 조사에서는 매력적이지 않은 외모나 이미지에 대한 방어적 점수가 가장 높았고 특히 남자보다 여자가 그러한 인상관리에 방어적이라는 것을 제시했다. 이는 앞서 Kuo와 동료들(2013)의 자기제시에 있어서 남녀의 정보통제의 전략에서 여자는 이미지통제를 더 한다는 결과와 유사하다. Rui와 Stefanone(2013)은 방어적 인상관리의 동서양 비교에서 미국인은 텍스트내용을, 싱가포르인은 사진의 수정에 관심을 보이고, 특히나 남자보다 여자가 사진에서의 인상관리에 신경을 쓴다는 결과를 보이고 있기도 하다.

제 8 장

호 감

제8장 호 감

1. 호감의 정의

사람들은 어떻게 단순한 인간관계와 좋은 인상관리와 형성을 넘어 서로 호감을 갖고 친근한 인간관계로 발전하게 되는가? 그리고 심지어 어떻게 연인으로 발전하여 사랑을 나누게 되는가? 호감 혹은 매력(attraction)이란 서로 좋아하고 매력을 느끼는 것을 말한다.

우리는 지하철에서, 공원에서, 그리고 거리에서 수많은 사람과 만나게 된다. 그러나 그 많은 사람들 모두와 친한 관계로 발전하지는 않는다. 우리 주변에 친구들과 연인이 있다면 왜 그들과 지금 친하게 되었는지 돌이켜보자. 어떠한 요인들이 우리로 하여금 서로 호감과 매력을 가지도록 만들었는가? 여기서는 처음에 어떻게 친하게 되었는가부터 어떻게 절친한 관계를 맺게 되었는가의 시간적 순서나 호감의 강도의 발전과정에 따라 근접성에서부터 자기노출에 이르는 여러 요인들을 소개하기로 한다.

그리고 그렇다면 과연 사이버공간에서도 서로 간에 매력을 느끼고 절친한 관계로 발전할 수 있는가? 〈접속〉이라는 영화에서는 그러한 관계가 가능하다는 것을 보여주고 있는데, 여기서는 과연 그런지 살펴보기로 하겠다. 아울러 사이버공간에서의 호감의 결정요인들은 무엇인지를 다루려고 한다. 사이버공간에서의 호감을 논의하기에 앞서 먼저 기존 호감의 작용에 대한 결정요인들을 살펴보기로 한다.

2. 호감의 결정요인들

1) 근접/접촉성

아마도 어렸을 때 친구를 생각해 보면 같은 동네에 살았거나, 같은 동네라도 이웃집 혹은 같은 동의 아파트에 살았을 가능성이 높다. 또 같은 반에서도 짝이었던 아이와 친하게 지냈던 기억이 있을 것이다. 대학생이 되어 친하게 지내는 같은 과 학생의 경우도 신입생 오리엔테이션 때 앞, 뒤, 옆자리에 있었던 사람이거나 앞뒤 번호인 경우가 많다.

이처럼 지리적으로 근접해 있으면 서로 호감을 갖고 친하게 될 가능성이 높다. 그러면 근접성은 왜 호감을 불러일으키게 되는가? 첫째는 지리적으로 가까운 사람들과 더 자주 보고 접촉하게 되기 때문이다. 방과 후에 집까지 올 때 우리는 같은 동네의 아이들과 함께 걸어오는 경우가 많다. 또 놀이터에서도 우연히 만나기 쉽고 오다가다 자주 만난다. 이렇게 자주 만나다 보면 친해진다. 둘째는 지리적으로 가까운 아이들과는 여러모로 비슷한 특성이 많기 때문이다. 비슷한 동네에 있다면 경제적 수준이 비슷함을 말하고 놀이터 등에서 자주 만난다는 것은 그만큼 취향도 비슷할 가능성이 높다. 셋째, 멀리 있는 사람과 친하기 위해서는 그만큼 비용이 많이 들 수 있어 부담이 된다. 서로 먼 거리에 살고 있는 친구네 집에서 놀다가 집에 올 때쯤 되면 불편한 반면, 가깝게 사는 친구들은 그런 부담이 없어서 서로 좋아하게 된다.

근접성이 호감을 불러일으키는 가장 큰 이유는 자주 접촉할 수 있기 때문이다. Zajonc(1968)의 단순노출효과(mere exposure effect)에 따르면 자주 만날수록 호감이 증대한다고 한다. 연예인을 길거리에서 우연히 보면 별로 잘생기지 않았어도 매우 호감을 느끼게 된다. 그것은 그만큼 우리가 TV를 통해 자주 봐 왔기 때문이다. 자신의 사진에 만족해하는 사람을 발견하기란 쉽지 않은데, 이는 우리가 늘 거울 속에서 보는 자신의 모습과 좌우대칭이 달라졌기 때문에 익숙지 않아서이다. 실제로 사진을 좌우로 바꿔서 현상했을 때 사람들은 자신의 사진에 더 만족한다. 국회의원들이 TV에 자신의 얼굴이 더 나오도록 하기 위해 TV토론에 나오거나 TV뉴스에 자주 나오는 당대표 주위를 맴도는 것도 반복적인 접촉효과를 고려하기 때문일 수 있다.

이처럼 어떤 사람과 친하게 사귀고 싶다면 가까이 접근하는 것이 좋다. 같은 과목을 수강하고 가까운 자리에서 수업을 들으며 자주 눈에 띄게 주위를 맴돌거나 과감히 이사를 하는 용기가 필요할지도 모른다. 그러나 예외는 있다. 자주 만나 호감이 늘 수 있다고는 하지만 처음에 부정적 인상이었던 사람은 자주 만나도 호감이 증대하지 않고 오히려 더 싫어질 수 있다. 앞서 인상형성에서도 언급했듯이 그만큼 첫인상이 중요하기 때문이다. 또한 너무 자주 접하여 역효과가 나는 경우도 있다. 여기저기 겹치기 출연을 하는 연예인은 처음에는 호감을 갖게 될 수 있을지 모르지만 어느 정도 시간이 지나 계속될 경우 싫증이 나게 된다.

2) 외모

앞서 외모의 후광효과에 대한 논의에서도 언급했듯이 외모가 매력 있는 사람에게 호감을 갖게 되는 경우가 많다(Eastrick et al., 2011). 즉 외모가 매력적인 사람은 성격이나 여러 면에서도 다 좋을 것이라고 판단될 가능성이 높다. 외국의 실험연구에 의하면 12개월 된 유아들도 매력적으로 분장한 유모에게 더 호감을 느낀다는 연구결과도 있듯이, 외모는 호감에 있어 중요한 요소가 된다. 외모는 특히 이성 간에 있어 더 중요한데 결혼전문회사의 자료에 의하면 사진이나 다른 정보를 제시했을 때 주로 상대방의 외모 위주로 결혼상대자를 선정하게 된다고 한다.

우리가 잘생기거나 예쁜 외모를 가진 사람을 좋아하는 이유는 방사효과(radiating effect) 때문이기도 하다. 즉 그런 사람들과 함께 있으면 자신의 가치도 같이 올라가기 때문이다. 우리는 못생기고 매력 없는 친구들과 다닐 때보다 잘생긴 친구들과 다니면서 더 대접을 받았던 경험이 있을 것이다. 그러나 이는 분명하지는 않다. 소위 대조효과(contrasting effect)가 있듯이 오히려 너무 매력 있는 사람과 다니다 보면 자신이 대조되어 불리해지는 경우도 있기 때문이다. 그러나 통상 대조효과보다는 방사효과가 더 설득력이 있어 외모가 매력 있는 친구를 둘 경우 자신도 호감을 받게 되는 경우가 많다고 한다.

그런데 외모가 항시 긍정적 영향을 주는 것은 아니다. 외모가 매력적인 사람 특히 여자의 경우는 지적 능력이나 인간관계상 문제가 있을 것이라는 부정적 평가를 받는 경우도 있다.

3) 성격

외모도 중요하지만 우리는 성격 좋은 사람에게 호감을 느낀다. 아무리 외모가 뛰어나도 성격이 좋지 않은 사람에게 호감을 갖고 그 관계가 지속되어 절친한 친구로 발전할 수 있겠는가? 여러 연구들을 보면 성격 중에서도 성실하고, 책임감 있고, 정직하고, 진실하고, 온정적인 사람을 좋아하는데, 특히 성실성과 온정성을 가장 높게 꼽는다. 사람들은 대체로 늘 열심히 최선을 다하는 부지런하고 믿음직스러운 사람, 그리고 늘 따뜻하고 인간적이며 포용력이 있는 사람을 좋아한다(Janz et al., 2015).

한편 능력 있고 유능한 것도 사람들이 좋아하는 중요한 요소라고 평가된다. 그러나 너무나 완벽한 사람보다는 조금은 실수를 하면서 허점도 보이는 유능한 사람에게 보다 매력을 느낀다고 하는데, 이는 너무 완벽하면 인간미가 없고 거리감을 느끼게 되기 때문이다.

4) 유사성

사람들은 자신과 여러모로 유사한 사람을 더 좋아한다(Montoya et al., 2008). 즉 외모나 성격, 태도, 취미, 경제수준 등에서 유사한 사람들끼리 잘 어울리며 서로 호감을 갖는다. 한 예로 고교생 대상의 연구에서 가장 친한 친구와 자신의 정보를 비교했는데 여러 면에서 매우 유사하다는 결과가 있었다(Kandel, 1978). 우리가 미팅에서 상대를 처음 만나면 취미 등을 묻는 이유도 무언가 유사한 공통점을 발견하려는 의도일 것이다. 우리 자신의 친한 친구를 둘러보아도 자신과 유사한 점이 많음을 발견할 것이다.

그렇다면 왜 유사성이 호감에 영향을 주는 요인이 되는가? 두 가지 이론에 의해서 설명이 가능하다 첫째는 사회비교이론(social comparison theory)으로, 사람들은 자신의 견해가 맞는지 주위 사람들과 비교하면서 확인하는데, 유사한 주위 사람들은 자신의 생각과 믿음을 늘 확증시켜 주기 때문에 그만큼 기분을 좋게 해 준다는 것이다. 둘째는 균형이론(balance theory)을 통해 설명이 가능하다. 즉 상대가 나와 유사하면 어떤 대상이나 사물에 대해 같은 생각을 할 것이고 또 그만큼 상대가 자신을 긍정적으로 볼 것이라고 생각하기 때문에 심리적 균형 상태를 가질 수 있다는 것이다.

그러나 상보성원리에서는 오히려 자신과 대조적이고 상반되는 사람과 더 잘 어울릴 수 있다는 주장이 제기되기도 한다. 내성적인 사람은 외향적인 사람과 더 잘 어울릴 것이라고 하는데 서로의 단점이 잘 보완됨으로 서로에게 더 호감을 느끼게 된다고 보는 것이다. 하지만 실제로 오래 깨지지 않고 사귀는 연인 사이를 보면 서로 다른 성격이기보다는 유사한 경우가 많다는 연구결과가 있듯이 상보성보다는 유사성원리가 더 지지를 받고 있다.

5) 상호성

사람들은 자신을 좋아하는 사람을 좋아한다. 자신에게 아무리 잘되라고 쓴소리를 하더라도 자신에 대해 늘 좋은 얘기를 하는 사람에게 더 호감이 가는 법이다. '열 번 찍어 안 넘어가는 사람 없다'라는 속담도 있듯이 처음엔 관심이 없던 사람도 자신이 좋다고 계속 따라오는 사람에게 언젠가는 마음을 열게 된다. 극진한 친절과 웃음을 보이는 음식점 종업원에게는 팁이라도 더 주고 싶어진다. 심지어 아부라 할지라도 자신에게 칭찬하는 사람을 좋아하게 된다.

사회교환이론(social exchange theory)에 따르면 내가 상대에게 주는 것보다 상대로부터 내가 얻는 보상이 클 경우에 상호작용이 지속되며 그 관계에 만족하고 상대에게 호감을 갖는다고 한다. 상대에게 얻는 바 없이 내가 치러야 하는 비용이 많다면 그 관계는 지속되기 힘들다. 만나면 짜증과 투정을 부리고, 식사 값은 안 내고 매일 얻어먹는 사람보다는 만나서 항상 기분이 좋고, 식사 값도 잘 내고, 선물을 주고, 칭찬을 하는 사람과 더 계속 만나고 싶지 않은가?

6) 자기노출

사람들은 다른 사람과 어느 정도 친하게 되면 자신이 살고 있는 집이나 가족소개, 성장과정, 그리고 자신만이 간직하고 있는 비밀 등을 상대방에게 보여준다. "너만 알고 있어", "이건 너한테만 하는 얘기인데…" 등의 말은 상대가 나에게 소중한 존재라는 것을 알리는 행위이다. 이와 같은 자기노출은 상호작용하는 서로에게 친밀감을 증진시킨다. 일정 시기 동안 교제했는데도 서로에 대해 잘 모르고 숨기는 것이 있다면 친밀한 관계로 발전하기 어렵다. 그 대신 자기노출은 서로에게 신뢰감을 주고 친밀한 관계로 발전하는 데 중요한 요소가 된다. 사회침투이론(social penetration theory)(Altman and Taylor, 1973)에 따르면 자기노출의 정도가 높으면 침투력이 높아 친밀감이 높아진다고 했고, 불확실감소이론(uncertainty reduction theory)(Sunnafrank, 1986)에 따르면 자기노출은 상대에 대한 불확실성을 감소시켜 호감을 증대시킬 수 있다고 했다.

그러나 만난 지 얼마 안 돼서 하는 자기노출은 부담이 될 수 있다.

자기노출은 낯선 사람들과의 호감의 시작 단계보다는 어느 정도 진전된 상태에서의 결정요인으로 볼 수 있다. 즉 서로가 좋아하고 신뢰가 쌓인 후에 상호 비밀을 얘기하게 되고 이후 더 호감이 증대되는 것이라고 볼 수 있다. 그리고 사회교환이론에 따르면 한 사람만 비밀을 얘기하는 일방적 노출보다는 쌍방노출이 친밀한 관계를 발전시킬 수 있다. 사람들은 자신들이 좋아하는 사람에게 자기노출을 하는 게 아니라 자신들에게 자기노출을 한 사람을 좋아한다는 주장도 있다 (Collins and Miller, 1994).

3. 사이버공간에서의 호감

1) 근접/접촉성

사이버공간에서도 호감이 가능한가? 그 주요 결정요인은 무엇이며 현실과는 어떻게 다른가? 여기서는 앞서 언급한 요인들을 중심으로 살펴보기로 한다. 사이버공간에서는 물리적 거리상의 근접성의 개념이 작용하지 않는다. 사이버공간은 초공간적이어서 가까운 친구나 먼 나라의 친구와도 거리에 상관없이 만날 수 있기 때문이다. 사이버공간에서 거리는 더 이상 장벽이 되지 않으며, 오히려 사이버공간의 활용은 물리적인 거리가 먼 사람에게도 유리할 수 있는 장점이 있다고 하겠다. 또 공간적 제약이 없으므로 오히려 많은 사람과 접촉할 수 있기도 하다(Ben-Ze'ev, 2004). 근접성은 자주 접촉할 수 있을 때 호감에 영향을 준다는 것인데 사이버공간에서의 근접성은 접촉성으로 이해할 수 있으며 실제로 사이버공간에서는 거리의 근접성과 상관없이 자주 접촉하는 것만으로 상대에게 호감을 얻을 수 있다.

자주 접촉할수록 친근함을 느낄 수 있다고 하지만 사이버공간에서는 비록 자주 접촉한다 하더라도 대면적 접촉이 아니어서 어느 정도 호감을 얻기는 어려울 것이라고 볼 수 있다. 그렇지만 비대면적이라 해도 언제 어디서나 자주 접촉할 수 있는 가용성과 편이성 때문에 오히려 사이버공간에서는 현실에서보다도 자주 접촉함을 통해서 호감을 증진시킬 수 있는 기회가 많다고 볼 수도 있을 것이다. 더욱이 실제로 오프라인에서 만난 아는 사이인 경우 온라인을 통해 자주 만나고 접촉한다면 서로 가까운 사이로 발전하게 될 수 있을 것이다.

2) 외모

외모가 매력적일수록 호감을 갖는 데에 유리하다고 하지만 사이버공간에서는 주로 비대면적인 관계가 이루어지기 때문에 이러한 외모의 요인이 호감에 중요하지 않을 수 있다. 그런데 사이버공간에서는 아바타를 꾸미는 등의 방식과 같이 자신의 외모를 다른 방법으로 알리는 것이 가능하다. 또한 사이버공간에서는 직접적인 외모보다 어떤 단서만으로 이미지를 이용하는데, 언어단서나 아바타 등의 활용으로 호감을 얻을 수 있다. 미니홈피 등에서 포토샵으로 자신의 외모를 꾸며 과시하기도 한다(Darbyshire et al, 2016). 최근 SNS사용에서는 실제 사진을 통해 매력적으로 보일 수 있다. 하지만 온라인에서 자기가 제시한 사진과 같은 단서들은 조작 등으로 신빙성이 떨어지기에(Ellison et al., 2006), 따라서 그보다는 친한 친구들이 게시한 친구들의 매력적 외모의 사진이나 글들로 인해 더욱 매력적으로 보일 수 있다는 연구결과가 있다(Walther et al., 2008; Antheunis and Schouten, 2011).

김아름의 연구(2011)에서는 SNS에서의 사진을 통한 인상형성에서 신뢰도와 호감도의 원인이 다르다는 것을 제시했는데, 일상적 메시지보다는 정보적 메시지가 신뢰도에 영향을 주었고, 비격식적 사진이 격식적 사진보다 호감과 매력 상승에 영향을 주었음을 제시했다. 그리고 신뢰도에는 정보적 메시지와 격식적 사진일 때, 호감도에서는 일상적 메시지와 비격식적 사진일 때 가장 점수가 높았다는 결과를 제시해 신뢰도의 경우와 달리 호감은 비격식적인 자연스러운 일상적 사진이 더욱 영향을 준다는 결과를 제시했다.

그러나 사실 사이버공간에서의 호감의 경우는 외모보다는 성격후광효과로 대체된다(Ben-Ze'ev, 2004). 즉 외모 이외의 매력적 요소 때문에 외모마저도 좋을 것이라는 판단을 하게 만든다. 오히려 사이버공간에서는 외모가 부족한 사람이 불리함을 극복하고 상대에게 매력적으로 보일 수 있는 장점이 있다. 사이버공간은 외모보다는 성격, 특정한 관심이 중심이기 때문에 그러한 것들이 호감에 보다 중요한 반면 외모의 작용은 적다고 볼 수 있다. 물론 최근의 SNS 사용으로 외모의 작용은 적은 것만은 아니어서 상황은 달라졌다고 할 수 있다.

3) 성격

따뜻하고 온화한 성격이 호감을 결정짓는 중요한 요소라고 하지만 사이버공간은 비대면적이고 글만으로 자신의 감정과 따뜻한 이미지를 표현하기가 쉽지 않고, 따뜻한 인간관계가 형성되기보다는 차가운 느낌을 많이 받게 되고, 그러한 점에서 보면 사이버공간은 호감을 얻는 데 불리한 공간일 수 있다. 그렇지만 비대면의 제한된 상황에서 더 적극적으로 따뜻한 이미지를 표출하기 위해 인사말이나 이모티콘 등을 사용함으로써 인상관리를 하는 경우가 많기 때문에 이러한 불리한 점이 극복될 수도 있다. 실제로 사이버공간에서는 충분한 정보를 제공할 수 있고 따뜻하고 친밀한 관계를 형성할 수 있다는 주장이 있다(Tidwell and Walther, 2002).

4) 유사성

유사성에 근거한 설명에 따르면 사회배경 특성이나 취미, 관심사, 태도 등이 유사할 때 서로 호감을 갖고 친밀해지며, 또 오래 지속될 가능성도 더 높다. 그런데 사이버공간에서는 유사성이 있는 사람을 만나게 될 가능성이 높고 그것이 호감을 증진하는 중요한 요인이 된다(Tidwell et al., 2013). 현실에서는 오히려 유사한 부류를 찾기가 쉽지 않다. 비록 사이버공간에서는 사회배경적 특성이 작용하지 않아 유사성을 발견하기 어려워도 주로 같은 관심사나 주제를 중심으로 모이는 경우가 많아 비슷하고 유사한 사람을 만날 기회와 가능성이 높다. 이러한 면에서 보면 게시판이나 동호회 모임 등에서 서로 간에 호감과 매력을 느낄 가능성이 더 많다고 볼 수 있다. 실제로 Antheunis와 동료들의 연구(2007)에서는 컴퓨터 매개 의사소통에 있어서 유사성이 다음에 소개할 자기노출보다도 호감을 설명하는 가장 중요한 요인이라는 것을 제시했다.

5) 상호성

차가운 공간으로서 사이버공간에서는 칭찬이나 상호지지, 그리고 따뜻한 위로의 말의 표현이 부족할 수 있어 어떤 면에서 보면 상호성이 낮을 수 있다. 그렇지만 사이버공간에서는 대화가 본질적 속성이기 때문에 메시지를 주고받는 것 자체가 상호성이 높다는 것을 나타내며, 상대의 의견에 호응과 지지를 할 때 더욱더 호감을 얻게 된다. 예를 들면 상대의 미니홈피나 SNS에 방문하여 좋은 글을 남기는 것은 상호성의 징표로 서로의 호감을 증진시킬 수 있다. 아울러 현실에서는 표현하지 못하는 호감을 자신감과 관심을 갖고 적극적으로 표현할 수 있기 때문에 이러한 호감의 상호표현으로 보다 친근한 관계가 형성될 수 있다.

6) 자기노출

자신의 내면을 숨김없이 보여주는 자기노출이야말로 친근한 관계를 형성시킬 수 있는 가장 중요한 요소가 될 것이다. 자기노출이 현실에서는 불가능할 수 있지만 사이버공간에서는 익명성과 비대면의 특성으로 고민을 숨김없이 표출할 수 있게 된다(Joinson, 2001). 사이버공간에서는 자신이 누구인지 밝힐 필요가 없이 자신의 속마음과 심정을 토로하는 것이 가능하기 때문에 자기노출로 친근한 관계는 더 강하고 빠르게 발전하기 쉽다(McKenna et al., 2002). 사이버공간의 익명성은 자기노출로 발생할 수 있는 여러 위험적 요소를 감소시킴으로써 두려움과 걱정 없이 자신을 노출하게 한다. 실제로 사이버공간에서는 내성적인 사람들(Peter et al., 2005), 그리고 사회불안감이 있는 사람들도(Tian, 2011) 온라인에서 자기노출로 친근한 인간관계를 형성할 수 있다는 결과가 있다.

이렇듯 자기노출은 오프라인에서보다는 온라인에서 더 잘 이루어진다(Bargh et al., 2002; Schouten et al., 2009). 사이버공간에서는 익명성 때문에 성, 연령, 결혼여부, 직업 등 외부에 드러나는 속성들에 대해 거짓말을 할 수 있다. 하지만 본질적인 내면의 내용들에 관해서는 익명성의 도움으로 보다 솔직하고 정직하게 자신을 개방하게 된다. 그러나 사이버공간에서 자기노출을 무작정 하는 것은 아니다. 자기노출은 상대와 오랜 관계를 맺고 싶어 하거나 앞으로 그 관계가 지속될 것이라고 기대할 때, 그리고 심지어 오프라인 현실에서 만나기를 기대할 때 일어나기도 한다(Walther, 1994).

자기노출은 현실의 경우에 있어서는 어느 정도 친밀한 사이에서 흔히 이루어질 수 있는 것이지만 사이버공간에서는 처음 만나는 사람과도 가능한 일이고, 그러한 자기노출이 지속적인 만남을 가지는 친밀한 관계 형성의 기반으로 작용할 수 있다(박성복 · 황하성, 2007; 우성범 외., 2014). 한 사람의 자기노출은 상대방의 자기노출로 이어지는 경우가 많은데 이러한 자기고백은 서로에게 호감을 갖게 만드는 중요한 요소로 작용한다. 사이버공간에서는 이러한 자기노출의 상호성이 신뢰감을 형성하게 하여 친밀한 관계를 형성할 수 있게 한다. 친밀한 관계는 진정한 자아가 얼마나 표현되는가에 따라 크게 좌우된다(Bargh et al., 2002). 그리고 진정한 자아는 자기노출에 의해 표현되기 때문에 오히려 사이버공간이 친밀한 관계로 발전시키기에 더 좋은 조건이 될 수 있다. 이처럼 온라인에서는 많은 자기노출은 불확실성을 더 감소시키기 때문에 친근감을 형성할 수 있다는 주장이 있다. 더구나 온라인에서의 자기노출은 그것이 오프라인에서보다 그 사람의 속성을 반영하는 것이라 생각하기 때문에 더 진실하다고 믿고 그래서 더욱 친밀한 관계로 발전한다는 주장도 있다(Jiang et al., 2011, 2013).

SNS에서도 자신을 노출하게 되는데(Varnali and Toker, 2015),

간단한 프로필에서부터 오늘 무엇을 했는지, 어떤 정보나 사건에 자신의 감정과 의견이 어떤지 등이 포함된다. SNS에서의 트위터와 페이스북의 자기노출의 비교에서 보면(이상욱 외., 2013), 트위터에서는 자기노출이 잘 이루어지지 않고 정보가 교환되는 반면에, 페이스북에서는 일상적 메시지가 공유되고 자기노출이 이루어져 호감을 형성하는데 유용할 수 있다. 그렇지만 개인 이메일이나 모바일메신저 등 좀 더 사적 공간에서의 자기노출보다 SNS와 같은 공적 공간에서의 자기노출은 자칫 부적절할 수 있으며 호감을 감소시킬 수 있다는 논의가 있다(Bazavora, 2012; Baruh and Cemalcilar, 2015). 너무 사적이거나 너무 많은 정보는 긍정적뿐만 아니라 부정적 내용도 포함될 수 있기 때문이다. 실제로 Lin과 Utz의 연구(2017)에서는 SNS에서의 자기노출은 친근감과 친밀함은 형성할 수 있을지 모르지만 호감으로까지 영향을 주지는 않는다는 결과를 제시했다.

이처럼 사이버공간은 자기노출과 같은 요인이 작용할 수 있어 호감과 친근한 관계를 형성하기에 유리한 측면도 있지만 호감을 형성하기에 유리하다고만은 볼 수 없다. 사이버공간에서는 외부적 단서가 아닌 메시지가 중요하며 이를 기반으로 관계가 형성되기 때문에 진정한 관계가 가능하고 심지어 그 관계가 사랑으로 발전하기도 한다. 그러나 사이버공간에서는 친밀한 관계로 발전할 수는 있지만 호감에 이르기까지는 한계가 있고 어느 정도의 친밀한 관계가 형성된 사이에서만 자기노출이 호감으로 이어진다고 할 수 있다.

4. 사이버공간에서의 사랑

1) 특성

사이버공간에서 사랑을 나누는 것이 가능할까? 또 사이버공간에서의 사랑의 특징은 무엇인가? 현실의 경우는 사랑의 시작단계에 있어서 외모와 신체적 매력이 중요하다. 즉 현실에서는 신체적 매력을 느끼지 못한다면 아무리 성격이 좋다고 해도 그 관계가 성립되기 어렵다. 그러나 사이버공간에서의 사랑은 외모가 현실에서만큼 중요하지는 않을 수 있다. 사이버공간의 사랑은 외모에 낮은 비중을 둔다는 점에서 현실과 다르다. 따라서 외모에 불리한 사람도 사이버공간에서는 사랑을 이룰 수 있다. 그러나 사이버공간에서는 외모가 차지하는 비중이 낮다는 것이지 여전히 중요하다. 데이트 사이트에서 제시되는 프로필 중에서 사진은 가장 중요한 요소로 신체적 매력이 중요하게 작용한다. 또한 외모를 모르는 경우라도 사이버공간에서는 상상의 작용이 있는데 상상과 기대 속에 상대를 실제 모습보다 더 매력적으로 인식하면서 관계를 맺어 나간다.

그런데 사이버공간에서는 외모보다는 성격이 보다 중요하게 작용한다. 사이버공간에서의 사랑은 육체적 사랑이 아니고 대화가 그 중심적 위치를 차지하기 때문이다. 그리고 무엇보다 자신과 유사하고 동질적인 사람들과 사랑이 이루어진다. 데이트 프로필상에서는 이러한 여러 정보가 제공되고 있어 사회경제 수준, 교육, 인종, 취미 등에서 동질적인 사람이 선호된다(Fiore and Donath, 2005; Hitsch et al., 2010). 그런데 사이버공간에서는 자신과 비슷한 배경과 욕구를 가진 사람을 쉽게 만날 수 있다. 인터넷이나 SNS는 그러한 동질적인 사람들과 만날 수 있는 기회를 증진시킬 수 있는 도구가 되는 것이다(Ben-Ze'ev, 2005). 그리고 사이버공간에서는 높은 자기노출성으로 그 친밀성은 더욱 증대된다. 페이스북에서 자기의 진실성을 표현하고 새로운 친구를 사귀게 되다가 사랑을 이루게 된다는 연구도 제시된다(Tosun, 2012). 이러한 점에서 사이버공간에서의 사랑으로부터 얻는 만족감은 현실보다 더 클 수 있다.

또한 사이버공간에서의 사랑은 현실보다도 더 열정적이고 보다 빨리 급속히 발전되는데, 온라인 데이트에서는 프로필이 있기 때문에 서로에 대해 서서히 알아나가는 단계가 단축되고 친밀해지는 속도가 빠르다. 더구나 온라인 데이트는 현실에서는 안전감을 느낄 수 없는 사람에게 좋은 기회를 제공한다. 즉 데이트에 대한 불안이나 자신감이 없는 사람에게 유용하다. 그리고 상대의 거절에 대한 두려움도 적다. 온라인 데이트는 연애를 시작하기 어색한 나이든 성인에게도 유용하고 심지어 동성연애 상대를 찾는 사람에게도 편안한 환경을 제공한다. 이렇듯 사이버공간의 사랑은 익명성으로 더 자유롭고 안정적이다.

2) 부정적 측면

그렇지만 온라인 데이트에서 프로필은 덜 정확한 측면이 있고 신뢰도가 낮은 위험이 있다. 데이트 이용자들은 자신의 매력적인 부분은 강조하고 덜 바람직한 부분은 숨기는 경향이 있다(Whitty, 2008). 온라인에서의 교제는 자신을 그대로 표현하기보다는 비현실적인 가짜의 혹은 과장된 모습을 표현하는 경우가 많아 불완전한데(Ellison et al., 2006; Toma et al., 2008), Hancock과 Toma(2009)는 프로필 사진의 3분의 1이 부정확하고 특히 남자보다는 여자의 경우 부정확하다는 것을 제시했다. 여자는 신체적 특성을 강조하고 남자는 유능함을 알리는 전략을 취하는데(Whitty, 2008), 또 실제로 남자는 여자의 외모를, 여자는 남자의 능력을 더 중요시 한다. Guadagno와 동료들의 연구(2012)에서는 이메일의 교류에서 특히 여자보다는 남자가 성격이나 외모, 자신의 특성의 과장된 모습을 제시한다는 결과를 제시했다.

사이버공간에서의 사랑을 끝내는 데 드는 비용은 현실에서보다 낮기 때문에 쉽게 종결될 수 있다. 예컨대 현실에서의 사랑은 가족과 친구 등 주위 사람들과 얽혀 있는 데 반해 사이버공간에서는 헤어지더라도 주위의 압력과 부담이 없어 그만큼 쉽게 헤어질 수 있다. 또한 사이버공간은 다른 대안이 많다는 점에서도 쉽게 이별이 가능하다. 헤어지면 또 다른 곳에서 새로운 사람과 만나면 되기 때문이다. 이처럼 사이버공간에서의 사랑은 높은 친밀성과 강렬한 열정과 정서가 있음에도 그 비용이 높지 않기 때문에 오래 지속된다고 보기 어렵다.

3) 현실 사랑과의 연계

순수한 사이버공간에서만의 사랑은 신체적 측면이 배제되기 때문에 불완전한 사랑이라고 여겨지기도 한다. 하지만 사이버공간에서의 사랑이 현실로 이어지는 경우 사정은 다르다. 사이버공간에서의 사랑이 현실로 이어져 만나게 되는 경우 신체적 매력에 이끌리는 사랑보다 더 지속된다. 이미 사진 등 프로필상 정보를 알고 시작했기 때문에 성공 가능성이 높고 실제로 외모를 모르는 경우라도 사이버공간에서 대화를 하면서 성격적 측면에서 오랫동안 매력을 느꼈다면 오프라인에서 실제 만나서 신체적 매력이 낮아도 큰 문제가 되지 않는다. 오랫동안 친밀감을 형성했기 때문에 상상의 모습과 크게 다르지 않다면 관계를 지속시킬 수 있다. 또 사이버공간에서 서로 정직하기 때문에 실제 외모가 생각한 것과 크게 다르지 않은 경우가 많아서 만나면 쉽게 친밀감을 느낀다. 실제로 오프라인에서 만난 경우보다 사이버공간에서 교제를 시작한 후 오프라인으로 이어지는 경우가 그 관계가 더 오래 지속된다고 한다(Ben-Ze'ev, 2004). 온라인에서 이루어져 결혼을 한 경우 결혼만족도가 더 높다는 연구결과도 있다(Carter and Buckwalter, 2009). 또 현실에서 먼저 알고 사이버공간으로 이어지는 경우 사이버공간이 현실에서의 관계를 더욱 보완해 준다는 점에서 사랑을 증진시키기에 매우 적절하다고 볼 수 있다. 현실에서 만나면서 이메일도 자주 접촉하고, 또 때에 따라서는 자기노출을 통해서 더 친근한 관계로 발전될 수 있기 때문이다.

제 9 장

집 단

제9장 집 단

1. 집단의 정의와 기본 구조 요소들

1) 집단의 정의

사람들은 거의 대부분 집단 속에서 생활하고 있다. 집단의 개념을 정의내리기는 쉽지 않다. 버스 승객, 백화점의 고객, 경기장의 관중들을 우리는 집단이라 부르지 않는다. 집단의 정의는 연구자마다 다르지만 서로 상호작용하고 영향을 주며 일정한 사회관계를 형성하는 2명 이상 사람들의 집합을 일반적으로 집단이라고 정의한다(Shaw, 1981). 따라서 우연히 일정한 시간에 일정한 장소에 같이 있는 사람들의 모임을 집단이라 부르지는 않는다. 보다 구체적으로 보면 서로 상호작용하여 영향을 주고, 서로 공유하는 목표를 갖고 있으며, 구성원들의 행동을 조정하는 규범을 지니고, 구성원들은 각각의 지위와 역할을 갖고, 보다 중요하게는 구성원들이 서로 '우리'라고 지각하는 가운데 소속감을 가질 때 집단이라고 부를 수 있다(Turner, 1982). 따라서 버스승객 등은 서로 상호작용하는 관계가 없고, 더구나 '우리'라는 소속감도 없기 때문에 집단이라 하기 어렵다. 대신 몇 학년 몇 반 아이들, 동아리, 갱조직 등이 집단이라고 할 수 있다. 보통 사회심리학에서의 집단연구는 2명에서 20명 사이의 소집단연구에 주목하고 있으나 집단 크기와는 상관없이 앞에서와 같은 속성을 지닐 경우 집단이라고 한다.

2) 집단의 기본 구성요소들

집단은 단순히 개인의 합이 아니며 개인들로 구성되지만 개인들의 성격과는 다른 체계화된 모습을 지닌다. 집단에서 살펴볼 기본 요소들로는 앞서 집단의 정의에서도 언급되었던 집단의 크기, 집단의 목표, 집단의 규범, 집단의 응집력, 집단성원 간의 의사소통구조, 그리고 사회정체성이 있다.

(1) 집단의 크기

집단은 2인으로 구성된 집단부터 다수의 인원으로 구성된 거대한 집단에 이르기까지 그 크기가 다양하다. 그러나 통상 사회심리학에서 다루는 집단은 그 구성원이 직접적인 상호작용과 접촉, 그리고 상호영향을 줄 수 있는 수준의 크기인 2인에서 20인에 이르는 소집단에 초점을 두고 있다. 30인 혹은 40인으로 구성된 집단의 경우에도 구성원들이 서로 간에 직접적인 상호작용이 가능하다면 소집단으로 간주하기도 한다. 집단의 크기는 나중에 살펴보겠지만 집단의 동조 등에 영향을 미치는 주요 요소 중 하나이다.

(2) 집단의 목표

집단은 어떤 일정한 목표를 지닌다. 집단의 목표란 집단성원들이 집합적으로 달성하려고 하는 바람직한 결과물을 지칭한다. 예를 들어 운동 팀은 시즌 우승을, 기업은 기업의 생산성 향상과 이윤의 극대화를 목표로 둔다. 집단은 어떠한 확고한 목표가 있음으로 해서 집단성원들의 행동들을 안내하고 조화롭게 이끌 수 있다. 집단성원들 개개인이 집단 전체의 목표에 동의하여 이를 달성하고자 노력할 때 그 집단은 목표를 성공적으로 달성할 가능성이 높아진다. 그러나 집단 내 성원들 간에 추구하는 목표가 서로 일치하지 못하고 합의가 이루어지지 않을 때 집단목표의 달성 가능성은 낮다.

(3) 집단의 규범

집단성원들은 일정 목표달성을 위해 서로가 조화로워야 하고 각기 맡은 일을 성실히 수행해야 될 것으로 기대되는데, 이와 같이 어떻게 행동해야 하는가 하는 집단성원들에게 기대되는 규칙이나 기준들을 규범이라고 한다. 즉 집단의 규범은 집단 내 모든 성원들에게 적용되는 규칙으로, 무엇을 하고, 무엇을 하지 말아야 하는가를 규정한다.

(4) 집단의 응집력

집단의 응집력이란 집단성원들이 서로 친근함을 느끼고 그 집단에 오랫동안 머물러 있기를 바라는 정도이다(Cartwright, 1968). 어떤 집단은 성원들 간의 유대가 강하고 지속적이며 성원들의 집단소속감이 강하다. 그렇지만 어떤 집단은 합심하려는 노력이 부족하고 서로가 친근하지 못하며 구성원들이 수시로 교체되는 경우가 있다. 집단 응집력은 다양한 요인에 의해 결정되는데, 집단성원들 간의 상호작용의 정도와 대인매력이 높을 때, 집단의 구성원들이 서로 유사한 점이 많을 때, 집단의 목표가 각기 개인의 가치와 취향에 일치될 때, 집단의 목표가 성공적으로 달성될 때, 집단이 개인에게 주는 보상수준이 높을 때, 그리고 그 집단이 다른 집단과 경쟁관계에 있거나 외부로부터의 위협에 처해 있을 때 집단의 응집력은 더욱 강해진다.

(5) 집단성원들의 의사소통

집단의 또 다른 요소는 집단성원들 간의 상호작용과 의사소통 구조이다. 의사소통 구조는 구성원들의 지위관계가 위계적인가 수평적 관계인가로 구분할 수 있다. 주로 연령, 성, 교육수준 등에 의해 집단의 의사소통 수준의 참여도나 영향력이 결정되는데, 보통 성인, 남자, 높은 학력의 사람이 의사소통을 이끌어 간다. 그러나 이러한 지위에 차이가 없을 때 의사소통 구조는 수평적이어서 모든 성원이 의사결정에 참여한다. 개인지위 이외에 의사소통 연결망이라는 구조의 측면이 집단에서의 의사소통 과정을 결정하기도 한다(Shaw, 1964). 예를 들어 어떤 토의 과정에서 좌석배치가 원형인 경우 모든 성원들의 영향력은 동일하며 자유로운 의사소통이 이루어질 가능성이 높다. 그러나 좌석이 한 줄로 놓여 있는 연쇄형의 경우 양끝의 두 명은 중간에 있는 사람과 비교해 볼 때 단 한 사람과만 의사소통을 한다는 점에서 불리한 위치에 있다. Y형의 구조에서도 마찬가지로 끝에 위치한 사람들은 의사소통 면에서 불리하다. 그러나 중간에 놓여 있는 사람은 세 사람과 의사소통을 할 수 있는 중심적 위치에 놓여 있다. 이와 같이 어떠한 연결망 구조를 갖게 되는가에 따라 집단에서의 의사소통이 결정된다고 한다.

(6) 사회정체성

사회정체성은 자신이 소속한 공동체의 일원으로서 집단구성원과 동일시하며 오랫동안 쌓아온 자아의식으로, 자신이 어떤 사회적 집단의 한 구성원이라는 지식과 집단성원감에서 나오는 자기개념의 일부이다. 즉 국가, 종교, 성, 직업 등 다양한 범주에 소속됨으로써 그것을 자신의 정체감으로 삼는 경우이다. 이러한 경우 사람들은 자신을 한 집단의 구성원이라고 인식하게 된다. 사회정체성이론에 따르면 사회정체성을 가지게 되면 자신을 남과 다른 개성을 지닌 개인으로 보기보다는 그 집단의 구성원으로 보게 된다고 한다(Tajfel, 1981).

3) 사이버공간에서의 집단

이처럼 본래의 집단은 성원들이 일정한 크기하에 동시적으로 동일한 장소에서 모여 면 대 면 관계에서 서로 상호작용하는 것을 특징으로 한다. 그러나 특별히 지리적으로 함께하지 않고 서로 떨어져 상호작용하는 집단도 존재한다. 그 대표적인 예가 시간과 물리적 거리를 초월하여 존재하는 면 대 면 접촉이 없는 사이버공간에서의 온라인 집단이다. 사이버공간에서의 집단은 컴퓨터 매개 의사소통을 도구로 상호작용하는 집단을 말하며, 주로 네트워크를 통해서 이루어진다(Brandon and Hollingshead, 2007). 사이버집단은 동호회 집단처럼 일정한 관심사를 공동으로 하여 지리적으로 서로 다른 위치에 있는 사람들이 네트워크를 기반으로 하여 모인 집단이다. 네트워크 기반 집단은 지리적 특성보다는 상호작용을 기초로 이루어지며 정보를 교환하고, 취미와 관심을 공유하며, 사회지지의 상호작용을 하는 것을 특징으로 한다.

사이버집단의 크기는 통상 사회심리학에서 다루는 소집단보다는 그 규모가 크지만 일반 집단과 마찬가지로 서로 공유하는 목표가 있다. 사이버집단의 목표는 정보교환, 취미나 관심의 공유, 여가나 오락, 사교나 교제 등 다양하다. 사이버집단은 어떤 목표를 가지든 간에 각 집단의 구성원들은 성별이나 사회적 지위와 같은 사회적 특성이 아닌 취미나 관심이 유사한 사람들로 모이기 때문에 서로의 친밀감은 높다. 사이버집단에서도 모든 성원들에게 적용되는 규범이 있다. 사이버공간에서는 서로의 존재감이 적고 익명성으로 인해 규범위반 가능성이 높기 때문에 일반 집단의 경우에서보다 더 공개적으로 규범이 제시된다. 즉 일반 집단에서는 규범이 암묵적이고, 공개적으로 논의되지 않는 것이 보통이지만, 사이버집단에서는 집단가입 시 규범을 숙지하도록 하고 위반 시 제재 또는 퇴출하도록 하고 있다. 하지만 집단의 응집력은 약한 편이고, 가입과 탈퇴가 자유로운 특징이 있다. 또 지리적 경계보다는 확장된 여러 네트워크의 기반으로 이루어지는 점에서 집단의 구성원들은 다양성을 갖는다(Haythornwaite and Hagar, 2005). 집단의 의사소통 구조는 구성원들이 서로 자유로운 의견을 개진할 수 있는 수평적 구조를 갖는 것을 특징으로 한다.

한편 사회정체성이론에 근거하고 있는 몰개성화의 사회정체성이론(SIDE)에 따르면 익명의 상황인 사이버공간에서는 개인이 가지는 정보에 한계가 있기 때문에 개인정체성보다는 사회정체성을 활성화시키고 이러한 사회정체성이 개인행동에 영향을 미친다고 하였다(Spears et al., 1990; Reicher et al., 1995).

2. 집단동조

1) 고전연구들

집단성원들은 집단규범을 따르도록 요구되는데, 성원이 집단규범을 따르는 것을 동조(conformity)라 한다. 집단동조의 예는 집단이 개인에게 얼마나 영향을 미칠 수 있는가에 관한 고전적 논의에서 찾아볼 수 있다. 집단의 영향은 크게 규범적 영향과 정보적 영향으로 구분할 수 있는데 그 예는 다음과 같다.

(1) 규범적 영향

규범적 영향은 집단성원들이 보상 혹은 처벌을 의식하여 집단규범을 따를 때 이루어지는 것을 말한다. 즉 다수의 의견을 따르지 않아 배척받을 것을 우려하거나 혹은 그들로부터 인정을 받거나 규범에 따르는 경우이다. 학급성원 대다수가 어떤 아이를 따돌리는 경우 그 행동에 참여하지 않으면 오히려 자신도 배척될까봐 동조하는 경우가 그 예에 해당된다. 이에 대한 대표적 연구로는 Asch(1955)의 선분길이의 동조에 관한 연구가 있다. 이 실험에서는 피험자들에게 일정 선분(기준선분)을 제시하고 이 선분의 길이와 똑같은 다른 선분을 고르도

<표 9-1> 선분길이의 동조 실험

기준선분	예시선분
----------	(1) ----------
	(2) -------
	(3) ----------------

록 하였다. 이때 한 명을 제외한 나머지 피험자들이 실험자와 모의하여 틀린 답을 먼저 제시하도록 유도하고 한 사람의 피험자가 제일 마지막으로 답하도록 하였는데, 나머지 사람들이 모두 틀린 답을 제시했을 경우 나머지 한 명의 피험자도 틀린 답에 동조할 가능성이 높다는 것을 발견하였다.

(2) 정보적 영향

정보적 영향은 모호하고 불확실한 상황에서 자신의 판단보다는 다른 사람의 정보와 의견을 타당한 것으로 받아들이면서 일어나는 것으로, 양식당에 처음 갔을 때 어떻게 행동해야 할지 모르는 상황에서 주위 사람들을 보고 따라하는 현상을 그 예로 들 수 있다. 이에 대한 대표적 연구로는 Sherif(1936)의 연구가 있다. 이 실험에서 피험자들에게 스크린에 불빛을 보여주고 그 불빛이 움직이는 거리를 알아맞히도록 하였는데, 사실 그 불빛은 움직이는 것이 아니라 어두운 곳에서 빛이 움직이는 것처럼 보이는 자동운동현상이었다. 이때 피험자들로 하여금 혼자서 각각 답하도록 한 경우 여러 가지 답이 제시되었지만, 두세 명씩 짝을 이루어 답을 제시하도록 한 경우, 특히 실험협조자가 10cm라고 제시한 경우에는 피험자들도 서로 의견을 조율하여 거의 10cm라고 응답하였다. 이처럼 불확실한 상황에서는 다수의 사람들이 옳을 수 있다는 판단에서 그들을 따를 수 있다.

2) 동조에 영향을 주는 요인

집단구성원 모두가 집단의 규범에 동조하지는 않는다. 집단규범에의 동조는 집단의 특성에 따라 다를 것인데 그러한 요인들을 살펴보기로 하자.

첫째는 집단의 크기이다. 집단의 크기가 클수록 성원들의 동조 가능성은 높아지는가? 결론적으로 말하면 반드시 그렇지는 않다는 실험결과가 있다. Asch는 집단의 크기를 2명에서부터 15명까지 변화시키면서 동조율을 살펴보았는데, 집단이 2명인 경우 동조 가능성이 4%였던 반면, 3명 이상일 경우 점차 동조율이 높아져 7명이 되었을 때 동조 가능성이 37%로 높아진다는 결과를 제시했다. 하지만 그 이상으로 집단의 크기를 늘렸을 때 더 이상 동조율은 증가하지 않고 오히려 감소하기도 하였다는 연구결과를 발표하였다. 즉 어느 정도의 집단크기까지는 동조 가능성이 높아지지만 집단 크기가 계속 증가한다고 동조가 높아지는 것은 아니라고 할 수 있다.

둘째는 만장일치의 정도이다. 즉 다수성원들로 구성된 집단에서 다른 성원들의 의견이 모두 일치할 경우 그 의견에 동조할 가능성이 매우 높지만 반대 의견을 가진 사람이 한 사람이라도 존재하는 경우 동조 압력은 크게 저하될 수 있다. 자신과 의견이 같은 사람이 한 사람이라도 있다면 큰 두려움 없이 집단동조에의 가능성은 줄어든다는 것이다.

셋째는 집단의 응집력으로, 집단성원들이 서로 얼마나 친밀함을 느끼고, 또한 서로 얼마나 매력을 느끼는가 하는 점이다. 응집력이 높은 집단에서는 성원들이 집단규범에 동조할 가능성이 높다. 또한 어떤 성원이 그 집단이나 집단의 성원들에게 크게 매력을 느끼게 되는 경우 그렇지 않은 사람들보다 집단성원들의 의견에 동조할 가능성이 높다. 자신의 직장에 매력을 느끼는 사원은 직장 내 규범을 잘 따르려고 노력할 것이지만, 그렇지 못한 사원은 출근시간이나 회의시간에 자주 늦고, 또 회식이나 야유회 등의 행사에 참여할 가능성도 낮을 것이다.

넷째는 집단의 지속성으로, 그 집단이 앞으로도 지속되고 또한 집단성원들과의 관계가 오랫동안 지속될 것이라고 기대하는 성원일 경우 다른 대다수 집단성원들의 의견을 따를 가능성이 높다. 그런데 이 경우 집단에 크게 매력을 느끼지 못하여도 집단에 동조하게 된다고 한다. 위태로운 직장이거나 곧 직장을 떠날 사람은 집단의 규범에 잘 따르지 않는다. 하지만 정년 때까지 집단구성원들과 함께 일할 것이라고 기대하면 싫은 일도 할 수 없이 따르게 되는 경우가 많다.

다섯째로 집단에의 동조는 개인의 유능성에 달려 있기도 하다. 상대적으로 유능하고 개성이 강한 성원은 다른 사람의 의견에 동조할 가능성이 낮으며 오히려 이들은 다른 대다수의 의견을 이끌어 나가고 다른 사람들의 의견을 자신에 맞추도록 할 것이다. 그렇지만 자신이 유능하지 않다고 생각하는 사람은 집단의 다른 성원의 의견에 이끌려 갈 가능성이 높다. 회사에서 어떤 분야에 관한 전문지식이나 경험이 많은 사람이 아이디어를 내면 다른 성원들은 그 분야에 있어 유능하다고 인정된 그 사람의 의견을 따를 가능성이 매우 높다.

그 밖에 남자보다 여자 구성원들이 집단에 동조할 가능성이 높고, 또 개인주의 문화의 집단보다는 집단주의 문화의 집단이 집단규범이나 의견에 동조할 가능성이 높다. 집단주의 문화권의 사람들은 개인의 개성보다는 '우리'라는 의식이 강하며 그렇기 때문에 아무리 개인이 싫은 일이라 하더라도 자신의 의견보다는 전체 분위기를 따라가고 어울리는 경우가 많다. 남자보다 여자가 더 동조하는 것도 성역할상 남성은 독립적이지만 여성은 보다 관계지향적이며 집합주의적이기 때문이라고 한다.

3) 사이버집단에서의 동조

사이버공간은 익명의 공간이기에 집단의 압력으로부터 자유롭고 개인의 의사표현이 가능하여 동조가능성이 낮다고 볼 수 있다. 그와 관련된 연구(Lea and Spears, 1991; Lea et al. 2000)에서 온라인에서의 익명성은 집단동조 가능성을 낮춘다는 것을 제시하고 있다. 그렇지만 익명성 이외에도 그것은 앞서 동조에 영향을 주는 요인들을 통해서도 설명이 가능하다.

첫째는 사이버집단의 크기는 매우 크다는 점이다. 사이버집단이 소수의 소집단인 경우는 드물고 많은 성원들로 구성되기 때문에 어느 정도 크기가 커지면 동조율이 낮게 된다.

둘째, 만장일치의 가능성도 낮다. 사이버공간에서는 익명성하에 자유롭게 자신의 의견을 펼치는 경우가 많기 때문에 반대의견을 제시할 가능성이 충분히 높다.

셋째, 집단응집력에서 보면 사이버집단은 현실집단만큼 응집력이 강하다고 보기 어렵다. 사이버집단에 회원으로 가입하기는 하지만 회원이 누구인지 서로 모를뿐더러 회원이 되기도 쉽고 탈퇴도 너무 자유롭기 때문이다. 그러나 게임길드에서나 일정한 관심을 중심으로 모이는 동호회 집단은 나름대로 응집력도 높고, 또 관심의 유사성이 있는 집단에서는 서로에게 친밀감과 매력을 느낄 가능성도 높은 점에서 동조율이 낮다고 볼 수는 없을 것이다. 그렇지만 전체적으로 보면 관심의 유사성 외에 다른 유사성의 단서가 부족하고 응집력이 약하다고 볼 때 동조의 가능성이 높다고만은 볼 수 없을 것이다.

넷째, 사이버집단은 미래 상호작용의 가능성이 상대적으로 낮은 점에서 다소 동조 가능성이 낮다. 사이버집단의 경우 오래 지속되는 집단도 있지만 회원가입 탈퇴가 자유롭고 변동이 심하기 때문에 상대적으로 지속성이 낮다. 사이버공간에서만 존재하는 집단이 아니라 현실에서도 따로 모임을 갖는 집단의 경우라면 응집력도 더 높고, 서로에게 더 매력을 느끼며, 오래 존속될 가능성이 높기 때문에 동조 가능성은 다소 높다고 할 수 있을 것이다.

다섯째, 사이버공간에서는 누가 유능하고 전문가인지 단서가 부족하다. 따라서 누군가 유능하다면 그 의견을 따를 것이지만 이를 쉽게 알 수 없기 때문에 자신의 의견과 소신대로 행동할 가능성이 높다.

그 밖에 사이버공간은 현실과 달리 여성의 이용과 참여율이 높다고 하지만 아직도 남성의 이용이 지배적인 면에서 동조 가능성은 낮다고 보아야 할 것이다.

Asch의 실험을 인터넷과 유사한 환경에서 재현한 Smilowitz와 동료들의 연구(1988)를 보면 5명의 피험자들은 집단의견에 전혀 동조하지 않는 것은 아니지만 그 정도는 낮아진다는 것을 제시하고 있다. 즉 사이버집단의 경우 동조율이 낮다는 것이다. 그러나 Rosander와 Eriksson(2012)은 작업의 기준이 모호한 인터넷상황에서 사람들은 다른 사람들의 판단에 의존하는 정보적 영향을 지지하는 결과를 제시했다. 보다 최근에 Perfumi와 동료들(2019)은 온라인에서 규범적 영향은 작았지만 정보적 영향은 어느 정도 존재한다는 결과를 제시했다.

4) 사회정체성이론에서의 집단동조

사회정체성이론(social identity theory)(Tajfel, 1981)의 시각에서는 익명의 컴퓨터 매개 의사소통 상황에서 오히려 집단규범에 동조하게 되는 경향이 높다는 주장이 제기되기도 하였다. 사회정체성이론에 따르면 사람들이 어떤 집단에 소속하게 되면 개인의 정체성은 다소 약해지고 집단의 구성원으로서의 정체성이 형성되게 된다. 그런데 집단이 사이버공간과 같은 익명의 상황에 있게 되면 집단의 구성원이라는 사회정체성은 높게 나타나며 집단의 규범에 동조하는 경향이 높다.

통상 익명성 연구에서 보듯이 컴퓨터 매개 의사소통은 몰개성화(deindividuation)를 촉진하므로 반규범적 행동을 야기할 수 있다고 주장되어 왔다. Le Bon의 군중행동에 관한 연구에서 보듯이 개인은 흥분한 군중 속에 파묻히는 경우 자신이 드러나지 않음으로 과격한 행동을 할 수 있다. 익명의 상황에서는 자기인식의 감소로 남의 눈을 의식(공적 자기인식)하지 않게 될 뿐만 아니라 자신이 평소에 해서는 안 된다고 생각하는 내적 금기(사적 자기인식)에서도 벗어나 자기절제를 하지 못하고 무책임하고 반규범적 행동을 할 가능성이 높다는 것이다(Kiesler et al., 1984). 즉 익명의 상황은 개인적 정체성을 상실하고, 탈억제하게 만들며, 자기인식의 감소를 가져와 규범을 어기게 하는 등의 행동을 유발할 수 있다고 하였다. 이러한 관점에서 보면 사이버공간에서 익명의 상황에서는 몰개성화로 인해 집단규범에의 동조율이 낮다고 볼 수 있다.

그런데 사회정체성이론의 논의에 따르면 익명의 상황에서 특정한 집단에 소속되어 있는 경우 개인으로서의 정체성은 약화되지만 오히려 집단성원으로서의 정체성이 강화되어, 반규범적이기보다는 집단의 규범을 따르게 되며, 따라서 집단동조의 가능성이 높다는 주장을 한다.

그렇지만 개인정체성이 높은 사람의 경우는 익명의 상황에서라도 집단규범에 동조하는 것은 아니고, 그 대신 익명의 상황에서 그리고 집단정체성이 자신의 정체성에서 중요하다고 생각하는 성원이 집단규범에 동조한다고 주장된다(Spears et al., 1990, 2002). 즉 익명의 상황이 중요한 게 아니라 그 성원이 개인정체성이 강한지 아니면 집단정체성이 강한지가 중요하며, 집단정체성이 높을 때 집단에 동조한다고 봄으로써 사회정체성의 존재의 중요성을 강조했다.

더욱이 사회정체성이론에서는 집단 간 상황을 고려하여 내집단(ingroup)과 외집단(outproup)의 존재를 강조했는데, 집단성원은 자신의 집단인 내집단과 구별하여 다른 집단을 외집단으로 보면서 자신이 속한 집단을 더 좋아하게 되는 반면 외집단에 대해서는 부정적인 인식을 갖게 된다고 주장했다. 한국인으로서의 정체성이 강하면 일본인에 대해서는 부정적 인식을 갖는 것과 같이 남녀 간이나 종교집단, 서로 다른 정당에서도 내외집단의 구분이 생기게 되는데, 이처럼 상대 외집단이 존재하면서 내외집단의 구분이 확실한 경우 집단정체성은 더욱 높게 나타나면서 자신의 집단에의 동조 가능성은 더욱 높다고 볼 수 있다(Postmes et al., 2002).

사이버집단에서는 동조에 있어서 다소 시간이 더 걸릴 뿐 어느 정도 시간이 지나고 서로 친밀한 관계가 형성되며, 집단의 정체성이 높아지게 되면 동조의 가능성은 높아질 수 있을 것이다. Perfumi와 동료들(2019)은 온라인에서 규범적 영향은 작았을 때 그것은 익명의 그리고 사회정체성이 낮을 때였다는 것을 제시했다.

3. 집단사고

1) 집단사고란?

집단사고(group think)란 집단성원들 간에 만장일치의 분위기가 팽배하여 그러한 동조의 압력 때문에 다른 대안을 충분히 고려하지 못하고 결정을 내리는 일종의 잘못된 의사결정이라고 정의할 수 있다. 1961년 케네디정부는 미국을 괴롭히는 쿠바를 전복시킬 계획을 세웠다. 소위 피그만 침공사건이라고 불리는 이 작전은 쿠바를 침공할 경우 여러 지형이나 문제점들이 있었는데도 그러한 점들을 고려하지 못하고 집단회의를 통해 침공을 결정했고, 결국 참패로 끝났다. 이처럼 집단이 어처구니없는 결정을 내리는 경우가 흔한데, 미국의 베트남전, 그리고 이라크전이 그러한 예이다. Janis(1972)는 이처럼 충분한 논의 없이 잘못된 의사결정을 내리는 현상을 집단사고라고 하였다.

2) 집단사고의 이유

그렇다면 어떤 조건에서 집단사고가 일어나는가? 첫째는 집단응집력이 높을 때, 둘째는 외부로부터의 의견이나 비판이 배제되었을 경우, 셋째 권위적 리더가 존재하는 경우, 넷째, 대안을 제시하고 평가할 수 있는 체계적 절차가 없을 때, 다섯째, 그 집단이 높은 스트레스에 처한 상황일 때이다.

예를 들어 대통령의 권위가 지나치게 강한 경우 대통령이 지시한 사항이 잘못되고 뭔가 신중히 검토해야 될 사항이라는 것을 알면서도 염려 때문에 서로 눈치 보는 등의 충분한 비판과 토론이 없게 된다. 더욱이 그 집단이 내부적으로 응집력이 높고 외부의 종교 인사나 다른 정당지도자의 의견도 차단된 채 국가위기에 처한 경우 잘못된 결정을 내릴 수 있다.

3) 집단사고의 방지

그동안의 연구에서는 집단사고를 어떻게 하면 방지할 수 있을지에 관심을 기울여 왔다(Jessup et al., 1990; Kroon et al., 1991; Miranda, 1994). 집단사고를 방지하기 위해서는 집단의 리더가 가급적 자기 자신의 의견을 먼저 제시하는 것을 삼가해야 한다. 또한 외부 전문가로부터의 비판의 통로를 열어 놓고 그 의견에 귀 기울이며, 내부적으로는 성원들의 의견이 자유롭게 제시될 수 있는 여건을 만들어야 한다. 또한 의사결정 시 그 결과로 초래될 위험이나 다른 대안들을 충분히 검토하는 노력이 필요하다. 집단을 하위집단으로 나눠 각각 토론하게 하여 의견을 모으고 조정하는 방법도 좋은 방법의 하나이다. 개인의 다양한 개성이나 의견보다 집단을 중시하는 우리나라 문화에서는 특히 집단사고의 위험이 항시 있다고 보아야 할 것이다.

4) 사이버공간에서의 집단사고

사이버공간에서는 집단사고의 위험이 있는가? 물론 일부 게임길드나 연예인 팬클럽 등 집단의 특성에 따라 다르겠지만 전체적으로 볼 때 사이버공간에서는 집단동조의 압력이 적다는 점에서 집단사고의 경향도 낮을 수 있다. 익명성은 집단동조 압력을 줄이는 주요 요인이라고 하듯이 사이버공간에서는 집단동조와 집단사고의 가능성이 낮다고 볼 수 있다. 사이버공간에서는 자신의 의견을 자유롭고 솔직하게 제시할 수 있기에 만장일치의 동조의 압력이 없다. 또 사이버집단은 일반적으로 응집력이 높다고 볼 수 없으며, 권위적 리더가 있는 경우도 있지만 대체로 수평의 관계에서 권위적 리더가 존재하지도 않고, 서로 동등한 입장에서 개인의견을 자유롭게 제시할 수 있다. 이러한 점에서 동조압력으로 집단 전체가 아무 의견도 제시하지 못하고 잘못된 결정을 내릴 가능성은 낮다고 보아야 할 것이다.

하지만 Tsikerdekis(2013)의 실험연구에서는 온라인 커뮤니티에서 실제 익명의 상황이나 주관적 익명성 모두 집단동조나 집단사고에 영향을 주지는 못했다는 결과를 제시했듯이 사이버공간이 익명의 공간이라고 해서 집단동조나 집단사고가 낮다고 볼 수는 없다. 사이버 집단에서도 응집력이 높고 권위적 리더가 존재하며 의견이 자유롭지 못한 집단에서는 집단사고의 경향이 높다. 그 집단이 현실 모임으로 이어지는 경우는 상대적으로 더 응집력이 높아 집단사고 가능성은 더 높다고 할 수 있을 것이다.

더구나 이 또한 앞서 집단동조에서의 논의에서처럼 개인 혹은 집단성원이 집단정체성을 얼마나 갖고 있는가에 따라 달라질 수 있다. 집단정체성 수준이 낮을 때에는 집단동조의 압력을 덜 받지만 집단정체성의 수준이 높을 때에는 개인의 의견보다는 집단규범에 따르는 경향이 높다고 볼 수 있기 때문에 집단사고의 가능성도 높다고 볼 수 있다. 무엇보다 상대 외집단이 존재하는 경우 집단정체성의 증가로 그 가능성은 더욱 높을 것이다.

4. 집단극화

1) 집단극화란?

Stoner(1961)에 따르면 사람들은 혼자서 결정을 내리는 경우보다 집단에서 일정 토의를 거쳐 결정하는 경우 다소 모험적인 결정을 하게 된다고 주장하는데, 이를 모험적 이행이라 하였다. 집단에서 토의를 거친 후의 결정은 모험적으로 이행되기도 하지만 오히려 극도로 신중하고 보수적 방향으로 결정이 내려지는 경우도 있는데, 이를 보수적 이행이라고 한다. 따라서 집단 의사결정은 이처럼 모험 또는 보수의 극단으로 흐르는 경향이 있는데, Moscovich와 Zavalloni(1969)는 모험적 이행과 보수적 이행 모두를 포함하는 현상을 집단극화(group polarization)라 명명했다.

예를 들어 보수적 정당이 일정 이슈에 대해 토의를 하는 경우 5명의 구성원 개개인이 토의 전에 1점(매우 보수적 경향)부터 10점(매우 진보적 경향)까지의 태도점수에서 각각 1점, 3점, 4점, 3점, 5점의 다소 보수적 태도 경향을 가졌다고 하자. 이때 집단토의가 끝나면 전체적인 의사결정의 점수가 1.5점으로 매우 보수적인 극단점에 치우치는 결정이 내려질 수 있다는 것이다. McCauley와 Siegel(1987)은 테러리스트 집단에 대한 연구를 했는데, 처음에는 극단의 주장이 없었음에도 불구하고 나중에 시간이 지남에 따라 테러라는 극단적인 의사결정을 내리게 된다는 것을 제시했다.

2) 집단극화의 이유

집단극화가 일어나는 이유는 무엇 때문인가. 첫째, 사회비교이론(social comparison theory)에 따르면 사람들은 타인과 비교하는 경향이 있는데 비교를 통해 자기 자신을 지각함과 동시에 타인으로부터 인정을 받으려 한다. 그런데 집단토의 과정 중에서는 자신이 주장을 제기하면 또 상대가 의견을 제시하고 그 의견을 듣고 자신의 의견이 상대보다 못하다는 생각이 들 때 상대보다 더 좋은 의견을 제시하려고 좀 더 극단적으로 의견을 제시하게 된다. 결국 그러한 과정 후에는 집단결정이 극단적으로 치우칠 수 있다는 주장이다.

둘째, 설득주장이론(persuasive argumentation theory)에 따르면 새롭고 흥미로운 정보나 의견의 영향 때문이라는 것이다. 집단토의가 시작되면 토의 전에는 미처 생각지 못했던 새롭고 다양하며 그럴듯한 의견이 제시되면서 구성원들은 그러한 의견에 솔깃하게 된다. 그러한 과정에서 자신도 애초에 그러한 생각은 조금 있었지만 다소 불확실했던 경우 새로운 의견들이 제시되면서 확신하게 된다. 이와 함께 여러 주장들 중에서도 특히 극단의 의견에 더 설득당하기 때문에 결과적으로는 집단결정이 양극의 하나로 정해진다는 것이다.

셋째 사회정체성이론(social identity theory) 논의에 따르면 집단극화를 집단규범에의 동조 현상과 관련하여 설명한다. 개인이 집단의 한 구성원이라는 사회정체성 수준이 높아 자신을 집단구성원으로 동일시하게 되면 집단규범에 의해 영향을 받고 이에 따라 행동하게 된다. 이때 내집단과 외집단의 구분에서 보면 내집단규범은 내집단구성원 간의 의견차를 극소화하는 반면 외집단과는 그 차이를 극대화하게 되는데, 이러한 과정에서 내집단의 의견들이 점차 극단적인 방향으로 나타나게 된다는 것이다. 정치적 경향이 다른 두 정당이 시간이 지날수록 화합하지 못하고 더 그 견해가 벌어지는 것이 집단극화 현상의 대표적 예에 해당된다.

3) 사이버공간에서의 집단극화

사이버공간에서는 자신의 견해를 솔직히 말하는 경향이 높다. 누군가가 그런 견해를 자신 있게 내놓으면 불확실했던 사람들이 자신감을 갖고 자신의 유사한 의견을 내놓기 시작한다. 이 과정에서 보다 극단적인 주장도 나오게 되고 서로 설득되면서 집단 전체가 극단적으로 치우칠 가능성이 높다. 사이버공간에서는 좀 더 자신을 돋보이기 위해 처음부터 중도적인 발언은 거의 하지 않고 극단적인 발언을 할 가능성이 높다. 이러한 주장은 다른 성원으로부터 지지되면서 비슷한 성향의 사람들이 의견을 모으게 되고, 그 과정에서 집단의사결정은 극단적이게 된다. Yardi와 Boyd의 연구(2010)에서는 트위터상에서의 낙태와 관련된 논쟁과정에서 낙태 찬성집단과 반대집단 각각이 서로 자신들과 같은 입장에 있는 사람들과 토론 이후 서로 극단화된 태도를 나타내고 있음을 제시했다. 이처럼 온라인 상황에서 집단극화 가능성은 더 높다.

Chen(2013)은 사회비교이론과 설득주장이론을 통해 온라인에서의 집단극화를 설명함에 있어 온라인상의 주식 게시판에 게재된 글과 그에 대한 답변이 달리는 과정을 그룹수준의 토론으로 설정하고 참여자들의 의견이 어떻게 나타나는가를 관찰하였다. 사회비교이론에 따르면 참여자의 수가 클수록 다수가 참여하고 다양한 의견이 제시될 가능성이 상대적으로 높고 자신의 의견과 비교할 수 있는 다른 의견의 존재수가 많아 집단극화가 더 나타날 것이라고 예측했는데 대체로 집단극화가 높은 것으로 나타났다. 반면 설득주장이론과 관련해서는 집단극화는 토론의 규모가 중요하고 이는 규모가 작은 집단에서 더 일어날 것이라고 보았는데 참여자의 수가 많은 집단에서는 새롭고 그럴듯한 의견의 영향력이 다른 의견들의 영향력으로 인해 줄어들기 때문이다. 이 연구에서는 설득주장이론이 더 지지되었는데 온라인에서의 설득과 주장은 참여자의 규모보다는 핵심적인 주장이 얼마나 영향을 미칠 수 있는가가 중요하다고 설명한다.

또한 사회정체성이론의 논의에서와 같이 구성원들이 집단정체성 경향이 높고 상대 집단이 존재하는 경우에 극화현상이 더 높다(Spears et al., 1990; Lea and Spears, 1991; Postmes et al., 2001; 이은주, 2008). 몰개성화의 사회정체성이론(SIDE)에 따르면 익명상황에서 탈개인화되면 개인의 속성이 약해지고 집단정체성을 통해 자기정체성을 확립하려는 경향이 있고, 내집단에는 긍정적으로, 외집단에는 배타적 인식을 갖게 됨으로 집단극화가 일어난다고 보았다. Lee의 연구(2007)에서는 익명의 상황에서 탈개인화로 인해 집단극화가 더 일어나는지를 알기 위해 실험참가자가 자신이 속한 집단구성원들의 정보를 알지 못하는 경우와 정보를 아는 경우의 두 가지 상황을 설정하여 집단극화의 정도를 비교하였다. 그 연구결과에서는 집단구성원들의 정보가 부재한 익명의 경우에서 그렇지 않은 경우에 비해 더 높은 정도의 집단정체성을 갖는 것으로 나타났으며 집단정체성이 높은 경우에서 집단극화가 더 높은 것을 제시했다. 이 연구에서는 집단정체성이 높아지면 집단 내 다른 성원의 의견의 질을 높다고 인식하고 더 설득당하게 됨으로써, 그리고 사적 자기인식보다는 공적 자기인식이 높아지게 됨으로써 더 집단극화가 일어난다는 것을 제시했다.

5. 집단정체성과 갈등

1) 로버즈 케이브 실험

미국 오클라호마 로버즈 케이브 지역의 아이들에 대한 실험연구에서 Sherif는 아이들을 두 집단으로 나누어 그중 하나에 각각 속하게 하였다. 아이들은 자신들 이외에 다른 집단이 있는지 모르는 상태에서 각자 집단정체성과 결속력을 형성시켜 나갔다. 얼마 후 상대 집단이 있는 것을 알게 되고 서로 야구시합과 같은 경쟁관계에 있게 되면서 '우리'와 '그들'의 구분이 나타났고, 집단 간 갈등이 높아지기 시작했다. 심지어 서로의 캠프를 습격하는 일까지 일어났다. 서로의 갈등을 줄이기 위해 같이 식사를 하고 영화를 보게 하는 등 노력을 했지만 소용이 없었다. 결국 하나의 집단만으로는 해결할 수 없는 공통의 목표를 만들었고, 함께 트럭을 끄는 일 등을 시도한 후에야 집단 간 갈등이 줄어들기 시작했다. 이처럼 집단 간 갈등의 문제는 사회심리학의 주요 주제 중 하나로 다루어져 왔다.

2) 집단 간 갈등

인종 간, 정당 간 갈등은 왜 발생하는가? 이러한 질문에 대한 답은 사회정체성이론(Tajfel, 1981)을 통해서 설명할 수 있다. 이 이론은 집단 간 갈등을 자신이 속한 집단구성원으로서의 정체성이 작용하기 때문이라고 본다. 개인정체성을 갖는 경우 사람들은 자신을 다른 사람과 구분하지만 집단의 구성원으로서의 사회정체성을 갖게 되면 자신의 집단을 내집단으로, 그리고 자신을 내집단의 성원으로 보는 반면 그 외 다른 집단은 외집단으로 구분하게 되는 경향이 있다. 내집단과 외집단의 '우리' 그리고 '그들'의 구분이 이루어지면 앞서 대인지각의 범주화에서 언급했던 것처럼 외집단을 어떤 범주의 집단으로 놓음으로써 단순하게 지각하게 된다. 범주화는 인지적 절약의 이유에서 생기는데, 상대를 개인 그대로 보기보다는 여자, 흑인, 어떤 정당의 사람 등으로 구분하고 그 집단을 일정 고정관념을 갖고 단순하게 바라본다.

Turner와 동료들(1987)의 자기범주화이론(self-categorization theory)에서도 사람들은 자신이 속한 집단의 가장 전형적인 사람과 자신의 차이는 극소화시키면서 동시에 자신의 내집단과 외집단 간의 차이는 극대화하여 범주화한다고 보았다. 이처럼 내집단과 외집단의 구분이 이루어지면 흔히 내집단에 대해서는 호의감을 가지고 편애하는 경향이 있는 반면, 외집단에 대해서는 그 성원들이 모두 동질적일 것이라는 편향적인 생각을 하게 된다.

사람들은 자신이 속한 집단에 대한 높은 평가를 통해 자존심을 유지하고 높이는 특성을 가진다. 다른 집단과 비교하여 자신이 속한 집단을 평가했을 때 자신의 집단에 대한 평가가 낮으면 자존심이 손상된다. 이때 자신이 속한 집단을 높게 평가하고 집단정체성을 높이는 방안의 하나가 상대 집단을 다소 부정적으로 보고 고정관념과 편견을 갖는 것인데, 집단 간 갈등은 바로 이러한 이유에서 비롯된다.

집단 간 갈등을 해소하기 위해서는 서로 자주 접촉하는 것이 좋은 방법이 된다. 예를 들어 전라도와 경상도 사람들이 서로 자주 접촉하고 교류하는 것이 지역갈등을 해소할 수 있는 좋은 방안이라는 것이다. 또한 갈등을 해결하기 위해서는 서로의 접촉도 중요하지만 집단갈등이 사회범주화에서 기인하기 때문에 인지적 변화가 필요하다는 주장도 있다. 즉 갈등관계에 있는 집단을 내집단과 함께 하나의 집단으로 묶는 재범주화나 외집단성원을 집단성원이 아닌 개인으로 보려는 탈범주화 등의 노력이 이에 해당된다.

3) 사이버공간에서의 집단 간 갈등

사이버공간에서 집단갈등이나 고정관념 등은 어떠한가? 사이버공간에서는 상대가 성, 연령, 지위 등에서 어떤 집단에 속하는지 단서가 보이지 않으며 서로 수평적 공간에서 동일하고 유사한 지위를 갖는다는 의식 때문에 집단 간 갈등이나 편견의 소지가 낮다고 예측할 수 있다. 그러나 사이버공간에서는 자신과 취미나 관심사가 같은 사람들끼리 모이고 그들과의 상호작용에 치중하며, 따라서 외부집단의 구성원들과의 상호작용이 적거나 관심과 시각의 차이로 대립이 있게 되는 경우 집단갈등의 소지는 높은 편에 속한다. 사회정체성이론의 논의대로 익명의 사이버공간에서 자신이 속한 집단정체성이 강화되고, 더구나 상대 집단이 존재하여 자신의 집단정체성이 활성화되는 경우 내집단과 외집단의 구분은 더 커지면서 집단 간 갈등은 더 증폭될 가능성이 높다. 사이버공간에서 펼쳐지는 연예인 팬들 간의 집단적인 감정적 대립은 대표적인 예이다. 실제로 김미희와 동료들의 연구(2005)에서는 사이버공간상의 내, 외집단 구분이 발생하고 내집단을 편애하고, 외집단에 대해서는 호의적이지 않게 된다는 결과를 제시했다. 더욱이 사이버공간에서의 인간관계에 대하여 언급한 입장에 따르면 컴퓨터 매개 의사소통의 익명성, 즉각성, 비개인성, 탈억제의 가능성 때문에 상대 집단에 대한 편견 등의 발언이 여과없이 표출될 가능성이 매우 높고 갈등은 더 증폭될 수 있다고 한다.

제 10 장

집합행동

제 10 장 집합행동

1. 집합행동의 정의

집합행동(collective behavior)은 둘 이상의 사람들 혹은 집단의 행동을 일컫는다. 집합행동은 통상 갑작스러운 군중들의 소요나 대중 히스테리, 유행, 유언비어와 같이 예측되지 않은 행동을 의미하는 경우가 많다(Locher, 2002). 집단이나 조직에서의 행동은 규범을 따르는 행동이지만, 집합행동은 규범과는 무관한, 그리고 심지어 지배적인 기존 규범을 어기거나 갈등관계적인 행동으로 평가되기도 한다. 이처럼 집합행동은 상대적으로 일시적이고 사람과 사람 사이에 빠르게 전달되며 구조화되지 않은 상황에서의 집단적 행동으로 특징되어 왔다.

그러나 집합행동은 앞서 언급한 의미보다는 조직화된 집합행동인 사회운동을 포함하는 개념으로 사용되기도 하며, 그러한 점에서 통상 집합행위(collective action)로 일컫는 경우가 많다. 사회운동은 사회변동을 일으키거나 저항할 목적으로 조직화된 행위로 지속적이고 대규모적으로 행하는 집단행위를 말한다. 따라서 집합행동과 집합행위의 개념을 명확히 구분하기 위해 전통적 의미의 집합행동은 군집행동으로 번역하기도 한다. 이처럼 집합행동은 좁은 의미로서는 전통적 의미의 집합행동의 의미로 사용되지만, 통상적으로는 그보다는 집합행위처럼 군집행동과 사회운동을 모두 포괄하는 개념으로 사용한다. 이와 같이 집합행동이란 집합적 목적으로 개인 혹은 집단에 의해서 수행되는 행동으로 정의할 수 있다(Brunsting and Postmes, 2002).

사이버공간에서의 집합행동도 군집행동과 사회운동을 포함하는 개념으로 사용된다. 그러나 특히 사이버공간에서의 집합행동을 논할 때는 군집행동으로서 집합행동보다는 사회운동으로서 집합행동이 더 많이 논의되고 있다. 하지만 여기서는 포괄적으로 다루기로 한다. 다음에는 기존의 집합행동의 주요 이론들, 그리고 사회운동이론을 간략히 소개하고, 사이버공간에서의 집합행동의 특징은 무엇인지 논의해 보기로 한다.

2. 집합행동의 주요 이론들

1) 초기의 집합행동 이론

(1) 전염이론

Le Bon은 1895년 〈군중의 심리학〉에서 군중행동에 관한 이론으로 전염이론(contagion theory)을 제시했다. 그는 그 시대 19세기 중반에 있었던 집합행동에서 폭력적이고도 비이성적이고 통제되지 않는 행동을 목격했는데, 그 이론에서는 군중행동을 군중 속의 '집합정신(collective mind)'이 개인을 압도하여 개인들이 어떤 암시에 휩쓸리면서 전염되어 개인의 책임감을 상실하게 되어 나타나는 행동으로 보았다. 즉 그의 이론에서는 집합행동을 군중에 휩쓸리면서 일어나는 공격적이고 폭력적인, 비이성적인 형태로 본 점에 특징이 있다.

(2) 수렴이론

수렴이론(convergence theory)(McPhail, 1991)에 의하면 전염이론과는 달리 집합행동에서 개인들이 개인성을 상실하는 것이 아니라 그 군중들이 집합행동 이전에 가졌던 태도나 감정, 성향 면에서 유사한 속성이 있었고 그것들이 일정 사건을 중심으로 수렴하여 집합행동으로 나타나는 것이라고 보았다. 즉 집합정신은 전염의 결과로서 나타나고 출현하는 것이 아니라 그것이 이미 개인에게 있었고 그러한 유사한 사람들의 속성이 수렴하여 표현되는 것이라고 주장하는 것이다.

(3) 규범형성이론

규범형성이론(emergent norm theory)(Turner and Killian, 1972)에서는 집합행동을 전염성이 있는 비합리적 행동으로 보지 않고, 또한 군중에 참여하는 사람들이 태도나 성향 면에서 유사할 필요도 없다고 보았다. 상징적 상호작용이론에 기초하고 있는 규범행동이론은 어떤 행동의 기준이나 규범이 없는 애매한 상황 속에서 어느 누군가가 행동을 시작하고, 다른 사람이 그것을 지지하는 군중들의 상호작용 과정에서 새로운 규범을 만들어내고 이러한 규범에 따르게 되면서 집합행동이 일어나는 것이라고 보았다.

(4) 부가가치이론

Smelser(1963)의 부가가치이론(value-added theory)에 따르면 집합행동은 여섯 단계에 걸쳐 진행된다고 보았는데, 구조적 여건, 구조적 긴장, 일반화된 신념, 촉발요인, 행동을 위한 참여자의 동원, 그리고 사회통제가 그것이다. 즉 집합행동이 일어나기 위해서는 가능한 사회구조적 여건 속에서 구성원들이 긴장을 경험하고, 그것을 해결되어야 할 문제로 함께 인식하는 가운데, 어떤 사건을 계기로 함께 모이게 되고, 경찰이나 행정당국이 그것을 통제하려는 과정에서 행동들이 제약되거나 촉진되어 집합행동으로 나타나는 것이라 보았다. 부가가치이론은 이전의 이론과 달리 집합행동을 유발하는 사회적 요인에 주목한 점에 특징이 있다고 할 수 있다.

2) 사회운동이론

(1) 상대적 박탈감이론

상대적 박탈감이론(relative deprivation theory)(Davies, 1962)에서는 좋은 삶을 기대하는 사람들이 현실에서 그렇지 못할 때 상대적 박탈감과 좌절감을 경험하게 되고, 이것이 사회운동의 원인이 된다고 보았다. 상대적 박탈감은 부가가치이론에서 집합행동의 원인으로 언급되었던 구조적 긴장의 요소와 매우 유사한 것이라 할 수 있는데, 상대적 박탈감이론은 사회운동의 촉발요인에 관심을 둔 대표적 이론이라 하겠다.

(2) 자원동원이론

자원동원이론(resource mobilization theory)(McCarthy and Zald, 1977)에 따르면 사회운동은 긴장이나 상대적 박탈감 같은 발생요인만 갖춘다고 일어나는 것이 아니다. 이 이론은 왜 사회운동이 일어나는가보다는 그것이 어떻게 진행되고 전개되는가에 관심을 가졌는데 사회운동의 성패는 자원에 달려 있다고 본다. 즉 사회운동이 일어나기 위해서는 참여자와 리더, 조직, 그리고 물리적 여건과 여러 자원들이 효율적으로 동원되어야 한다는 것을 강조한다. 자원의 동원은 체계적으로 조직화되어 있고, 리더가 있으며, 의사결정상에도 서열화되어 있는 공식적 조직일 때 가능하며 체계적인 조직하에 충분한 자원이 동원될 수 있는 조직 여건에서 사회운동에의 참여가 쉽게 이루어진다고 주장한다.

(3) 사회연결망이론

사회연결망이론(social network theory)(McAdam, 1986; Kladermans, 1988)은 조직 내 성원들의 연결망에 주목하여 성원 간의 접촉빈도나 유대, 결속력이 높을수록 집합행동의 가능성이 높다고 본다. 자원동원이론이 조직의 외적 측면에 주목했다면 사회연결망이론은 성원들 간의 내적 요건에 주목했다고 볼 수 있는데, 성원들이 집합행동에 참여하는 것은 성원들 간의 연결망과 의사소통체계, 결속력이 높을 때 집합협력의 결과로 공동의 이익이 창출될 것이라고 성원들이 믿기 때문이라고 주장한다.

(4) 사회구성이론

사회구성이론(social construction theory)(Melucci, 1989)은 조직체의 외적 조건보다 구성원들에 의해 인식되고 공유되는 어떠한 의미와 상징적 국면이 중요하다는 것을 강조한다. 즉 집합노력의 필요성이 구성원들에 의해 인식되고 사회적으로 구성된 후에야 집합행동으로 이어질 수 있다고 본다. 신사회운동이라 불리는 이 관점은 성원들에 의해 공유되는 집합적 정체성이야말로 집합행동에 있어 가장 중요한 요소라 본다. 즉 서로 간의 의사소통과 상호작용을 통해 일정 성원으로서의 집합적 정체성이 형성되면 이 공유된 집합적 정체성은 어떠한 동기유인 없이도 집합협력을 가능하게 하는 중요한 요인이 된다고 본다. 이 입장에서는 사회운동이 공식적 조직보다는 자율적인 비공식적 협력을 통해 가능하다고 본다. 즉 조직이 갖추어져 있지 않더라도 의미의 네트워크를 통해 사회운동이 가능하다고 보았다.

3. 사이버공간에서의 집합행동

1) 주요 유형

사이버공간의 등장으로 집합행동은 온라인상에서도 등장하게 되었다. 사이버공간에서의 온라인 집합행동의 대표적 사례를 꼽는다면 안티닉스운동을 제시할 수 있다. 1999년도 닉스회사는 3억 원 상당의 도메인 공고를 실시하였는데, 그 결과 닉스 측은 35만여 개의 출품작 중 www.ifree.com이 당선작으로 선정되었다고 발표했다. 그러나 이 당선작은 네티즌에 의해 출품된 것이 아니라 한 인터넷회사가 소유했던 것으로, 이 공모는 단지 인터넷회원을 끌어들이기 위한 것이었다는 조작의혹이 한 응모자에 의해 제기되었다. 이 응모자는 반닉스회사운동을 전개하기 위해 인터넷사이트를 개설하였고 네티즌의 동참을 호소하였는데, 네티즌의 반응은 엄청났다. 결국 닉스 측은 사과를 하면서 상금액도 북한 어린이돕기 성금으로 사용키로 결정하였다. 이 예에서 보듯이 인터넷은 사회운동의 주요 거점으로 사용되기 시작했다.

사이버공간에서의 집합행동에는 인터넷을 통해 퍼지는 검증되지 않은 유언비어에서부터 특정 인물이나 쟁점에 대해 논의의 방향을 한 쪽으로 몰아가는 여론몰이, 거기에 폭력성이 가미된 사이버린치, 기업의 부당행위나 제품에 항의하는 소비자 안티사이트 운동, 그리고 일본의 역사교과서 왜곡에 항의하는 네티즌들의 항의 운동이나 미국 소고기 수입에 항의하는 네티즌들의 댓글 달기와 같은 사이버시위와 같이 여러 형태가 있다. 사이버공간의 집합행동은 오프라인 집합행동으로까지 이어지기도 하는데, 국내에서는 미군 장갑차에 의한 여중생 사망사건과 미국 소고기 수입에 대한 항의가 촛불시위로까지 이어진 경우가 그 예이며(김경미, 2005; 장우영, 2010), 외국의 경우 페이스북이나 트위터와 같은 SNS는 아랍의 봄을 이끄는 데 중요한 역할을 한 바 있다.

사이버공간에서의 집합행동은 어떠한 유형들이 있으며 어떻게 분류될 수 있는가? 사이버공간에서의 집합행동은 가장 기본적으로는 그 발생장소와 기반이 온라인에 있는지, 아니면 오프라인에 기반하고 있는지로 나눌 수 있다. 즉 오프라인에 기반하면서 사이버공간을 도구로 사용하는 집합행동이 있는가 하면, 사이버공간상에서만 일어나는 온라인 기반의 집합행동이 있다. 이에 가까운 분류로는 McCaughey와 Ayers(2003)가 사이버공간의 집합행동을 인식/주장, 조직/동원, 행동/반응의 세 가지로 분류한 것이 있다. 인식/주장의 집합행동은 특정 이슈에 대한 정확한 정보전달을 목적으로 기존 언론에서 보도되지 않거나 축소, 왜곡된 것을 대중에게 알리는 것을 목적으로 하는 것이고, 조직/동원의 집합행동은 오프라인에서 진행되어 왔던 것을 온라인을 통해 보다 효율적이고 조직적으로 실천하는 것으로 우리나라에서 촛불시위처럼 오프라인에서의 대중들의 참여를 촉구하는 운동을 말한다. 행동/반응의 집합행동은 오프라인과는 상관없이 순수히 온라인상에서만 진행되는 것으로 일본총리의 신사참배에 대한 온라인시위나 웹서버를 공격하는 행위가 그 예에 해당된다.

Postmes와 Brunsting(2002)은 집합행동을 두 가지 축, 즉 한 축은 그것이 개인적-집합적인지, 또 다른 축은 전략이 설득적-표면적인지를 중심으로 네 유형으로 분류하였는데, 개인적-설득적인 행동으로는 편지 보내기, 개인적-표면적인 것으로는 사보타지, 집합적-설득적인 행동에는 탄원서 작성, 집합적-표면적인 행동으로는 파업 등이 있다고 하였다.

조동기와 동료들(2001)은 사이버공간에서의 집합행동을 조직화의 정도와 지속성에 따라 군집행동과 사회운동으로 나누고 또 그것이 단순히 주장으로 전달되는지와 실천적 행위로 이어지는지에 따라 표출적인지, 활동적인지로 구분하여 두 축을 중심으로 유형을 분류했다. 예컨대 표출적 군집행동으로 유언비어가 있고, 활동적 군집행동으로는 사이버린치가 있으며, 표출적 사회운동으로 안티사이트를 통한 집합행동이 있고, 활동적 사회운동으로 온라인시위가 있다고 했다.

사이버공간에서의 집합행동은 단순한 표출적 의사전달에 그치지 않고 실천적 행위로 이어지는 활동적 집합행동의 수가 많다는 점에서 황지연(2004)은 표출적 행동을 제외하고 활동적 행동에 초점을 두고, 그것이 온라인에서만 주로 일어나는지 아니면 오프라인 현실로까지 전개되는지로 구분하기도 하였다. 즉 사이버공간에서의 집합행동을 군집행동과 사회운동으로 나누고, 또 다른 축으로는 그것이 온라인에서 일어나는지, 오프라인 현실로까지 이어지는지로 나누어 그 유형들을 분류하였다.

민경배(2006)는 사이버사회운동의 유형을 그 운동 주체가 조직의 형태인지 아니면 네트워크형인지의 한 축과 운동의 성격이 지속적인지, 임시적인지의 또 다른 축을 기준으로 하여 크게 네 가지 유형으로 나누었다. 조직에 기반한 지속적 운동(집중형 조직운동)으로는 경실련이나 참여연대의 운동이 있고, 조직에 기반하나 임시적 운동(임시형 조직운동)으로 경기도 일산에서 있었던 러브호텔 저지운동이 있으며, 네트워크에 기반하는 지속적 운동(거점형 네트워크운동)으로 안티조선일보 운동이 있고, 네트워크에 기반하는 임시형(분산형 네트워크운동)으로 앞서 소개한 안티닉스운동이 해당된다고 하였다.

2) 사이버공간에서의 집합행동의 특성

사이버공간에서의 집합행동은 현실의 집합행동과 여러 면에서 비교가 되며, 여러 면에서 집합행동에 이로운 요건과 특성을 갖는다(Postmes and Brunsting, 2002; 김용철, 2008).

(1) 일상주제의 관심사

사이버공간의 사회운동을 주제 면에서 보면, 기존의 사회운동이 사회구조적 계급이념과 투쟁의 성격을 갖는다면 사이버공간의 집합행동은 신사회운동의 성격을 지닌다. 신사회운동은 기존의 계급적 성격의 노동운동보다는 환경, 인권, 여성, 반전 등 이슈가 다양하다. 온라인 사회운동은 더 나아가 일상생활의 삶을 주제로 삼기도 하여 예컨대 청소년들의 두발자유화운동 등이 그 예이다. 사회운동에 참여하는 구성원의 특성을 보더라도 기존의 사회운동은 특정 계급이나 지역 등 사회적 범주에 기초한 참여를 하고, 전문 운동가나 엘리트가 그 운동을 결집하고 이끌어나가는 데 반해, 사이버공간의 사회운동의 구성원은 특정 사회적 범주보다는 공통 이슈를 중심으로 공통 관심사나 신념을 같이하는 사람들로서 일상 관심사를 사회운동의 주제로 삼는다. 심지어 개인의 사적인 문제가 확산되어 사회문제로 이슈화되는 경우도 있다.

(2) 공론화

기존의 오프라인에서의 운동방식이 일정 장소에 모여 물리적 행동을 하는 방식이었다면, 사이버공간의 운동방식은 일정 주제를 중심으로 그 이슈가 공론화되고 그것이 담론의 형태로 진행되는 특성이 있다. 공론화란 어떤 이슈가 자유롭게 제기되고 토론과 비판적 논쟁이 활발히 전개되는 것을 말한다. 사회운동은 누군가에 의해 어떤 문제와 이슈가 제기되고 공론화되어야 하는데, 사이버공간은 그러한 공론의 장을 제공한다. 사이버공간의 수평적, 쌍방향적 특성은 네티즌들의 솔직하고 다양한 주장을 가능하게 하고, 또 서로의 자유로운 의견의 소통과 토론을 가능하게 한다. 이처럼 사이버공간은 각종 현안들에 대한 자유로운 담론을 통해 의사소통을 할 수 있는 공론장이 될 수 있고, 이는 집합행동과 아울러 시민사회의 발달을 촉진하게 한다.

(3) 네트워크성

기존 운동의 결집이 공식적인 조직을 중심으로 이루어졌다면, 사이버공간의 운동은 조직보다는 네트워크 중심으로 이루어진다. 행위자들은 네트워크를 통해 정보의 교환과 의사소통을 하며 어떤 조직성원의 강한 정체성을 형성하기보다는 자율적으로 느슨하게 연결된다. 사이버공간은 분산되어 있던 개인들을 공통된 이슈나 가치를 중심으로 모이게 한다. 즉 인터넷 네트워크를 통한 쌍방향적 의사소통을 통해 공통의 관심과 의미를 창출하고, 의미의 네트워크가 형성된다.

(4) 수평성

기존 운동이 공식조직 중심의 위계적이고 수직적이며 하향식으로 이루어지는 것이라면, 사이버공간의 운동은 수평적이고 탈중심적이며 풀뿌리형으로 아래로부터의 네티즌들의 능동적이고 자발적인 참여에 의해 이루어진다. 사이버공간의 사회운동의 참여방식은 쌍방향적이고 수평적인 의사소통으로 이루어지기 때문에 누구나 동등한 위치에서 토론에 참여할 수 있다. 더군다나 익명성으로 현실에서보다 더 직접적이고도 자유롭고 솔직하게 의견을 표현할 수 있다.

(5) 일시성

기존 사회운동이 지속적이고도 결집된 계급정체성을 띤다면, 사이버공간에서의 사회운동은 특정 이슈를 중심으로 일시적으로 모였다가 해체되는 일시적이고, 유동적인 성격을 갖는다. 일시적으로 군중이 모이는 플래시 몹(flash mob)과 같은 현상은 그 대표적인 예라 할 수 있다.

(6) 자원동원화

자원동원과 관련하여 기존 운동이 물질적·시간적으로 고비용이 든다고 한다면, 사이버공간에서의 사회운동은 시간과 비용 면에서 큰 부담이 없다. 사회운동을 위한 조직의 구성과 운영도 사이버공간에서 더 수월하다. 사이버공간에서는 조직구성에 드는 절차와 시간과 비용이 유리하다. 사이버공간은 잠재적 구성원에게 운동의 목표를 저렴한 비용으로 홍보할 수 있어 사이트에 행동의 일정과 계획, 지침 등을 올리기만 하면 네티즌들의 동원은 손쉽게 이루어진다. 또한 조직원들간의 정보공유와 신속한 전략조정이 가능하다. 사이버공간에서는 공통의 이해를 공유하는 사람이 조직을 손쉽게 구성할 수 있다. 사이버공간에서만의 운동이 아니라 사이버공간이 현실 오프라인에서 사회운동의 도구가 되는 경우를 보더라도 사이버공간은 유용하게 이용된다. 사이버공간은 분명 많은 구성원들을 동원화할 수 있는 유용한 공간이 된다.

(7) 확산성

기존의 운동이 일정 장소에서 모여 이루어지는 것이었다면, 사이버공간에서의 이슈의 제기는 몇 시간 만에 눈덩이처럼 확산되며 전국적으로 일어날 수 있다. 또 그것은 일정 지역과 국가에 머무르지 않고 전 세계적으로 유사한 태도와 관심을 갖는 사람과 조직에까지 확산되어 연계 구축과 발전을 가능하게 한다.

(8) 집합적 정체성

기존 사회운동이 조직에서 구성원으로의 일방향적 소통에 의존하여 소통의 부재와 내부적 결집에 문제가 있을 수 있는 반면 온라인 사회운동은 쌍방향 소통과 참여로 내부적 응집과 유대가 강화되고 집합적 정체성을 형성하여 사회운동을 공고화할 수 있다. 더구나 어떤 이슈를 중심으로 집단 간에 갈등이 이루어지는 경우 사이버공간에서의 몰개성화의 사회정체성이론(SIDE)의 논의에서처럼 온라인 공간에서도 집합적 정체성이 강하게 형성되어, 이는 집합행동의 가능성을 높인다.

3) 사이버공간에서의 집합행동의 원인과 설명

사이버공간에서의 집합행동을 설명하는 원인은 현실에서의 원인과 유사한가? 아니면 다른 특성이 있는가? 여기서는 Brunsting과 Postmes(2002)가 환경운동을 예로 오프라인과 온라인에 각각 적용하여 연구한 결과를 간략히 소개하면서 주요 설명요인들을 비교하기로 하겠다.

이들 연구에서의 주요 설명요인들은 상대적 박탈감이론에서의 '상대적 박탈감', 사회연결망이론과 기대가치이론에서의 '사회구성원의 참여로 결과될 사회운동의 효과(이익)에 대한 기대', 사회구성이론 및 앞서 집단논의에서 다루었던 몰개성화의 사회정체성이론(SIDE)에서의 '사회운동의 한 성원으로서의 집합적 정체성', 그리고 앞서 언급한 이성적 행위이론에서의 '사회운동에 대한 태도'와 '주관적 사회규범', 그리고 그 외 '과거 운동에의 참여' 등이다.

그 대표적 결과를 보면 오프라인 현실운동에서는 사회운동의 결과에 대한 기대가 그 영향력이 가장 컸고 그 다음으로 집합적 정체성, 과거 운동에의 참여, 주관적 사회규범, 태도, 상대적 박탈감 순으로 나타났다. 온라인 사회운동에서도 사회운동의 결과에 대한 기대의 영향력이 가장 컸고, 과거 운동에의 참여, 태도, 주관적 사회규범, 집합적 정체성 순으로 나타났고 상대적 박탈감의 영향력은 유의미하지 않았다.

집합적 정체성의 영향력을 보면 오프라인 현실운동에서는 집합적 정체성이 중요한 설명요인이었고 사이버공간의 온라인 사회운동에서도 유의미한 영향력을 나타냈다. 하지만 집합적 정체성의 영향력은 오프라인에서보다는 사이버공간에서 상대적으로 그 설명력이 약한 것으로 나타났다. 그 결과는 오프라인 현실의 경우 함께 참여하는 사람들과의 집합적 정체성이 중요한 역할을 하지만 사이버공간에서는 자신의 신분을 노출하지 않고 다른 성원과 비대면의 상황에서 자유롭게 참여하고 또 일시적이고 비조직적이기 때문에 집합적 정체성의 영향력은 상대적으로 낮은 것으로 볼 수 있다. 그럼에도 온라인 사회운동도 어떤 이슈를 중심으로 모인 구성원들의 집합적 정체성이 어느 정도 중요한 작용을 한다는 것을 알 수 있다.

한편 온라인 사회운동의 경우 오프라인 현실운동과 비교해 볼 때 사회운동에 대한 태도의 설명력이 강한 것으로 나타났다. 이는 앞서 논의했듯이 온라인상에서는 컴퓨터 앞에 혼자 있기 때문에 외부의 주변 환경으로부터 영향을 받기보다는 자신이 생각한 대로 행동할 가능성이 높으며, 사이버공간에서는 사적 자기인식이 높아짐에 따라 자기의 소신과 태도대로 행동한다는 주장(Joinson, 2003)에서와 같이, 온라인에서는 사회운동에 갖는 평소의 태도와 신념대로 행동할 가능성이 높다고 할 수 있다.

사회운동의 결과에 대한 기대와 주관적 사회규범은 오프라인과 온라인 사회운동에서 그 영향력에 있어 큰 차이를 제시하지는 못했는데, 사회운동의 결과에 대한 기대는 오프라인과 온라인 모두에서 가장 중요한 설명요인으로 나타나 사회연결망이론 및 기대가치이론을 지지하는 결과를 나타냈고, 주관적 사회규범의 영향력도 오프라인과 온라인 모두에서 유의미했고 주요 요인은 아니지만 어느 정도 영향력을 갖는 것으로 제시되었다.

한편 상대적 박탈감은 오프라인에서만 다소 약한 정도로 유의미하게 나타나 온라인 사회운동에서는 중요한 요인이 아님을 제시했다. 이는 오프라인 사회운동은 사회구조적・계급적 성격을 띠기 때문에 상대적 박탈감과 같은 요인이 중요하게 작용할 수 있지만, 온라인에서의 사회운동의 주제는 사뭇 다른 점에서 그 영향력이 낮은 것으로 보인다.

Brunsting과 Postmes(2002)의 결과에서는 온라인 사회운동에서 태도의 영향이 중요한 것으로 제시되었지만 Park과 Yang(2012)의 중국에서의 온라인 환경운동 연구에서는 계획된 행동이론을 적용함에 있어 다소 다른 결과를 제시하기도 했는데 사회운동에 대한 태도는 중요하지 않았고 그 반면 주관적 사회규범의 영향이 매우 큰 것을 제시했다. 그리고 무엇보다도 그 문제를 집합적으로 해결할 수 있다는 행동통제력지각 혹은 집합적 효능감이 중요한 요인임을 제시했다. 기존 연구에서처럼 집합적 정체성은 다소 약한 상태에서 중요하게 작용한 것으로 나타났다. 온라인에서 태도가 미약했고 주관적 사회규범의 영향력이 컸던 것은 이 연구가 집합주의 사회에서 이루어졌기 때문일 수 있다.

한편 온라인공간에서의 사회운동은 오프라인에서의 운동을 촉진, 성공시키는데 중요한 역할을 하기도 한다. 인터넷은 사회성원들의 의사소통의 채널이 되고 네트워크를 구성해 오프라인에서의 사회운동에의 참여를 가능하게 하고 촉진한다(Kahn and Kellner, 2004; Garrett, 2006). 더구나 SNS와 같은 소셜미디어는 더 많은 대중의 참여를 가능하게 하는 등의 역할을 한다는 것이 많은 연구들에서 제시되고 있다(Harlow, 2011; Kim et al., 2014; Wilkins et al., 2019).

국내연구로 이항우(2012)는 미국월가점령운동의 분석에서 페이스북의 SNS가 동원과 효율비용을 낮추고 공론장을 형성했으며 대중매체를 우회하고 네트워크 사회운동의 허브를 담당하였고 무엇보다 사회운동의 핵심인 집합적 정체성을 형성하게 하는 공간으로 작용했음을 제시했다. 또한 장우영(2010)은 2008년 수입쇠고기 반대의 촛불 시위의 사례에서 자원동원 및 사회연결망이론의 논의에서와 같이 온라인 네트워크가 조직화와 대중동원의 장벽을 낮추고 정치참여를 촉진했으며 아고라와 같은 온라인 공론장이 익명의 개인들의 집합적 정체성을 활성화시켜 시위를 촉진했음을 주장했다. 이동환과 동료들(2017)은 SNS를 통한 #그런데 최순실은 이라는 해시태그 기반의 운동이 신사회운동이자 수많은 네티즌들이 참여하는 수동적 네트워크를 통한 운동이라고 주장하면서 이 운동이 공론화를 통해 오프라인 촛불집회의 기폭제가 되었음을 주장했다.

Alberici와 Milesi(2013)는 오프라인상의 집합행동을 설명하는 주요 세 요인으로 구성원들의 집합적 정체성, 부정의 등의 화감정, 그리고 집합행동을 성공할 수 있다는 집합적 효능감 등 세 요인을 제시하고 그 영향력을 살펴보았다. 그리고 온라인토의가 세 요인의 영향력을 증진시키는가를 알기 위해 각각 세 요인과 상호작용효과를 살펴보았다. 그 결과 집합적 정체성과 온라인토의 간에는 매우 크게, 그리고 집합적 효능감과 온라인토의 간에도 그보다는 낮지만 그 영향력이 정(+)적으로 유의미했는데, 즉 온라인토의는 집합적 정체성과 집합적 효능감의 작용을 촉진한다는 것을 제시했다. 하지만 화감정과 온라인토의간의 상호작용은 부(-)적으로 유의미해, 화감정은 온라인토의가 낮을 때에만 집합행동을 유발하며 온라인토의는 적어도 화감정을 누그러뜨려 그 영향력을 줄인다는 결과를 제시했다.

제 11 장

친사회적 행동

제11장 친사회적 행동

1. 친사회적 행동의 정의

우리는 뉴스와 신문을 통해서 또는 주변에서 남을 돕는 행동을 어렵지 않게 볼 수 있다. 대형 교통사고나 건물 붕괴 현장에서 위험을 무릅쓰고 다른 사람을 구하는 것, 자선단체에 돈이나 물건을 기부하는 것, 자원봉사자로 시설에 있는 아동이나 노인을 돌보는 것, 길을 묻는 사람에게 길을 가르쳐 주는 것 등의 행동이다. 이러한 행동을 친사회적 행동(prosocial behavior)이라고 할 수 있는데, 친사회적 행동이란 사회에 바람직하며 다른 사람의 이익을 만드는 자발적이고 의도적인 행동으로 정의된다(Eisenberg and Miller, 1987).

친사회적 행동의 예로는 도움행동과 이타행동 등이 있다. 도움행동(helping behavior)은 모든 유형의 개인 간 지원을 포함하는 것으로, 자신의 이익추구를 위하여 계산적인 목적하에 남을 돕는 행위까지 모두 포함한다. 예를 들어서 물건을 파는 사람이 물건을 사는 사람을 도와주는 것도 여기에 속한다. 남을 돕는 행동 중에서는 외부 보상을 기대하지 않고 다른 사람의 필요나 다른 사람의 안녕, 그리고 다른 사람의 문제를 해결하기 위해 자신의 희생을 무릅쓰고 자발적으로 돕는 행동이 있는데, 이를 이타행동(altruistic behavior)이라고 한다. 즉 이타행동은 순수한 동기의 남을 돕는 행동이라 할 수 있다. 도움행동이나 이타행동은 모두 친사회적 행동이라고 할 수 있는데, 모두가 사회에 바람직하기 때문이다. 친사회적 행동에는 그 외에도 교통법규를 잘 지키는 행동이나 환경을 보호하는 행동 등 사회에 긍정적인 결과를 가져오고 사회규범상 긍정적으로 평가되는 행동들이 포함된다.

친사회적 행동은 심각하고 긴급한 상황에 개입을 하는 행동, 기부와 나눔의 행동, 낯선 사람에 대한 비공식적이고 일시적이며 일상생활적인 도움, 자조집단과 자원봉사조직을 통한 도움 등 여러 가지가 있다(Bierhoff, 2002). 여기서는 친사회적 행동에 관한 기존의 주요 이론과 논의들을 살펴보기로 하며, 사이버공간에서의 친사회적 행동의 특징과 원인은 무엇인지를 논의해 보기로 한다.

2. 친사회적 행동의 주요 이론들

1) 상황이론

사회심리학 연구에서 친사회적 행동에 관한 연구는 긴급한 상황에서 서로 알지 못하는 사람을 돕는 행동의 연구에서 시작되었다. 대표적인 고전적 연구는 Latane과 Darley(1968)의 실험연구로, 위급한 상황에서 주위의 다른 사람이 많으면 많을수록 도와줄 가능성이 줄어드는 반면, 자신이 유일한 목격자라면 잘 돕는 경향이 있다는 주변인 효과(bystander effect)를 제시하였다. 길거리에서 소매치기를 목격했을 때 이를 목격한 사람이 자신이 유일한 경우와 주변에 여러 사람이 있는 경우 전자가 더 돕는다는 것이다.

이 연구에서는 주변인 효과의 세 가지 주요한 이유를 강조하였는데, 첫째는 책임의 분산으로, 사람들은 자기 이외의 다수의 사람이 있을 때 다른 누군가가 도울 것이라고 생각하여 개인적 책임감을 덜 느낀다는 것이다. 만일 자신이 유일한 목격자라면 당연히 자신이 도와야 한다는 개인적 책임감을 느낄 것이지만 여러 사람이 있다면 '다른 누군가가 돕겠지'라는 책임의 분산에 따라 남을 돕지 않게 된다는 것이다.

둘째, 상황에 대한 해석으로, 사람들은 무슨 일이 일어났을 때 다른 사람의 반응을 살펴보고 상황을 해석하는데, 처음에 많은 사람들이 아무 반응을 하지 않는 것을 보고 그다지 심각한 상황이 아니라고 해석하여 돕지 않는다는 것이다. 도움이 필요한 상황은 종종 애매모호한 상황이다. 이러한 상황에 직면할 때 사람들은 우선 다른 사람의 반응을 살펴보는데, 사람들은 종종 침착하고 냉정하게 보이려 하는 가운데 아무도 돕지 않게 된다. 이때 사람들은 그 상황을 도움이 필요 없는 상황이라고 생각하여 돕지 않게 된다.

셋째로는 평가의 염려로, 사람들은 주위 사람들이 자신의 행동을 어떻게 평가할 것인가를 고려한다. 주위 사람들이 자신에게 내릴 평가는 돕는 행동을 촉진할 수도 있으나 오히려 돕는 행동을 하지 않게 만들 수도 있다. 예컨대 돕는 행동으로 인해 남들에게 주목받게 되는 것을 싫어하거나 자신이 끼어드는 것이 어리석거나 잘못된 일로 평가될까봐 두려워하면 돕는 행동을 하지 않게 된다.

2) 동기이론: 사람들은 왜 친사회적 행동을 하는가?

친사회적 행동의 동기에 대한 기존의 사회심리학적 연구는 크게 세 가지 분야에서 이루어졌다(Dovido et al., 2006). 첫째는 규범이 그 행동을 올바른 행동이라고 규정하기 때문에 친사회적 행동을 한다는 것이고, 둘째는 친사회적 행동으로 보상을 받거나 비난을 피하게 되기 때문이라는 것이며, 셋째는 다른 사람이 괴로워하는 것을 보고 동정심이나 불편함을 느끼기 때문에 친사회적 행동을 한다는 것이다.

(1) 규범적 동기

일반적으로 친사회적 행동은 사회에서 규범적으로 인정되는 행동이다. 어린이들은 사회화과정에서 다른 사람을 도와주어야 한다는 것을 배운다. 남을 도와야 한다고 강조하는 사회규범으로는 우선 사회적 책임감(social responsibility)이 있는데, 이는 자신에게 의지하는 아프거나 어리거나 신체적으로 불편한 사람들을 도와주어야 한다는 것이다(Berkowitz, 1972). 사고 현장에서 유일한 목격자는 사고를 당한 사람을 도와야 한다는 사회적 책임감을 느끼게 될 것이다. 둘째, 상호성의 규범(reciprocity norms)이 있는데, 이는 자신을 도와주었던 사람이 어려운 상황에 놓이면 그를 도와주어야 하고, 또한 자신을 도왔던 사람을 해치면 안 된다는 규범이다. 자신을 도왔던 사람을 다시 돕는 것은 다른 사람에게 빚지는 것을 피하고 상호관계의 균형을 유지하려는 것이다. 셋째는 사회정의(social justice) 규범으로, 사람들은 공정하고 정의롭게 자원을 배분하여 형평을 유지하려고 한다는 것이다. 두 사람이 어떤 일에 똑같이 공헌했다면 두 사람은 똑같이 보상을 받아야 한다. 그런데 한 사람이 다른 사람보다 더 보상을 받는다면 과도하게 보상을 받은 사람은 자기가 받은 보상의 일부를 불이익을 받은 사람에게 되돌려줌으로써 형평을 유지하려 할 것이다. 즉 불쌍한 사람을 돕거나 기부금을 내는 자선행위는 사회적으로 불이익을 받은 사람에게 자기가 사회로부터 받은 보상의 일부를 되돌려 줌으로써 형평을 유지하려는 것으로 이해할 수 있다.

그러나 사회적 책임이나 사회정의와 같은 사회규범은 너무 광범위하여 친사회적 행동과 같은 구체적인 행동을 유발하기에는 부적당하다는 비판이 있다. 즉 이러한 규범은 사회의 모든 사람에게 받아들여지는데 왜 사람들이 친사회적 행동의 정도에는 차이가 생기는지를 설명하지 못한다는 것이다. 또한 주어진 상황에 적용할 수 있는 사회규범들이 때로는 서로 상반될 수도 있어서 사람들은 어느 규범에 따라야 하는지 혼란스러워하는 경우가 있다. 예를 들어 사회적 책임의 규범에서 보면 학대받는 부인이나 아이들을 도와야 하지만 다른 사람의 사생활이나 가정생활에 개입하지 말아야 한다는 규범과 충돌할 때 사람들은 어떻게 해야 할지 모른다. 이러한 비판에서 학자들은 개인행동의 차이를 설명할 수 있는 개인규범을 강조하였다. 개인규범이론(personal norm theory)(Schwartz, 1977; Schwartz and Howard, 1981)에서는 개인규범이 종종 사회규범과 일치한다 하더라도 사회규범이 내면화된 정도는 개인마다 다르다고 한다. 개인의 내면화된 가치체계로부터 나온 개인규범은 특별한 행위를 수행해야 한다는 도덕적 의무감으로서 개인의 친사회적 행동에 있어서의 차이를 설명해 줄 수 있다는 것이다. 즉 남을 도와야 한다는 등의 친사회적생각을 갖는 사람이 친사회적 행동을 할 가능성이 높을 것이라고 볼 수 있다(Sargeant, 1999).

(2) 손실-보상의 동기

손실 - 보상 모델에 근거한 학자들은(Piliavin et al., 1981) 친사회적 행동이 이기적 동기에서 비롯되는 것이라고 본다. 즉 친사회적 행동은 곤경에 처한 사람을 보고 느끼는 자신의 불편한 감정을 줄이려는 단순한 동기에서뿐만 아니라 친사회적 행동을 했을 때 또는 하지 않았을 때 자신에게 오는 이득과 손실을 계산하는 합리적 동기에서 비롯된다는 것이다. 이득과 손실의 계산에는 세 가지 요소가 고려되는데(Dovidio et al., 1991), 첫째, 고통을 받고 있는 다른 사람을 돕지 않는 등 친사회적 행동을 하지 않았을 때 자신에게 올 수 있는 손실(자신에 대한 실망과 자책, 주위 사람들의 비난)이고, 둘째는 친사회적 행동 시 자신에게 올 수 있는 이득과 보상(물질적 보상이나 사회적 명예 혹은 주위 사람의 칭찬, 자기효능감, 자부심 등)이며, 셋째는 남을 돕는 등의 친사회적 행동 시 자신에게 올 수 있는 손실(시간과 노력 소모, 물질적 비용, 신체적 위험 등)이다. 즉 이 입장에서는 남을 돕지 않았을 때의 손실이 클수록, 친사회적 행동 시 얻는 이득과 보상이 클수록, 그리고 손실이 적을수록 친사회적 행동 가능성이 높다고 주장한다.

(3) 감정이입의 동기

어렵고 곤경에 처해 고통을 받는 사람과 동일하고 유사한 고통을 느끼는 감정적 반응을 감정이입(empathy)이라고 한다. 감정이입은 친사회적 행동의 주요 동기가 된다는 것이 강조되어 왔는데, 즉 친사회적 행동은 고통을 받는 사람의 입장에서 함께 고통을 나누고 진정 도우려는 마음의 이타적 동기에서 비롯된다고 보는 것이다.

Batson과 동료들(1981)은 친사회적 행동이 감정이입의 이타적 동기에서 비롯되는 것인지를 연구한 대표적 학자이다. 이들은 고통받는 사람을 목격할 때 발생할 수 있는 감정상의 반응은 '개인적 고통'과 '감정이입적 염려' 두 가지라고 보았다. 여기서 개인적 고통을 줄이기 위해 친사회적 행동을 한다면 손실 - 보상모델의 이기적 동기와 관련되는 반면, 감정이입적 염려에 근거하여 친사회적 행동을 하는 것이라면 이타적 동기와 연관된다고 하였는데, 친사회적 행동은 이기적 동기보다는 타자지향적 배려라는 이타적 동기에서 비롯된다는 점을 실험연구를 통해 밝히고 있다. 예컨대 남의 고통을 목격할 때 이를 회피하기 쉬운 상황을 부여하면 이기적 동기를 가진 사람은 이 상황을 회피하여 자신의 부정적 감정과 고통을 줄이려 하지만, 이타적 동기를 가진 사람은 이 상황을 회피하지 않고 남을 도울 것이라고 예측하였다. 이에 대한 연구결과 남을 돕는 사람 대부분이 상황을 회피하지 않는다는 것을 제시하여 도움의 동기가 이타적 동기임을 보여주었다. 이후 Batson과 동료들(1988)은 또 다른 실험에서 고통을 당하는 사람을 보았을 때 이기적 동기라면 다른 누군가가 대신 도우면 언짢아할 것이고, 이타적 동기라면 다른 누군가가 도와도 기뻐할 것이라고 예측하였는데, 후자의 경우가 많음을 제시해 친사회적 행동은 감정이입의 이타적 동기에 의해 비롯된다는 것을 강조했다. 이후 논의들에서도 감정이입의 역할은 중요한 것으로 제시된다(Dovidio et al., 1990; 전신현, 1998).

3) 역할정체성 및 사회자본과 지속적 친사회적 행동

앞서 주변인 효과에 관한 논의는 일시적인 상황에서의 친사회적 행동에 관심을 가졌지만, 자원봉사, 수재민 돕기, 헌혈 등과 같이 평범한 상황에서 지속적으로 이루어지는 친사회적 행동을 설명하는 것으로 자아의 역할을 강조한 이론이 있다. 인간은 여러 가지 사회적 역할을 수행하므로 다양한 역할정체성을 소유하게 되는데, 이 중 특정한 역할정체성들은 자아개념에 있어 중요하고 개인의 행위에 영향을 준다. Turner(1978)는 이를 '역할과 개인의 통합(role-person merger)'이라는 개념으로 설명하였는데, 자아의 일부분으로 내면화된 특정 역할은 일반적으로 다른 역할들을 수행하는 데에도 영향을 미치고 사람들은 이 역할정체성에 일치하는 행동을 하려는 경향이 있다고 본다. 예컨대 헌혈에 관한 그동안의 연구(Charng et al., 1988; Piliavin and Callero, 1991)에서 자신이 헌혈자라는 자아정체성을 갖게 될 경우 이는 지속적인 헌혈행동을 하는 데 있어 매우 중요한 요인이 된다는 것을 보여주었다. 또한 Lee와 동료들(1999)의 헌혈, 기부행위, 시간 할애에 대한 연구에서 역할정체성이 다른 요인들보다도 가장 중요한 설명력을 갖는다는 결과를 제시했다.

역할정체성이론은 자원봉사활동을 이해하는 데 중요한 기여를 한다는 추가적인 연구가 있는데, 에이즈 자원봉사자의 종단적 연구에서(Penner and Finkelstein, 1998) 자원봉사자로서의 역할정체성의 발달이 오랜 기간 동안의 친사회적 참여에 중요한 역할을 한다는 것을 보여주었다. 자원봉사는 개인동기라는 차원보다는 조직적 차원과 관련되는데, 지역자원봉사조직이나 종교조직을 통한 친사회적 행동이 일어나는 것은 조직의 일원으로서의 역할정체성이 자아의 주요 부분을 차지하기 때문이라고 한다(Piliavin et al., 2002). 국내연구에서도 자원봉사자로서의 정체성은 자원봉사참여에 중요한 원인이 되고(김성경, 2007), 자선단체기부에 있어서도 다른 기부동기 요인들보다도 자선단체조직과 관련한 정체성이 가장 큰 영향을 미친다는 것을 제시했다(김주원 · 김용준, 2008).

그러한 면에서 사회정체성이론도 왜, 어떤 사람들이 오랫동안 남을 돕고 친사회적 행동을 하는지를 이해하는 데 기여할 수 있다. 이 이론에 따르면 사람들은 특정 집단에 속하면 자신이 속한 집단과 동일시하고 내외집단을 구분하는데, 친사회적 행동도 집단 내 성원과 유대를 형성하면서 집단의 일원으로서 집단규범을 따르려고 하는 반복적 행동이라는 것이다. 오프라인 자원봉사에 관한 연구에서 친사회적 활동이 자발적인 조직의 모임에 적극적으로 참여하는 활동에서 비롯되는 것으로 설명되었듯이 조직 또는 집단에의 참여와 조직 내 네트워크 및 그 일원으로 정체성은 사람들로 하여금 친사회적 행동에 헌신하게 할 수 있음을 제시하였다(Wilson, 2000; Piliavin et al., 2002).

이러한 측면들은 친사회적 행동을 사회자본과 연관한 논의와도 연관된다. 사회자본론적 접근은 개인 수준의 친사회적 행동 참여보다는 사회구성원의 집합적 참여에 관심을 가지면서 사회네트워크나 관계, 조직내 성원감이 자원봉사 등의 친사회적 행동 참여에 중요한 영향력을 갖는다고 본다. 사회자본은 구성원들 간의 사회관계, 신뢰, 네트워크, 규범과 같은 사회조직의 특질로서 구성원들의 협력참여에 중요한 요인이 된다(Putnam, 2002). Wilson과 Musick(1997)은 자원봉사 참여에 관한 통합론적 모델을 제시하면서 인적자본, 문화자본, 그리고 사회자본의 요인이 모두 중요하다는 것을 제시했는데, 인적자본이란 개인의 경제력이나 교육수준을, 문화자본은 종교적 신념이나 도덕적 의무감을, 그리고 사회자본은 사회네트워크 내 구성원들 간의 관계와 상호작용, 상호신뢰감을 나타내며 사회자본 요소와 같은 사회맥락적 요소가 중요하다는 점을 강조했다. 실제로 사회자본이론의 대표적 논의자인 Putnam(2002)은 자원봉사의 조직론적 특성을 언급하면서 조직 혹은 집단에 참여하는 사람이 그렇지 않은 사람보다 자원봉사에 열 배의 시간과 노력을 할애한다고 보고하면서 지역사회네트워크, 지역사회시민으로서의 정체성, 상호협력의 규범의 역할을 강조했다. 이렇듯 사회자본 요소는 최근에 주목받는 것으로 주로 집합적 자원봉사 참여의 설명요인으로 언급되고 있다(Eckstein, 2001). 앞서 사회자본적 시각의 접근은 역할정체성의 논의와 크게 다르지 않은데, 조직 내 구성원들 간의 관계와 네트워크를 통해 그 일원으로서의 정체성이 형성되면 그것으로 남을 돕는 역할이 정체성으로 확립되고 그것이 집합적 친사회적 행동에 영향을 주는 것이라고 볼 수 있기 때문이다.

3. 사이버공간에서의 친사회적 행동

1) 주요 유형

온라인상에도 오프라인과 유사하게 여러 가지 유형의 친사회적 행동이 일어난다. 특히 인터넷은 자원봉사의 측면에서 오랜 역사를 가지고 있는데, 도움방을 만들어 운영하고 유지하면서 초보자와 도움을 요청하는 사람들을 돕기도 하고, 서로의 좋고 나쁜 기분을 공유하는 온라인집단도 있다. 그 외에도 기부사이트를 통해서 어려운 사람들에게 물질적인 도움을 주는 것, 필요한 정보를 구하는 사람들에게 자신이 알고 있는 지식이나 관련 정보를 알려주는 것, 토론방에서 중재자의 역할을 하는 것, 자조집단의 카페에서 정서적인 지원의 글을 올리는 것 등 온라인상에서 여러 가지 친사회적 행동을 볼 수 있다.

온라인상에서 일어나는 친사회적 행동은 공헌하는 내용의 종류에 따라 여러 유형으로 분류할 수 있다(Sproull et al., 2005). 우선 경제적 가치가 있는 자원의 기부 유형으로 온라인으로 자선기관에 성금을 내는 것이 있다. 미국에서 9.11테러 이후 인터넷을 통해 엄청난 금액의 성금이 모아진 것이나 국내에서는 도움넷과 같은 모금 사이트를 통한 기부 행위가 대표적 예가 된다. 둘째, 시간과 노력을 투자하는 형태의 기여로는 온라인상으로 모니터링을 하거나 자발적 토론집단을 조직하고 유지하는 것이 있다. 셋째, 사이버공간에서의 대표적 친사회적 행동으로 감정적 지원이 있다. 게시판 등에서 어려움에 처한 이들에게 위안의 글을 올리거나 정서적 지원을 하는 행위, 유사한 처지의 사람들로 구성된 자발적인 자조집단에서의 감정적인 지원이 그 예가 된다. 마지막으로 정보적 도움으로는 지식이나 정보에 대한 질문에 답하거나 소프트웨어나 각종 자료를 공개적으로 제공해 자신의 컴퓨팅 파워를 기부하는 친사회적 행동이 있다.

온라인상에서의 친사회적 행동은 메일, 채팅, 메신저, 또는 조직 내 성원 간 인트라넷을 통해서 이루어지기도 하지만 낯선 사람들이 공공으로 접하는 웹사이트를 통해서도 이루어진다. 전자가 폐쇄적인 성격을 갖는 반면 후자는 서로 전혀 알지 못하는 사람들이 정보요청을 하고 답글을 즉각적으로 올려줌으로써 정보를 제공하고 도움을 주는 형태이다. 최근 개인네트워크 지향의 블로그는 개인이 자신을 보여주거나 알리기 위해서 사용되기도 하지만 다른 사람들에게 서비스를 제공하거나 다른 누군가에게 도움이 되기 위해 이용되기도 한다.

2) 사이버공간에서의 친사회적 행동의 특성

그렇다면 온라인상의 친사회적 행동의 특성은 무엇인가? 여기서는 온라인 사이버공간이 친사회적 행동에 이로운 요건이 되는지, 그리고 사이버 친사회적 행동의 특성들은 무엇인지를 살펴보기로 한다.

(1) 주변인 효과

앞서 주변인 효과에서 살펴본 바와 같이 구경꾼의 숫자가 많을수록 각 개인들이 책임감을 덜 느끼기 때문에 친사회적 도움을 덜 주는 데 영향을 미친다고 하였다. 그렇다면 수많은 사람들이 사용하는 인터넷에서는 이러한 주변인 효과가 어떻게 작용할 것인가? 인터넷은 수많은 사람들이 사용하고 있음에도 불구하고 대부분의 사람들은 컴퓨터를 주로 혼자 사용하고, 비대면의 상황에서 주위 접속자가 보이지 않기 때문에 그 상황에서 혼자라는 생각을 할 가능성이 높다. 또 얼마나 많은 사람들이 접속하고 참여하는지 추측하는 데에 어려움이 있을 뿐만 아니라 집단 경계가 명확치 않아 모두가 방관자라는 생각을 하게 된다. 인터넷상에서는 집단의 크기가 모호하기 때문에 책임의 분산이라는 요인이 양방향으로 작용할 수 있다. 많은 사람들이 도움을 요청하는 글을 읽은 것을 알거나 그렇게 추측한다면 책임감을 적게 느낄 수 있는 반면, 실제의 집단 크기를 과소평가하게 되면 더 책임감을 느끼게 될 것이다. 그런데 사람들은 온라인상에서 얼마나 많은 사람이 도움을 제공할 수 있는지 모르기 때문에 자신이 도움을 제공할 수 있는 유일한 사람이라고 생각하여 더 돕게 된다. 이처럼 주변인 효과가 적음으로 인해 온라인상에서는 상대적으로 친사회적 행동이 일어날 가능성은 높다고 할 수 있다(Wallace, 1999). 하지만 사이버공간에서는 도움을 요하는 상황이 그렇게 극적이거나 위기의 긴급상황이 아니라는 점에서 주변인의 존재 여부와 같은 상황요인은 크게 작용하지는 않을 것이다.

(2) 저비용 및 편의성

오프라인상에서는 친사회적 행동에 있어서 드는 시간과 비용, 신체적인 위험 등 개인적 비용과 손실이 친사회적 행동의 억제요인으로 작용한다. 그러나 온라인상에서는 도움을 요청한 사람들을 돕는 것이 상대적으로 쉽다. 기술과 통신망만 가능하다면 하루 중 낮이든 밤이든 어느 시간에나 자유 재량권을 갖고 도울 수 있고, 또 어느 장소에서나 거리의 불편함이 없이 참여할 수 있으며, 신체적인 해나 위험정도가 낮기 때문이다. 정서지원이나 정보지원뿐만 아니라 기부와 성금을 내는 경우에 있어서도 비록 물질적 비용이 들기는 하지만 온라인 기부의 편리성은 친사회적 행동을 더욱 가능하게 한다. 이처럼 사이버공간은 쉽게 접근이 가능하고 이용이 편리하며 24시간 언제나 이용가능하다는 점에서 친사회적 행동을 더욱 가능하게 한다.

(3) 익명성

온라인의 익명성은 오프라인에서보다 친사회적 행동에 참여할 수 있는 기회를 더 제공한다. 익명성은 면 대 면 관계의 복잡한 상황들에서 벗어나 문제를 공유할 수 있는 사람들과 자유롭게 이야기할 수 있는 기회를 제공한다. 즉 사이버공간은 도움을 요청하고 친사회적 행동을 촉진하는 개방적이고 효과적인 환경이라고 볼 수 있다. 숨기고 싶은 고민들을 가진 사람들은 온라인상의 익명성으로 쉽게 도움을 요청한다. 알코올 중독이나 성적인 문제에 관해서 솔직하게 이야기하고 상담할 수 있으며 물리적 거리에 상관없이 여러 전문가들을 광범위하게 만날 수 있다. 사회적으로 낙인찍힌 집단 성원들은 사이버공간의 친구들로부터 도움을 받는 것에 더 편안함을 느낀다.

(4) 관심의 유사성

오프라인에서의 친사회적 행동은 도움을 요청한 사람의 신체적 외관이나 사회적 유사성(연령, 성, 인종 등)에 영향을 받는다. 즉 사람들은 자신과 유사한 사람들을 도울 가능성이 높다. 그러나 온라인 세계에서는 서로가 보이지 않기 때문에 온라인상의 친사회적 행동은 눈에 보이는 신체적 특성이나 외적 유사성이 아닌 순수한 동기에 기초하여 일어날 수 있다. 즉 유사성은 도움을 필요로 하는 내용과 관심을 중심으로 작용한다. 사이버커뮤니티가 취미, 연예, 사회적 이슈, 정치, 기술적 지원, 건강과 생활양식 지원 등을 중심으로 이루어지고 서로의 문제에 대해 토론하고 질문하여 관련정보를 교환하는 것은 이러한 유사성의 측면을 반영하는 것으로 볼 수 있다. 평범하지 않은 질병으로 고통받는 사람이나 그런 증상을 가진 가족들은 인터넷에서 비슷한 처지의 다른 사람들을 쉽게 찾을 수 있는데, 이들은 자조집단이나 지지집단을 형성하여 정보적인 지원과 정서적인 지원을 서로 제공한다.

(5) 역할정체성과 사회자본의 작용

앞서 지속적 친사회적 행동에서 논의하였듯이 친사회적 역할을 자신의 역할정체성으로 발전시키면 그러한 행동을 더 지속적으로 한다는 주장은 온라인상에서도 적용될 것이다(Butler et al., 2005). 여러 가지 온라인상의 자조집단과 지지집단에서의 계속적인 지원활동, 자원봉사 모니터링, 멘토링이나 상담의 역할을 담당하는 것, 그리고 기부사이트의 회원이나 그 밖의 조직에서의 정보제공행위도 자신의 역할을 자아의 일부분으로 내면화한 결과라고 볼 수 있다. 더구나 그 조직구성원이나 회원들 간의 유대나 상호신뢰, 공통관심, 성원감 등의 사회자본이 형성되는 경우 친사회적 행동 가능성은 매우 높을 것이다.

(6) 상호성

일반적으로 다른 사람으로부터 도움을 받는 것은 감사하고 기쁜 일이지만 부정적으로 여겨질 수도 있다. 도움을 받는 것은 사회교환 이론에서 보면 힘의 불균형으로 부정적인 감정을 경험할 수 있고, 또 도움을 받는 원인이 자신의 무능력이나 실패 때문이라고 본다면 자경심의 침해라는 결과를 가져올 수 있기 때문이다. 그러나 온라인상의 친사회적 행동은 높은 상호성 때문에 심리적 비용이나 당황감을 감소시켜 준다. 도움을 받는 사람은 나중에 이를 갚을 수 있다고 생각될 때 도움을 받는다. 사이버공간은 네트워크로 이루어져 있어 나를 도와준 사람도 누군가에 의해 도움을 받을 것이고 서로 간에 도울 기회가 많을 것이라는 점에서 상호성이 높고, 따라서 그 부담감이 적은데, 이러한 점이 친사회적 행동을 더 촉진할 수 있다.

(7) 성 차이

기존의 연구결과에 따르면 성에 따라 친사회적 행동의 차이는 뚜렷하게 나타난다고 보고된다. 친사회적 행동에 있어 성의 차이를 보면 위급한 상황에서 구경꾼이 참여해야 하는 경우 여자보다 남자들이 돕는 행동을 더 많이 보인다는 결과를 보인다. 낯선 사람을 돕는 것은 위험을 가져다 줄 수 있기 때문에 남자들이 남을 돕는 데 더 적극적일 수 있다. 그러나 이후의 연구에서는 여자가 남자보다 친사회적 행동을 더 많이 한다는 결과를 보여주었다(전신현, 1998). 특별히 정서적인 지지나 보살핌을 요구하는 상황에서는 여자가 남자보다 더 돕는 행동을 한다. 즉 남자들은 육체적인 행동과 우월한 힘이 필요한 위급한 상황에서 더 돕는 반면 여자는 정서적인 지지와 보살핌이 요구되는 상황에서 더 돕는 경향이 있다. 인터넷에서 성역할에 따른 돕는 방식의 차이는 현실에서와 유사한 결과를 보이는데 남자들은 사이버공간에서 기술적 전문성에 관한 것이나 소프트웨어에 관한 질문에 답해 주는 반면, 여자들은 개인적 고민의 상담, 그리고 자조집단 등에서 친사회적 행동을 제공하는 것으로 나타난다.

3) 사이버공간에서의 친사회적 행동의 원인과 설명

사이버공간에서의 친사회적 행동에 관한 연구는 국내외적으로 많지는 않다. Wasko와 Faraj(2005)는 사이버공간에서의 지식기여를 중심으로 과연 어떠한 요인들이 사이버공간에서의 친사회적 행동에 중요하게 작용하는지를 살펴보았다. 그들의 연구에서는 개인적 이득동기의 요인으로 '지식기여의 즐거움'과 '개인의 평판'을, 개인의 인적 자본요인으로 '개인의 전문성'과 '관련 분야 경력'을, 이전에 지식도움을 받아 되갚으려 하는지의 '상호성'을, 그리고 지식공유체계의 조직 차원에서 개인의 위치가 '중심적 위치'에 있는가를 중심으로 주요 설명요인을 살펴보았다. 그 연구결과에 따르면 개인의 '중심적 위치'가 가장 중요한 설명요인이었으며, 그 다음으로 '관련 분야의 경력'과 '개인의 평판'이라는 동기가 주요 요인인 것으로 나타났다. '지식기여의 즐거움'이나 '개인의 전문성', '상호성'은 유의미한 영향력을 갖지 못했다.

이와 같은 연구를 정재훤과 김영걸(2007)은 거의 같은 주제로 국내에 적용하였는데, 이 연구결과에서는 개인의 위치가 중심적인지가 가장 중요한 설명요인이라는 점에서 위의 연구와 일치하였다. 그러나 앞서 결과와는 달리 '지식기여의 즐거움'과 '상호성'이 중요한 설명이었고, '개인의 평판'과 '관련분야 경력'은 유의미하지 않은 것으로 나타났다. 앞의 외국의 결과와 일치하게 '개인의 전문성'은 유의미한 영향력을 나타내지 못했다.

이들 연구는 지식기여를 중심으로 한 것이라는 점에서 사이버공간에서의 친사회적 행동 전반에 일반화하기는 어렵다. 더욱이 사용한 변인들이 친사회적 행동의 여러 요인들을 다루지 못하고 일부만을 다루고 있는 점에서 한계가 있다. 예를 들어 동기의 측면을 보면 규범적 동기나 감정이입의 이타적 동기보다는 손실-보상의 이기적 동기를 중심으로 다루었다. 그러나 어쨌든 앞의 연구들에서는 '개인의 평판'이나 '지식기여의 즐거움'과 같은 이기적 동기가 어느 정도 유의한 설명력을 제시한다는 점에서 손실-보상의 모델이 지지됨을 제시했다.

하지만 앞의 Wasko와 Faraj(2005)의 연구에서나 국내의 정재휘과 김영걸(2007)은 모두 개인의 중심적 위치가 가장 중요한 설명요인임을 제시하고 있다. 즉 이는 지식공유의 네트워크상의 관계에서 개인이 어떤 위치에 있는가가 중요하다는 점에서 개인적 동기보다는 회원들 간의 친분이나 유대관계가 큰 요인으로 작용할 수 있음을 나타낸다. 기존 연구들에서는 친사회적 행동자로서의 혹은 일정 조직의 일원으로서의 역할정체성이 친사회적 행동과 그것의 지속적 행동에 가장 중요한 요인의 하나라는 것을 제시하고 있는데, 이 결과는 회원간의 관계에 있어서 개인이 갖는 지식기여의 일원으로서의 역할정체성이 지식기여 등의 친사회적 행동에 중요한 요인으로 작용한다는 것을 나타내는 것이라 할 수 있다.

Peddibhotla와 Subramani(2007)는 아마존사이트 등에 북 리뷰를 올리는 사람들의 동기를 살펴봄에 있어서 이기적 동기 이외에 감정이입과 같은 이타적 동기도 함께 고려해 비교하여 다루었다. 그 연구에서는 감정이입과 같은 이타적 동기는 중요하지 않았고, 대신 자신의 의견을 표현할 수 있다는 자기제시의 기쁨과 같은 개인적 이득의 요소가 중요한 요인임을 제시했다. 이러한 연구결과는 앞서 살펴본 Wasko와 Faraj, 그리고 정재훤과 김영걸의 연구결과와도 일치하는 것으로, 적어도 온라인에서만큼은 오프라인과는 달리 개인의 이득과 같은 이기적 동기가 중요한 설명요인일 수 있음을 나타내고 있다.

기존 연구들에 의하면 감정이입적 염려와 같은 요인은 어떤 상황에서나 작용하는 것은 아니고 주로 위기상황에서 즉각적으로 일어나는 개인 대상의 친사회적 행동에 있어 중요하다는 것을 제시한다. 헌혈이나 자원봉사, 기부와 같이 급작스럽지 않고 지속적인 유형의 친사회적행위에 있어서는 감정이입은 영향력이 낮으며(Einolf, 2008), 상대를 모르는 경우보다 잘 아는 친분관계나 집단의 일원일 때 그 영향력이 크다는 연구결과가 있다(Sturmer et al., 2005). 온라인에서는 긴박하고 급작스런 친사회적 행동이 필요한 위기상황이 많지 않고, 또 상대를 잘 알지 못하는 경우가 많기 때문에 감정이입과 같은 이타적 동기요인이 크게 작용하지 않을 것이라고 볼 수 있다. 그러나 온라인 게임상의 친사회적 행동에 관한 연구(Wang and Wang, 2008)에서는 이타적 동기를 주요 요인으로 제시했는데, 비록 이기적 동기의 영향력과 비교할 수는 없었지만 이타적 동기와 상호성이 유의미한 영향력을 갖는다는 것을 보여주었다. 이러한 결과는 게임이라는 상황이 비교적 갑작스러운 도움을 필요로 하기 때문인 것으로 보인다. 국내연구로는 주로 온라인 기부행위를 중심으로 연구되었는데 강철희와 김유나의 연구(2003)에서 사회인구학적 요인과 경제, 사회 및 심리요인의 영향력을 살펴보았다. 그 결과 온라인 기부에 있어 사회인구학적 특성 간에는 큰 차이가 없었고, 부모의 기부경험, 이전의 자원봉사 및 종교활동과 같은 사회적 요인, 그리고 이타적 동기도 유의미한 영향력을 갖지 못한다는 점을 제시하였다. 다만 일종의 이기적 동기요소인 자신의 미래 재정에 대한 염려와 같은 경제손실의 요소와 기부하는 상대기관에 대한 신뢰도가 큰 영향력을 갖는다는 결과를 보여주었다.

그러나 이 연구들에서는 살펴보지 못했지만 사이버공간의 친사회적 행동에 있어서도 앞서 태도 부분에서 살펴보았듯이 남을 돕는 것이 옳고 또 남을 도와야 한다고 생각하는 사람이 남을 도울 가능성이 높을 것이라고 볼 수 있다. 사이버공간에서는 사적 자기인식이 증가하여 개인이 갖는 신념과 태도대로 행동할 가능성이 높다고 볼 수 있기 때문이다. 이러한 주장은 앞서 제시한 이론들 중에서 개인규범이론과 가깝다고 할 수 있는데, 즉 개인규범이론의 논의대로 평소 친사회적 행동을 해야 한다고 믿는 사람이 사이버공간에서 친사회적 행동을 할 가능성은 높다고 볼 수 있을 것이다.

전신현(2011)은 온라인상의 친사회적 행동의 원인을 알아보기 위해 기존의 친사회적 행동의 연구를 기반으로 친사회적 행동의 요인을 사회인구학적 요인, 상황요인, 개인동기요인, 사회자본요인으로 구분하고 각각에 해당되는 요인들의 영향력을 대학생을 대상으로 조사연구를 통해 살펴보았다. 그 결과 사회인구학적 요인으로 연령이 많고 종교를 갖는 학생이, 상황요인으로 친사회적 행동의 기회가 많은 대학생이, 이기적 동기요인으로 시간과 노력의 손실 비용이 적다고 인지하는 학생이, 그리고 가장 중요하게는 사회자본의 네트워크와 정체성을 갖는 대학생이 온라인상에서 친사회적 행동을 할 가능성이 높은 것을 제시했다. 성과 계층요인, 그 행동으로 얻는 이득이나 이타적 동기로서 감정이입, 그리고 개인규범 등의 요인은 유의미한 설명력을 갖지 못했다. 아울러 친사회적 행동을 유형별로 살펴본 결과에서도 정보도움을 제외하고는 사회자본요인이 경제도움, 정서도움, 시간과 노력의 도움에서 가장 중요한 설명요인이었다. 이 연구에서는 기존 오프라인 연구에서는 중요한 요인이었던 감정이입의 작용은 미약했는데, 이는 온라인의 친사회적 행동은 급작스러운 경우가 드물고 상대를 알지 못하는 경우가 많기 때문인 것으로 보이며 또한 이득요인의 영향력이 낮아 이기적 동기의 작용이 낮은 것을 제시했다. 그러나 개인규범 및 태도의 영향력도 낮은 것으로 나타났는데, 이는 온라인 상황에서는 태도와 행동이 일치할 가능성이 높다는 기존 연구의 주장을 뒷받침하지 못하는 결과이다. 온라인 친사회적 행동에 있어서는 사회자본요인이 중요한 요인이라는 결과에 근거해 볼 때 아마도 개인의 규범과 신념보다도 네트워크 구성원들과의 관계성이 더 중요하게 작용한 것을 나타내며 사회조직적 차원의 네트워크가 중요함을 제시한다.

한편 전신현(2015)은 대학생의 오프라인과 온라인에서의 친사회적 행동 원인 비교연구에서 네 가지 시각에서의 원인들로, 이기적 동기요인으로 친사회적 행동의 손실과 이득요인, 이타적 동기요인으로 감정이입, 규범적 요인으로 개인규범, 그리고 역할정체성 요인으로 친사회적 행위자로서의 역할정체성의 영향을 다뤘다. 조사결과에 의하면 오프라인 친사회적 행동에는 감정이입이, 온라인 친사회적 행동에는 손실요인이 중요하게 작용했다. 아울러 친사회적 행동자로서의 역할정체성은 오프라인과 온라인 친사회적 행동 모두에서 중요한 요인이었으며, 특히 온라인 친사회적 행동에서 가장 큰 영향력을 가졌다. 하지만 본 연구의 예측과 달리 개인규범은 오히려 오프라인 및 온라인 친사회적 행동 모두에서 부(-)적으로 작용했다. 이는 평소 도와야 한다는 생각이 실제 행동으로 연결되지 못하고 혹은 실제 돕지 않은 사람이 죄책감으로 강한 개인규범을 갖는 것으로 해석할 수 있다.

제 12 장

폭력행동

제12장 폭력행동

1. 폭력행동의 정의

폭력은 일탈행동의 한 유형이다. 일탈행동(deviant behavior)이란 사람들이 사회에서 부과된 규범을 위반하는 행위를 말한다. 그중 특히 법을 위반한 행위를 범죄라 하며, 한편 비행은 성인에게는 허용되면서 청소년 지위상 허용되지 않은 음주, 흡연 등의 지위비행에서부터 법을 어기는 행위를 포함하는 청소년들의 위반행동을 말한다.

범죄, 일탈행동, 청소년비행 등을 설명하려는 기존 논의들은 생물학, 심리학, 사회학 등에서 다양한데, 생물학은 유전적 생물학적 요인을, 심리학은 개인의 성격 등 내적 심리적 요인을, 그리고 사회학은 사회환경적 요인을 강조하는 점에서 차이가 있다. 사회학에서는 개인의 행위를 사회환경적 요인으로 설명하는 미시적 접근과 그 사회의 범죄와 현상을 다루는 거시적 접근으로 구분할 수 있는데, 사회심리학에서는 전자처럼 개인의 범죄행동을 사회환경적 요인을 통해 설명하는 것에 관심을 둔다.

일탈 혹은 범죄행동에는 폭력, 재산침해행위, 성범죄, 약물, 지위비행 등 여러 가지가 있지만, 기존 사회심리학 저서에서는 여러 행동 중에서도 폭력행동(violent behavior)을 주요 주제로 하여 주로 다루고 있는바, 여기서도 주로 폭력행동에 주목하여 접근하기로 한다. 이는 학원폭력 등 폭력행동이 주요 사회문제가 되고 있는 우리나라 실정에 맞기도 하지만 사이버일탈 혹은 사이버범죄와 관련해서 본다면 여러 사이버행동 중에서도 욕설, 악성댓글 등 사이버폭력이 가장 대표적 행동으로 언급되고 있기 때문이다. 사이버폭력이란 정보통신망을 통해 타인의 명예 혹은 권익을 침해하는 행위를 말하며, 욕설과 명예훼손, 비방, 협박, 스토킹 등을 포괄한다.

여기서는 폭력행동을 설명하는 기존의 대표적 논의를 살펴보기로 하며, 이들 논의를 사이버폭력에 적용함에 있어서 기존 폭력 설명과 과연 어떠한 차이가 있는지, 그리고 현실과는 다르게 새롭게 접근해야 하는지를 다뤄보기로 한다.

2. 폭력행동의 주요 이론들

1) 사회환경이론

(1) 긴장이론

Agnew(1992)의 일반긴장이론(general strain theory)은 Merton의 논의에 기반했던 고전적 긴장이론의 대안으로 등장한 것으로, 청소년의 경우를 예로 들면 부모와의 갈등이나 학업성적의 부진 등 소위 일상생활에서의 긴장이 청소년비행이나 범죄의 주요 원인이 된다고 보았다. 일반긴장이론에서는 긴장과 비행 사이의 매개요인으로 부정적 감정을 주요 요인으로 다루었는데, 일상긴장들로 인해 분노, 우울감 등의 부정적 감정을 경험하게 될 때, 그러한 부정적 감정을 해소하려는 대처 방식으로 비행과 범죄가 일어나는 것이며, 궁극적으로는 결국 부정적 감정과 해소가 범죄의 동기이자 원인이 된다고 보았다.

기존의 경험연구들을 보면 긴장 및 부정적 감정의 영향력은 어느 정도 지지를 받았다. 특히 긴장은 약물이나 재산범죄보다도 폭력행동과 밀접한 연관이 있고, 또 여러 부정적 감정들 중에서도 화가 중요하여, 긴장이 화, 분노를 유발하고 그러한 경험이 폭력을 유발하는 것으로 드러나고 있다(Piquero and Sealock, 2000; 이성식, 2003). 이는 긴장요소가 폭력행동을 설명하는 데에 유용할 수 있다는 것을 나타내는 결과라 하겠다.

(2) 차별접촉/사회학습이론

차별접촉(differential association) 및 사회학습이론(social learning theory)(Akers, 1985)에서는 청소년들이 폭력이나 법위반에 우호적인 주위 사람과의 상호작용을 통해 그 행위와 관련된 태도를 학습하게 됨으로써 폭력이나 비행을 저지르게 되는 것이라고 주장했다. 부모의 강압적인 양육환경하에서 자란 아이들은 강압적인 폭력방식을 대인관계나 문제해결의 가장 적절한 방식으로 학습하기 때문에 폭력을 한다고 보았고, 특히 비행친구와의 접촉은 청소년비행과 폭력에 있어 가장 중요한 요인의 하나라는 점을 강조했다(War and Stafford, 1991). 실제로 긴장도 비행친구와의 접촉을 매개로 비행에 영향을 미치며, 긴장이론을 검증한 연구에서도 특히 폭력비행은 긴장보다도 비행친구와의 접촉이 더 큰 영향력을 갖는다는 결과가 있다(Piquero and Sealock, 2000).

차별접촉/사회학습이론가들의 견해에 따르면 결국 폭력의 가장 궁극적이고 중요한 요인은 폭력용인 태도라고 할 수 있다. 즉 가정폭력 등 폭력하위문화 환경이나 비행친구와의 접촉도 결국 폭력을 용인하는 태도를 형성하게 함으로써 폭력을 유발한다는 것을 강조했다.

(3) 사회통제이론

사회통제이론(social control theory)에서는 주위 사람들과의 애정적 결속력과 같은 유대가 비행이나 폭력을 설명할 수 있다고 본다. 앞서 긴장이론이나 차별접촉/사회학습이론에서는 일부 사람들이 일탈이나 비행동기를 갖게 된다고 보지만, Hirschi(1969)에 따르면 사람들은 누구나 비행동기를 갖고 있어 그것이 통제되지 않는 한 누구든지 비행이나 범죄를 저지르게 될 수 있다고 본다. 따라서 누구나 갖는 동기요인은 비행이나 범죄의 원인이 되지 못하고 그 대신 그것을 통제할 수 있는 요소의 여부가 그 설명요인이 될 수 있다고 했다. 예컨대 부모나 학교 등에 사회유대가 강한 아이들은 비행동기를 통제하므로 비행의 가능성이 낮지만 사회유대가 약한 아이들은 쉽게 비행을 저지른다는 것을 주장했다. 따라서 비행은 현실에서 부모나 주위 사람과의 애착관계와 학업활동에 대한 관여 등 사회유대 정도에 의해 설명될 수 있다고 보았다.

그동안의 연구들에 따르면 사회통제이론은 크게 지지를 받아온 것은 아니지만 그럼에도 어느 정도 청소년비행이나 폭력행동을 잘 설명하는 것으로 평가받고 있다(Wiatrowski et al., 1981). 그렇지만 사회통제이론은 주로 사소한 지위비행을 설명할 뿐이며 폭력비행과 같은 보다 심각한 비행이나 범죄에 있어서는 긴장이나 비행친구와의 접촉과 같은 다른 이론들의 요인과 비교할 때 사회유대 요인들의 영향력은 낮은 것으로 평가된다(Matsueda, 1982).

2) 개인성향이론

Gottfredson과 Hirschi(1990)의 일반이론(general theory)에서는 폭력이나 모든 범죄가 순간욕구에 의해 우발적이고 즉각적이며 충동적으로 일어난다고 하면서, 결국 순간만족과 충동을 조절할 수 있는 능력으로서의 자기통제력이 범죄를 설명할 수 있는 유일한 요인이라고 보았다. 이 이론에서는 아이들이 어릴 때 부모의 양육방법에 의해 자기통제력이 형성된다고 보았고, 한번 자기통제력이 형성되면 청소년기를 지나 성인이 되어서도 변하지 않는 안정적이고도 지속적 성향이 된다고 보았다. 즉 어려서 형성된 낮은 자기통제력이 범죄를 설명하는 중요하고도 유일한 원인이 된다고 보았다.

Gottfredson과 Hirschi는 자기통제력이라는 내적 성향이 범죄의 유일한 설명원인이라고 보았기 때문에 기존의 사회통제이론이나 차별접촉/사회학습이론에서 강조되었던 사회유대나 비행친구들의 영향력을 부정했다. 그리고 모두 낮은 자기통제력이라는 공통된 원인에서 비롯되는 결과라고 보아, 자기통제력이 낮은 아이들이 부모와의 유대관계에 문제가 있고, 비행친구와 사귀며, 또 그러한 아이가 비행이나 범죄를 저지르는 것이어서 자기통제력을 통제할 경우 사회유대나 비행친구와의 접촉은 범죄와 아무 관련이 없는 허위관계가 된다고 주장했다.

그동안의 연구결과를 보면 일반이론에서의 낮은 자기통제력의 영향력은 강한 것으로 나타나고 있으며(Pratt and Cullen, 2000), 일반이론의 주장은 국내의 연구들에서도 크게 지지되고 있다(민수홍, 2005). 하지만 그동안의 연구들을 보면 개인성향으로서 자기통제력 이외에도 개인이 성장하면서 비행친구와의 접촉과 같은 사회환경요인들도 중요하기 때문에 자기통제력만이 비행이나 폭력에 있어 유일한 원인이라는 주장은 대체로 지지되지 못하는 것으로 나타난다.

3) 기회이론

기존의 주요 범죄이론들이 주로 범죄자 사회환경이나 개인특성에 주목한 것에 반해, 그것보다 범죄발생의 상황이나 기회여건에 주목하고 있는 이론이 있다. 기회이론으로 불리는 이 입장은 범죄자의 특성에 주목하는 실증주의 학파와는 달리 고전주의 학파에 근거한 논의로 어떠한 상황에서 범죄가 발생하는지의 기회 및 상황요인을 중시한다.

이 논의들은 범죄행위보다는 범죄발생에 관심을 두었기 때문에 주로 가해행위보다는 범죄피해를 설명하기 위해 적용되어 왔는데, 예를 들어 생활양식이론(lifestyle theory)(Hindelang et al., 1978)에서는 밤늦게 다니는 등의 범죄기회에 더 노출된 사람이 피해를 더 당한다고 보면서 범죄기회의 노출이 범죄발생의 원인이라고 보았고, 일상행위이론(routine activity theory)(Cohen and Felson, 1979)에서는 범죄가 일어나기 위해 매력적 대상이 있고, 범죄를 저지할 감시요인이 없는 등 범죄기회가 있어야 한다고 보아 현금이 많고 혼자 다니는 사람이 피해를 더 당한다고 보았다. 그러한 범죄기회이론(crime opportunity theory)의 주장은 피해연구를 중심으로 그동안의 경험연구들에서 지지를 받아 왔다(Meier and Miethe, 1993). 이와 같은 주장은 이후 피해연구 이외에 가해연구에도 적용되어, 우연한 범죄기회에 노출될수록 우연히 범죄를 저지를 가능성이 높다고 주장되었고, 매력적 대상이 있고 감시가 부재한 범죄기회가 높은 상황에서 과연 범죄를 저지르는지도 연구되었다.

3. 사이버공간에서의 폭력행동

1) 주요 유형

사이버공간의 등장에 따른 정보화의 역기능 현상으로 사이버범죄가 심각한 사회문제로 등장하고 있다. 사이버폭력을 살펴보기 전 사이버범죄의 유형을 보면 사이버범죄는 여러 방식으로 분류할 수 있다. 사이버범죄를 중심으로 보면 가장 많이 사용되는 대표적 분류방식은 사이버공간에서 일어나지만 이미 전통적으로 있어 왔던 전통형 범죄와 사이버공간에서 새롭게 나타나고 있는 신종형 범죄로 나누는 방법이 있다. 예를 들어 사이버폭력이나 성폭력이나 스토킹, 인터넷사기, 인터넷도박 등은 전자에 해당되며, 해킹, 바이러스 유포 등은 후자에 해당된다고 할 수 있다.

Wall(2001)은 기존의 오프라인상의 현실범죄가 폭력범죄, 재산범죄, 성범죄 등으로 구분되듯이, 사이버공간상의 범죄도 폭력범죄, 재산범죄(사기, 저작권침해, 절도 등), 성관련범죄(음란물 유통)로 나누고, 여기에 사이버공간상에 새롭게 나타난 해킹이나 사이버테러 등의 침해범죄유형을 추가하여 네 가지로 구분했다. 그러나 사이버범죄는 내용적으로 불법인 폭력이나 음란물과 관련된 인터넷콘텐츠범죄, 인터넷을 이용하여 재산상의 이득을 꾀하는 사기, 저작권침해의 인터넷이용범죄, 그리고 컴퓨터 네트워크를 해치는 해킹 등의 인터넷침해범죄 등 세 유형으로 나누는 것이 대표적인 방식이다(Wall, 2007; 이성식, 2011).

그중 사이버폭력은 통상 욕설과 명예훼손, 비방, 협박, 괴롭힘, 스토킹 등 여러 유형이 있으며, Willard(2006)는 사이버플레이밍, 사이버명예훼손, 사이버괴롭힘, 소외와 배척, 위장하기, 아웃팅, 그리고 스토킹 등 일곱 가지로 분류하기도 했다. 플레이밍은 무례하고, 누군가를 자극하여 논쟁과 분란을 일으키는 행위, 명예훼손은 특정인을 비방하거나 허위사실 등을 유포하여 명예를 훼손하는 행위, 괴롭힘은 누군가를 괴롭히고, 소외와 배척은 다수 혹은 집단이 따돌리는 행위, 위장하기는 특정인의 아이디로 위장하여 마치 그 사람이 한 것처럼 피해를 입히는 행위, 아웃팅은 누군가의 공개하고 싶지 않은 것을 공개하는 행위, 스토킹은 원치 않는 행위를 지속적으로 반복하여 불안감과 공포를 일으키는 행위를 말한다.

2) 사이버공간에서의 폭력행동의 특성

사이버공간에서의 폭력은 현실과 다르게 설명될 수 있는가? 그렇다면 그 원인은 무엇인가? 이러한 논의를 위해서는 우선 사이버공간이 현실공간과 어떻게 다르며, 사이버폭력이 갖는 특징이 무엇인지를 살펴볼 필요가 있다.

(1) 탈육체의 비대면성

사이버공간에서는 물리적 육체가 존재하지 않고 문서화된 텍스트 형태로 메시지가 전달된다. 또한 공간상에 서로 거리가 있고, 면 대 면의 상호작용이 이루어지지 않기 때문에 상대의 존재를 덜 의식하게 된다(Sproull and Kiesler, 1986). 이러한 비대면의 사회실재감의 상실은 상대의 존재 인식을 어렵게 할 뿐만 아니라 상대방을 인지하더라도 덜 친밀하게 인식하도록 한다. 흔히 폭력행위의 결과로 상대의 육체적 혹은 정신적인 피해가 있기 마련인데 비대면의 상황에서는 상대의 존재와 피해를 덜 인지한다. 따라서 큰 죄책감을 느끼지 못하고, 자신의 행동을 덜 통제하는 경향이 많아 폭력의 가능성이 높다.

(2) 익명성

사이버공간은 개인의 신분이 노출되지 않는 익명적인 특성이 있다. 물론 사이버공간에서는 실명으로도 개인이 존재할 수 있지만 주로 익명으로 대화를 나누며, 이러한 이유로 실체를 드러내지 않고 자신을 숨긴 채 자유롭게 의사소통을 할 수 있다. 사이버공간의 익명성은 자유로운 의사표현을 가능하게 하지만 또 다른 한편으로는 탈억제로 폭력을 유발할 수 있다(Kiesler et al., 1984). 즉 익명의 상황에서는 남을 의식하지 않게 되고 내적으로도 절제하지 못하여 왜곡된 의사표현과 무책임하고 반규범적으로 행동하는 부작용을 초래할 수 있다. 이처럼 익명성은 사이버폭력의 원인으로 작용할 수 있다(이성식, 2005).

(3) 가상성

사이버공간은 현실을 뛰어넘는 가상공간이라 일컫는다. 즉 사이버공간에서는 현실에 구속되지 않고 자신이 원했던 욕구를 충족하고 자신이 원했던 바를 실현할 수 있는 초현실적 공간이 된다. 게임과 같은 미지의 가상세계는 대표적인 모습일 것이다. 사이버공간에서의 상호작용의 경우 상대방이 보이지 않는 이유로 가상이라고 믿게 되는 경우가 있다. 사이버공간이 현실과 다른 가상적 공간이라 믿기 때문에 그곳에서 행하는 자신의 폭력행동도 크게 나쁘다고 생각하지 않고 실제가 아닌 가상적 행동이나 장난이라고 생각하는 경향이 있어 사이버폭력을 죄책감 없이 저지르게 된다.

(4) 가치규범의 부재성

사이버공간은 국경이 없고 다양한 주체들이 참여하기 때문에 보편적인 가치규범이 존재하기 어렵다. 또한 사이버공간은 새로운 공간으로서 구성원들은 현실의 모든 규제로부터 자유롭다는 인식을 갖는다. 사이버공간은 혼란스럽고 무질서한 공간으로 비춰지기도 하며, 따라서 그 안에서 이루어지는 각종 행위가 내·외적으로 통제되지 못하는 경향이 있다. 이러한 측면은 앞의 비대면성, 익명성, 가상성과 함께 폭력의 원인을 제공하게 된다.

(5) 재미와 호기심

사이버폭력은 일종의 놀이로서 재미와 호기심에서 이루어지는 경우가 많다. 청소년들은 사이버공간을 놀이공간으로 보는 경향이 있다(황상민, 2000). 즉 업무수행이나 검색보다는 주로 오락을 목적으로 인터넷을 이용한다. 그러나 그러한 매력에 빠지다 보면 사회규범에 얽매임이 없이 자신이 원하는 대로 재미를 느끼며 행동하기 쉽고 그러는 가운데 우연히 사이버폭력을 저지를 수 있다.

(6) 새로운 자아의 구현성

사이버공간에서는 물질적 육체에서 자유로워져 실체가 아닌 탈구조적이고 이상적이고 유동적이며 다양한 자아의 모습을 구현할 수 있다. 사이버공간에서는 현실에서의 사회위치와 역할로부터 자유로운 탈구조적 속성을 갖는다. 그리고 현실의 모습과는 다른 자신이 원하는 자아의 모습이 있다. 사이버공간은 현실의 자아와는 다른 새로운 정체성의 실험장이 되어, 현실에서 이루지 못한 일을 실현하며, 또한 복합적이고 무한히 끊임없이 변화할 수 있는 가변적이고 유동적 모습을 갖는다. 그러한 가운데 자유롭고 다양한 자아를 경험하며, 다중자아 때문에 중심을 잃고 정체성 혼란과 불안정한 분절적 자아를 경험하기도 하는데, 이는 사이버폭력의 원인으로 작용할 수 있다(Turkle, 1995; 이성식, 2008).

(7) 기회의 용이성

사이버공간에서는 누구나 접근이 가능하고 시공간의 무제한으로 24시간 내내 시간의 제약을 안 받으며, 지리적 공간의 제약 없이 사용할 수 있기 때문에 폭력의 기회가 용이하다. 또한 사이버공간에서는 육체적인 큰 노력 없이 한 번의 클릭만으로 손쉽게 힘들이지 않고 앉은 자리에서 아무런 제재와 저항 없이 폭력을 저지를 수 있다. 아울러 사이버폭력은 익명성 때문에 발각이 어렵고 처벌이 쉽지가 않아서 폭력기회가 용이하다고 볼 수 있다.

3) 사이버공간에서의 폭력행동의 원인과 설명

그렇다면 기존의 범죄이론에서 강조되어 왔던 설명요인들이 사이버공간에서는 어떠한가? 여기서는 폭력행동을 중심으로 여러 이론에서의 주요 요인들을 오프라인 현실과 온라인 사이버공간에 적용하였던 이성식의 연구(2006a)를 중심으로 주요 설명요인을 비교하면서 논의해 보기로 한다.

서울시 재학 중인 중학생을 대상으로 했던 이 연구에서는 주요 설명요인들로 긴장이론에서의 '부모관계갈등', '학교생활긴장', 부정적 감정으로서 '화', 차별접촉/사회학습이론에서의 '부모의 강압적 양육', '비행친구의 수', '폭력용인태도', 사회통제이론에서의 '부모유대', '학교

유대', 그리고 일반이론에서의 '낮은 자기통제력' 등을 사용했다.

그 결과를 보면 우선 그다지 강한 영향력은 아니었지만 일상긴장과 화가 즉각적인 폭력으로 표출되는 것은 오프라인보다 온라인상에서 일어날 가능성이 더 높았다. 이는 현실에서는 아무리 화가 나도 폭력행동으로 표출될 가능성은 상대적으로 낮지만 사이버공간에서는 사회적 실재감이 낮고 상대와 비대면의 상황으로 발각가능성도 낮아 아무런 제약 없이 긴장과 화를 폭력으로 표출하기가 쉽기 때문인 것으로 볼 수 있다.

차별접촉 / 사회학습이론의 요인으로 비행친구의 영향은 온라인에서는 유의미하지 않았지만 오프라인 폭력에서는 강했던 것으로 나타났다. 이는 온라인에서의 친구는 오프라인에서의 친한 친구관계와는 달리 친밀한 관계가 아니어서 그 영향력은 상대적으로 낮은 것으로 보인다. 하지만 오프라인의 경우와는 달리 친언어폭력적인 태도요인은 사이버폭력에서 가장 중요한 요인으로 작용했다. 사이버공간에서는 사적 자기인식이 높아 자신의 소신과 태도대로 행동한다고 하듯이 폭력에 대해 평소 생각하고 있는 태도가 행동과 일치할 가능성은 온라인상에서 더 높은 것으로 볼 수 있다. 오프라인에서도 폭력용인태도와 일치하게 폭력을 저지를 가능성이 높지만 오프라인에서는 상대적으로 주위의 압력이나 여러 다른 정황 때문에 자신의 생각이나 태도와 다르게 행동할 경우가 많다.

사회유대요인들은 온라인과 오프라인 모두에서 중요한 요인으로 작용하지 않았다. 오프라인의 현실과 비교해서 온라인에서 사회유대의 작용은 상대적으로 더 약하게 나타났는데, 사이버공간에 있는 동안 만큼은 현실과 다른 공간에 있다는 인식이 크고, 따라서 현실에서의 부모나 주위 사람들의 영향으로부터는 상대적으로 자유롭기 때문인 것으로 볼 수 있다.

한편 낮은 자기통제력은 오프라인상에서뿐만 아니라 사이버공간의 온라인 비행에서도 영향을 미친다는 점이 기존 연구에서 입증되고 있듯이, 본 연구에서도 낮은 자기통제력은 오프라인과 온라인 모두에서 중요한 요인인 것으로 제시되었다.

이후 연구에서 이성식(2006b)은 기존 폭력연구에서의 요인들 이외에 익명성 및 집단정체성, 인터넷문화환경을 추가하여 그 영향력을 살펴본 연구를 시도하였는데 그 결과를 살펴보면, 앞서 연구에서처럼 사이버공간에서의 폭력에 대한 태도, 낮은 자기통제력이 사이버폭력에 유의미한 설명요인이었다. 그리고 기존 연구들에서 사이버공간에서의 익명상황의 위험성을 강조했듯이 이 연구에서도 사이버공간에서 자신의 신분을 감추고 익명으로 사용하는 아이들은 그만큼 사이버폭력의 가능성이 높은 것으로 나타났다.

한편 사이버공간에서의 몰개성화의 사회정체성이론(SIDE)(Lea et al., 1992; Reicher et al., 1995)의 논의에 따라 사이버폭력도 집단간 갈등상황에서 자신이 속한 집단정체성에 따라 동조하고 자신의 집단과는 다른 의견을 배척하여 배타적 정서의 표출로 사이버폭력이 발생하는지를 살펴보았는데 집단정체성의 영향력은 낮은 것으로 나타났다. 이처럼 집단정체성 논의는 연예인 팬사이트나 정당 및 이념갈등과 같이 집단 간의 대립이 강한 사이트에서의 언어폭력을 설명하기에는 용이하나 일반적인 사이버폭력을 논하기에는 부족한 것으로 볼 수 있다.

이 연구에서는 인터넷의 문화환경이 사이버폭력의 주요 원인이 되는지 살펴보았다. 사회영향이론(social influence theory)(Fulk et al., 1990)에서는 행위자가 속해 있는 사이버공간의 문화규범의 영향력을 강조하였고, 공격적이고 비난일색의 토론문화의 장에서 언어폭력을 자주 접하고 학습하게 된 성원들이 그러한 환경의 영향으로 사이버폭력을 저지르게 되듯이(Thompsen, 1996; Postmes and Spears, 1998), 인터넷환경이 폭력적인가의 환경적 요소는 중요한 요인이 되는데, 이 연구에서는 익명성을 포함한 여러 요인들보다도 개인들이 이용하고 있는 사이버공간의 문화규범적 요소가 사이버폭력에 대한 태도와 함께 사이버폭력에 가장 큰 영향력을 미친다는 연구결과를 제시하고 있다.

이후 앞서 연구가 중학생 대상의 연구였다면 이성식(2014)은 대학생의 사이버폭력을 포함한 사이버일탈 연구에서 그 주요 설명요인들을 긴장이론, 사회학습이론, 일반이론, 그리고 기회이론 등 네 이론으로부터 도출하고, 어느 이론과 설명요인들이 우위에 있는지를 알아보는 데에 관심을 두었다. 이 연구는 앞서 연구와 달리 기회요인의 영향을 다룬다. 이 연구결과에서는 부모와의 긴장 등 긴장요인들의 영향력은 미비했고, 사회학습요인들로 기존 연구에서 어느 정도 중요하게 작용했던 차별접촉이나 태도의 영향력은 매우 낮았다. 기존 연구에서 가장 중요한 요인 중 하나였던 개인성향으로서 낮은 자기통제력의 경우는 비록 그 영향력이 유의미하기는 했지만 기회요인들과 비교해서는 영향력이 작았다. 연구결과는 여러 요인들 중에서 기회인지도, 인터넷이용시간, 그리고 상대적으로 그 영향이 다소 약하긴 했지만 익명성 등 전체적으로 기회이론의 요인들이 사이버폭력과 일탈을 잘 설명하는 것을 제시했다.

이러한 결과들을 종합해 보면 기존 이론에서의 요인들 중에서는 일상긴장이나 비행친구의 영향, 낮은 자기통제력보다는 개인의 폭력에 대한 태도가 중요했고, 인터넷환경의 문화규범, 그리고 기회요인

등이 중요하다는 것을 제시하고 있다. 이러한 결과는 인터넷문화환경의 개선과 개인 윤리의식 교육, 그리고 기회의 차단이 사이버폭력 대처에 무엇보다도 중요하다는 것을 나타내고 있다.

한편 이성식과 동료들(2016)은 카카오톡으로 대표되는 모바일 인스턴트 메신저상의 사이버폭력을 설명하고자 통합모델을 구성함에 있어 주요 요인들을 배출요인과 촉진요인으로 나누고 그 요인들의 통합적인 작용을 살펴보려고 했다. 여기서는 현실기반의 요인을 배출요인으로, 모바일 인스턴트 메신저상의 요인을 촉진요인으로 다뤘는데, 즉 청소년들이 학교폭력을 하게 만드는 현실에서의 사회환경이나 개인성향의 배출요인들이 그 작용을 더 촉진하게 하는 모바일 인스턴트 메신저상의 촉진요인들과 결합될 때 사이버폭력에 대한 설명력은 더 높을 것이라고 본다. 이 연구에서는 일상긴장과 낮은 자기통제력을 배출요인으로 다뤘고 모바일 인스턴트 메신저상에서의 사이버폭력에 있어서 촉진요인으로 사회학습요인과 기회요인이 중요할 것이라는 점에 주목하고 배출요인과 촉진요인들 간의 상호작용효과를 검증하고자 했다. 본 연구결과는 배출요인으로는 부모 및 친구와의 긴장, 그리고 낮은 자기통제력이 그 원인으로 중요했다. 그리고 촉진요인으로 모바일 인스턴트 메신저상의 사이버폭력 친구와의 차별접촉, 사이버폭력태도, 사이버폭력기회가 독립적으로 매우 중요했다. 또한 본 연구에서는 어느 정도 배출요인과 촉진요인 간에 상호작용효과를 가져 비록 부모와의 긴장은 촉진요인들과 상호작용효과를 갖지 못했지만, 친구와 긴장관계에 있는 청소년이 사이버폭력에 긍정적 태도를 갖는 경우와 사이버폭력기회가 많은 경우 그리고 사이버폭력친구와 사귀는 경우도 사이버폭력 가능성이 높은 것을 제시했다. 학업긴장은 독립적인 영향력은 낮았으나 사이버폭력태도와 유의미한 상호작용효과를 나타냈다. 또한 낮은 자기통제력은 비록 사회학습요인들과의 상호작용효과는 유의미하지 않았지만 사이버폭력기회와의 상호작용효과가 유의미한 것을 제시했다. 이 연구는 사이버폭력이 여러 요인들에 의해 설명이 가능하고, 특히 서로가 필요충분조건이 되어 통합적으로 작용할 수 있다는 것을 제시했다.

제 13 장

인터넷중독

제 13 장 인터넷중독

1. 인터넷중독의 정의

인터넷중독이라는 말은 정신과 의사인 Goldberg가 1996년에 인터넷중독장애(Internet Addiction Disorder)라는 용어를 처음 언급하면서 제기되기 시작했다. 중독이라 할 때 통상 약물중독을 떠올리듯 어떤 물질에 지나치게 의존한다는 뜻을 내포한다. 중독에는 약물중독 이외에 어떤 행동, 예컨대 도박, 과식, 성행위, TV 시청 등 행동적 중독이 있는데, 행동적 중독도 약물중독과 마찬가지로 그러한 행동에 지나치게 빠지게 되는 장애로 다루어지며 인터넷중독은 행동적 중독의 일종으로 다뤄진다.

인터넷중독은 지나친 인터넷 사용으로 이에 대한 의존성, 내성 및 금단증상 등과 같은 병리적 증상을 보이는 중독 상태를 일컫는다. 인터넷중독은 Goldberg가 인터넷중독장애로 보았듯이 일종의 장애의 형태로 다뤄져 왔으며, 주요 학자인 Young도 인터넷중독을 약물중독과 마찬가지로 일종의 장애로 다뤄 왔다. Goldberg는 인터넷중독이 마약, 술 등의 물질중독과 유사하다고 보고 DSM - IV의 병리적

<표 13-1> 인터넷중독의 주요 기준들

1. 현저성-인터넷 사용이 생활에서 가장 중요한 부분이 되고, 생각, 느낌, 여타 행동을 지배하여 그 행동만을 주로 생각하게 되는 것.
2. 기분변화-인터넷을 사용함으로써 마음이 평안해진다든지 하는 기분의 변화를 느끼는 것.
3. 내성-어느 정도의 만족감을 얻기 위해 이전보다 더 많은 시간과 양의 활동을 해야 하는 것.
4. 금단증상-인터넷접속을 하지 않을 경우 불쾌감이나 불안, 그 밖의 육체적 증상을 동반하는 것.
5. 갈등-인터넷 사용 때문에 주위 사람들과의 관계나 직장일 등 사회생활에 문제가 있는 것.
6. 재발-끊거나 조절을 한 후에도 몇 년 후 언제든지 원래의 상태로 재발하게 되는 것.

도박의 진단기준을 사용하였고, Young도 인터넷중독을 설명함에 있어 병리적 도박장애의 진단기준을 사용하였는데 특히 그것을 충동조절장애의 일종으로 보았다. Young이 사용한 기준은 Goldberg의 기준과 크게 다르지 않은데, 현저성, 기분변화, 내성, 금단증상, 갈등, 일상생활의 지장, 재발 등이 그 주요 기준들이다.

이처럼 인터넷중독은 단순히 인터넷과 관련된 활동에 많은 시간을 보낸다는 것을 의미하지는 않는다. 또 인터넷을 하지 않으면 불안해하는 금단증상과 같은 신체적 징후만을 특징으로 하는 것도 아니다. 인터넷중독은 무엇보다도 인터넷과 관련된 활동에 지나치게 몰입하고 조절하지 못하여 개인의 사회생활에 심각한 지장을 초래하고 주위 사람들과의 관계나 하고 있는 일 등에 문제를 일으키는 것을 주요 내용으로 포함하고 있다.

인터넷중독은 Young(1998)이 제시하고 있는 20개의 문항을 사용하여 진단하는 경우가 많은데, 앞서 언급한 바와 같이 의존성, 내성, 금단증상, 가족, 직장, 사회에서의 문제를 유발하는 경우를 그 내용으로 한다. 각 문항을 5점 척도로 질문하고, 그 문항들을 합산하여 통상 70점 이상인 경우 심각한 인터넷중독자로, 40점 이상은 초기

중독자 혹은 과다사용자로 분류하고 있다.

하지만 인터넷중독은 일정 기준을 갖는 장애나 질병, 혹은 일정 물질에 신체적으로 의존한다는 개념으로 보기보다는 정상적 사용에서부터 과도한 사용에 이르는 연속선상에서 파악되어야 하며, 그러한 점에서 그것을 병리적 인터넷 사용(Pathological Internet Use)(Morahan-Martin and Schumacher, 2000; Davis, 2001) 혹은 문제적 인터넷 사용(Caplan, 2002)이라는 용어를 권하기도 한다. '병리적'이라는 말을 사용하는 것은 인터넷중독에 병리적인 사용 외에도 비병리적인 인터넷 사용이 포함될 수 있기 때문이다(Charlton, 2002). 예컨대 인터넷 사용으로 자신감을 가질 수 있다든지, 친한 친구를 사귀면 덜 우울해지는 경우가 있다. 그러나 우리가 흔히 인터넷중독이라고 하는 경우 병리적인 것이 주된 논의의 대상이 되며, 병리적이라는 것은 인터넷 사용으로 가족, 주위 사람들의 관계, 직장일 등에 큰 문제를 야기하거나 소외, 외로움을 유발하는 것이라고 볼 수 있다

2. 인터넷중독의 원인과 설명

1) 인터넷중독의 원인으로서 인터넷공간의 특성

인터넷중독의 원인은 무엇인가? 그 하나는 인터넷중독자들의 환경이나 성향요인을 들 수 있을 것이고, 다른 하나는 그러한 사람들이 인터넷에 빠질 수밖에 없는 인터넷공간의 특성 요인을 들 수 있을 것이다. 즉 인터넷중독을 설명함에 있어 중독자 요인과 인터넷공간의 특성이 필요충분조건이 된다고 할 수 있다(Davis, 2001). 여기서는 먼저 인터넷공간의 어떤 특성이 중독자들을 유인하는지를 다루기로

하겠다.

앞에서도 자주 언급된 바와 같이 인터넷공간에는 인터넷중독을 유발하게 하는 여러 특성이 있다. Young(1997)은 인터넷중독의 원인으로 새로운 인격창출, 숨은 성격의 발현, 성적인 만족, 사회적 지지 그리고 영향력의 발휘를 들고 있다. 이처럼 인터넷은 자신의 정체가 드러나지 않아 안전하게 이용할 수 있다는 익명성의 기반하에 현실의 사회규범이나 구속에 얽매이지 않고 현실의 억압에서 탈피하여 환경을 통제하면서 새로운 사람으로 변할 수 있고 자신의 원하는 바를 자유롭게 누릴 수 있다는 점, 인터넷공간에서는 수줍음이 많은 사람도 적극적이 될 수 있고, 현실에서 충족되지 못했던 호기심, 재미, 성적 욕구 등 다양한 욕구를 충족시킬 수 있다는 점, 그리고 인터넷공간에서는 현실에서 소외된 사람들이 자신과 관심을 공유하는 사람과 만나 의사소통을 하고 정서적 유대를 형성하여 강한 친밀감을 갖고 마음의 지지와 위안을 받을 수 있다는 점, 그 밖에 게임 등을 통해 약자가 강자가 되어 영향력을 획득할 수 있다는 점 등이 인터넷중독의 원인으로 작용한다고 볼 수 있다. 그 밖에도 Greenfield(1999)는 인터넷매체가 갖는 탈억제, 강한 친밀감, 현실과의 경계상실, 시간개념의 상실, 통제력 상실 등을 인터넷중독의 원인으로 꼽기도 했다.

이와 같은 익명성과 그로부터 비롯된 탈억제와 욕구해소, 사회적 확신감 등 인터넷공간의 특성들은 특별히 사회약자이며 사회로부터 구속되고 소외되고 있는 청소년들에게 다양한 욕구를 충족시키고 심리적으로 보상할 수 있는 장소를 제공하기 때문에 사회환경적 측면이나 성향 면에서 취약한 청소년이 인터넷중독에 빠지게 만드는 요인으로 작용하게 된다.

2) 인터넷중독자 관련 설명요인들

사이버공간을 이용하는 사람 모두가 인터넷중독에 빠지는 것은 아니다. 그렇다면 어떤 사람이 인터넷에 중독되는가? 그동안 많은 연구들은 경험연구 등을 통해 그 원인들을 제시해 왔다(Brenner, 1997; Davis, 2001; Charlton, 2002; 어기준, 2000; 김혜원, 2001; 이해경, 2002). 기존 연구를 보면 사회환경을 고려한 사회심리요인으로 부모의 무관심, 학업성적 등에서 오는 일상생활에서의 스트레스, 그리고 주위 사람들(부모나 친구)의 정서적 지지 부족과 같은 요인들을 중요한 요인으로 제시하고 있다. 또한 개인의 성향요인으로는 우울(혹은 고독감), 충동성, 낮은 자아존중감 등이 중요한 설명요인으로 제시되어 왔다.

(1) 사회환경요인들

그동안의 연구는 사회환경요인으로 부모와의 의사소소통이나 관계, 학업성적 등에서 오는 일상생활에서의 스트레스, 그리고 친구와의 관계와 같은 요인들을 중요한 요인으로 제시하고 있다(Young, 1997; Kraut et al., 1998).

부모의 애정적 방식은 인터넷중독 경향을 낮추지만, 적대적이고 부정적인 양육방식, 부모와 자녀의 역기능적 의사소통은 인터넷중독과 밀접한 관련이 있다(배성만 외., 2012). 아울러 부모의 과잉통제방식이나 부모와의 갈등은 인터넷중독을 유발할 수 있다(서승연 · 이영호, 2007).

학업문제는 중요한 요인으로 학업부진과 학교부적응으로 생기는 스트레스를 해소하기 위한 현실도피적인 이유에서 인터넷에 빠져들게 된다고 한다(이해경, 2002; 아영아·정원철, 2010). 인터넷에 과도하게 몰입하게 되면 학업에 지장을 가져오고, 사회적응 및 가정생활, 대인관계, 개인정서에 상당한 지장을 초래한다고 하여 그 위험성을 염려하지만, 사실 이러한 문제들은 인터넷중독의 결과가 아니라 인터넷에 몰입하게 하는 원인이라고 볼 수 있다. 즉 학업실패로 주위 사람들로부터 인정을 못 받고, 좌절을 겪으며, 친구로부터 소외되고, 부모, 형제의 이해부족과 무관심 속에 현실사회와의 유대가 깨져버린 아이들이 현실을 극복하기 위해 인터넷공간에 빠지게 된다고 볼 수 있다(이성식·전신현, 2004; 남영옥, 2005).

친구나 교우관계에서의 문제 또한 인터넷중독을 유발할 수 있다. 친구가 적거나 친구들로부터 소외되는 아이들은 인터넷공간을 통해 자신과 유대를 형성할 수 있는 친구를 만날 수 있게 되기 때문에 인터넷에 빠지게 될 수 있다(박지영외, 2012).

기존 연구들에서는 인터넷중독자들이 사회지지가 결여된 사람들인 경우가 많다고 주장되듯이 사회지지는 인터넷사용과 큰 관련이 있다. 사회지지는 주위 사람들의 정서적 지지와 도움, 애정관계로 볼 수 있는데, 사회지지는 생활의 여러 스트레스나 가정, 학교, 친구문제에 효과적으로 대처할 수 있도록 도와주는 보호요인이 된다. 그러나 가족, 친구, 친지 등 주위 사람들의 지지가 부족할 경우 스트레스, 부정적 사회환경의 영향이나 외로움 등이 해결되지 못하여 결국 인터넷상에 다른 사람들로부터 정서적 지지나 위로를 받고 외로움을 달래기 위해 인터넷에 의존하게 된다고 한다. 기존 연구들을 보면 김혜원(2001)은 가족구성원의 지지가 높을수록, 조남근과 양돈규(2001)는 형제(자매)의 지지가 높을수록, 그리고 이계원(2001)은 교사와 친구의 지지가 높을수록 인터넷중독의 가능성이 낮다는 결과를 제시했다.

그럼에도 전체적으로 볼 때 사회지지의 영향력은 상대적으로 낮은 것으로 평가되고 있다(조아미 · 방희정, 2003).

(2) 개인요인들

기존 연구들에서 가장 강조되어 왔던 주요 개인요인은 우울, 충동성, 그리고 낮은 자아존중감으로 여기서는 이 요인들을 중심으로 기존 연구결과를 살펴보기로 한다.

첫째, 주위 사람들과의 관계가 원만치 못하고 또 사회지지도 부족하여 외롭게 지내는 아이들에게 인터넷중독이 많이 일어난다고 하듯이 외로움과 우울감이 인터넷중독의 중요한 요인이 된다고 주장되어 왔다. 인터넷중독자는 부모와의 관계에 문제가 있거나 대인관계가 원만치 못하며 의지할 만한 친구가 없이 외롭게 지내는 아이들인 경우가 많은데, 인터넷은 확장된 대인관계의 환경을 제공하기 때문에 우울한 사람이 의존할 수 있는 안식처이자 도피처가 된다는 것이다. 초창기 Young의 연구(1997)에서는 우울증이 인터넷중독의 중요한 선행요인의 하나가 된다는 것을 주장했으며, 이후 대부분의 연구들에서도 우울감은 중요한 요인이 된다는 것이 일치된 주장이다(Brenner, 1997; Morahan-Martin and Schumacher, 2000). 우울은 그것이 중독의 원인인지 혹은 오히려 중독에 의한 결과인지에 대해 논란이 있지만(Kraut et al., 1998), 그럼에도 인터넷중독은 외로움이나 우울과 같은 개인의 어떤 증상의 결과라고 주장된다. 외로운 사람들 혹은 우울한 사람들은 부모와의 관계에 문제가 있고 친구와의 관계도 원만치 못해 외롭게 지내게 되는데, 인터넷은 확장된 대인관계 네트워크와 새로운 환경을 제공하기 때문에 우울한 사람들이 의존할 수 있는 안식처이자 도피처가 될 수 있다는 것이다. 인터넷에서는 새로운 사람들과 친밀한 관계를 맺을 수 있게 되는데, 이러한 환경은 외롭고 우울한, 그리고 불안한 사람에게 사회적 지지의 작용으로 이로운 환경이 되며, 따라서 우울 때문에 인터넷을 사용하지만 인터넷을 사용하게 되면 우울과 외로움을 경감시킬 수 있게 된다고 보았다(Caplan, 2003; Morahan-Martin and Schumacher, 2003; Ybarra et al., 2005).

둘째, 충동적인 사람들은 인터넷중독에 빠지기 쉽다. 인터넷중독으로 주위 사람들과의 관계에서 크게 문제가 되고 학업이나 직장일에서 실패하는 등 여러 부정적인 결과가 초래될 수 있음에도 인터넷중독자들이 그 결과를 생각지 못하고 인터넷에 빠지게 되는 것은 결국 이러한 사람들이 자기통제력이 부족하고 충동적이라고 할 수 있다. 실제로 기존 연구들은 충동성(혹은 낮은 자기통제력)이 인터넷중독과 매우 밀접하게 연관된다고 주장하고 있고(이계원, 2001; 이경님, 2003; 남영옥, 2005). 무엇보다도 충동성 혹은 낮은 자기통제력은 여러 요인들을 함께 고려한 연구들에서 가장 중요한 원인이 된다는 것을 제시하는데, 특히 게임중독에서 그 영향력은 매우 큰 것으로 나타나고 있다(이경님, 2004; 남영옥, 2005).

셋째, 인터넷중독은 낮은 자아존중감과 밀접한 관련이 있음이 주장되어 왔다. 현실세계에서 적응하지 못하고 주위로부터 인정을 받지 못하는 아이들은 현실세계 기준에서 볼 때 자아존중감이 낮을 수밖에 없다. 이들은 자아증진동기에 의해 누군가로부터 인정을 받고 마음의 위안을 받기를 원하는데 사이버공간은 그러한 욕구를 충족시켜 줄 수 있는 대안의 공간이 되기 때문에 자아존중감이 낮은 아이들은 인터넷 공간에 의존하게 된다. 학교성적 등 일상생활에서는 인정받지 못하는 아이가 자아존중감 고양의 동기로 '게임만큼은 최고'라는 소리를 듣고 싶어서 게임에 몰두할 수 있다. 또 게임 속의 캐릭터를 통해 세계를 지배하는 것과 같은 일상에서 경험하지 못한 자신감을 느끼기도 하고, 지위상승을 경험하기도 하는 이유로 게임에 몰두하게 된다(Armstrong et al., 2000; Davis, 2001; 이계원, 2001; 이성식 · 전신현, 2004; 조춘범 · 임진섭, 2010). 유계환의 연구(2019)에서는 부모의 부정적 양육이 자아존중감을 낮추고 낮은 자아존중감이 인터넷중독에 영향을 준다는 것을 제시했다.

3. 인터넷중독의 유형별 원인

인터넷중독에 관한 초기 연구가 주로 인터넷중독 전반에 관한 연구였다면 2000년도 초반 이후부터는 보다 구체적으로 인터넷중독을 유형별로 구분하여 다루기 시작했다. 인터넷중독의 하위유형에 대해서는 아직 일치된 의견은 없으나 어기준(2001)이 제시한 게임중독, 음란물중독, 그리고 대인관계(채팅)중독으로 나누는 것이 일반적이다. 그렇다면 하위유형별로 그 설명원인은 과연 다른지 살펴보기로 한다.

1) 게임중독

그동안 국내연구의 대부분은 여러 유형들 중에서 특히 게임중독과 관련하여 이루어졌다. 사회환경요인으로 부모와의 역기능적 의사소통이 게임중독을 초래하며(이경님, 2003; 조윤주, 2011), 남영옥(2005)의 중학생대상의 연구에서는 부모의 양육 방법이나 교사나 학교만족도의 학교요인은 중요하지 않았지만 친구의 영향력이 중요해 친구들과의 교제를 위해 게임을 한다는 결과를 제시했다.

게임중독에 관한 기존 경험연구의 결과에서는 여러 요인들 중에서도 충동성 혹은 낮은 자기통제력이 주요 요인으로 제시되고 있다(이희경, 2003; 이성식 · 전신현, 2006). 초등학생을 대상으로 게임중독을 연구한 박영호와 김미경(2004)의 연구결과에서는 충동성이 게임중독에 영향을 미치는 주요 요인임을 강조했고, 아울러 중 · 고등학생을 대상으로 조사한 권재환과 이은희의 연구(2005)에서도 게임중독의 고위험 집단과 저위험 집단 간에는 자아존중감, 부모의 양육태도, 대인관계기술에서도 차이가 있지만 충동성에서 큰 차이를 보인다는 결과를 제시했다. 유사하게 이경님(2003)은 부모와의 관계와 낮은 자기통제력이 게임중독에 유의미한 영향을 미친다는 점을 보여주었고, 이후 연구(2004)에서는 여러 요인들과 그 영향력을 비교하였는데, 가정 및 친구의 영향과 같은 사회환경적 요인이나 자아존중감과 같은 다른 개인요인보다도 낮은 자기통제력이 가장 중요한 영향력을 미치고 있음을 제시하였다. 이처럼 게임중독은 오락과 재미의 즉각적 욕구를 추구하고 자신의 현실생활을 돌보지 않는 충동적인 성향에서 비롯되며, 폭력적 게임을 통해 공격성을 표출하는 행동으로 이해할 수 있다.

자아존중감은 게임중독을 설명하는 또 다른 주요 요인으로 언급된다. 즉 현실생활에서 낮은 자아존중감을 갖는 아이들이 게임의 승리를 통해 자아존중감을 회복한다는 것으로 게임에서 경험하는 성취감이 지속적으로 게임에 도전하고 빠지게 하는 요인이 된다고 한다(김혜원, 2001). 초등학생 대상 연구에서 박영호와 김미경(2004)는 자아존중감이 게임중독과 관련이 있다고 제시했고, 조춘범과 임진섭(2010)은 중고등학생 대상 연구에서 부모와의 상호작용의 영향이 자아존중감에 의해 매개되고 자아존중감이 게임중독에 주요 설명요인이라는 결과를 제시했다. 그렇지만 자아존중감의 영향력은 다소 제한적인데 이경님과(2004) 이성식과 전신현(2006)의 연구에서도 개인성향요인 중 낮은 자기통제력과 달리 자아존중감은 유의미한 설명력을 갖지 못하는 것을 제시한다.

외로움 혹은 우울감과 게임중독과의 관계에 관한 연구는 많지 않다. 그것은 우울이 게임중독이 주요 원인이 아닐 것이라는 점을 반영하는데, 실제 진보래(2019)의 종단적 패널자료를 분석한 결과에 의하면 외로움이 게임중독에 영향을 미치는 것이 아니라 게임중독이 외로움을 유의미하게 예측한다는 결과를 제시하기도 했다.

2) 음란물중독

음란물중독은 음란물에 대한 중독 이외에 음란성채팅이나 사이버섹스 등의 중독 현상을 포함한다. 기존의 연구에서는 음란물중독에 대한 연구가 극히 드물게 이루어졌다. 그 대신 중독보다는 단순한 음란물접촉의 설명요인에 관한 연구가 이루어졌는데, 부모의 무관심과 유대부족 등 가정요인이 제시되었고(윤영민, 2000), 학교의 부적응도 주요 요인이 된다는 연구가 있다. 음란물중독에 관한 보다 구체적인 연구로, 남영옥(2004)의 사이버섹스중독 연구에서는 개인적 특성 중에서 낮은 자기통제력이 매우 중요한 설명요인임을 밝히고 있다. 이정윤(2005)은 게임, 채팅, 음란물중독 등 인터넷중독 유형별로 설명요인들이 어떻게 다른지를 살펴보았는데, 충동성은 다른 유형들보다 음란물중독과 다소 관련이 높은 것으로 나타났다. 한편 남영옥(2005)의 인터넷중독 유형별 연구결과를 보면 개인요인으로 게임중독에서는 우울과 충동성이 강한 영향력을 가졌던 반면, 음란물중독의 경우는 특별히 중요한 요인이 없음이 제시되었으며, 사회환경요인으로 부모양육방법이 음란물중독과 약하게 관련이 있었고, 아울러 학교만족도가 낮고 친구의 영향력이 음란물중독에 영향을 미친다는 결과를 제시했다. 이성식과 전신현의 연구(2006)는 스트레스 해소의 동기 이외에는 중요한 설명요인이 없다는 것을 제시하고 있다. 배영광과 권경인(2018)은 부모와 자녀의 의사소통과 음란물중독과의 관계에서 자기통제력과 소외감(외로움)이 매개변인으로 작용한다는 결과를 제시했다.

3) 채팅중독

게임중독과 비교하여 채팅중독에 관한 연구는 매우 드물게 진행되어 왔다. 그럼에도 채팅중독과 관련한 몇몇의 연구를 보면 게임중독의 경우와는 달리 대인관계의 문제와 여기서 비롯된 외로움과 우울이 채팅중독의 주요 원인으로 제시되고 있다. 김종범과 한종철(2001)은 인터넷중독을 크게 대인관계 관련 중독(예를 들어 채팅중독)과 그렇지 않은 중독으로 구분했을 때 대인관계 위주의 중독은 외로움이나 우울과 관련이 있음을 제시했다. 이정윤(2005)의 인터넷중독의 유형별 연구에서 채팅중독의 경우는 우울이 가장 중요한 요인으로 제시되었고, 이성식과 전신현(2006)의 인터넷중독 유형별 연구에서는 앞서 언급했듯이 게임중독은 충동성과 스트레스 해소, 재미추구가, 음란물중독은 특별한 주요 요인이 없이 스트레스 해소가 주요 동기였지만, 채팅중독은 대인관계증진의 동기, 사회지지의 부족, 그리고 우울 등의 요인들이 관련이 있음을 제시했다. 이처럼 채팅중독은 인터넷의 네트워크를 통해 현실상의 외로움에 위안을 받고 새로운 인간관계를 형성하여 대인관계의 욕구를 해소하려는 행동으로 이해할 수 있다.

4) 스마트폰중독

인터넷이용이 모바일 환경으로 바뀜에 따라 인터넷중독 연구도 휴대폰 혹은 스마트폰 중독 연구로 진행되었다. 초기의 휴대폰중독 연구들을 보면 이해경(2009)은 여러 요인들 중에서 우울이 중요했으며, 양심영과 박영선(2005)은 고등학생 대상 연구에서 우울 이외에 충동성이 청소년 휴대폰중독의 주요 설명요인이 된다는 것을 제시했지만 자아존중감은 중요하지 않다는 것을 제시했다. 사회환경요인들은 개인특성변인들에 비해 중요하지 않았다는 연구결과도 있었지만(양심영·박영선, 2005), 한희진과 윤미선(2010)은 중고등학생 대상의 연구에서 가정, 학교, 친구관계에서의 스트레스가 휴대폰중독의 설명요인으로 중요하게 작용한다는 것을 제시했다.

스마트폰의 등장으로 단순히 모바일 매체로서 휴대폰 기능이외에 인터넷, SNS, 모바일 메신저, 그리고 그 외에도 게임, 음란물, 온라인쇼핑 등이 가능하게 되어 스마트폰중독은 SNS중독 이외에 여러 특징을 지닌다. 이에 시작된 스마트폰중독 초기 연구로 신호경과 동료들의 연구(2011)에서는 자아존중감의 영향이 중요하지 않았던 반면 우울의 영향력이 중요했다는 연구결과를 밝히고 있고, 이후 연구들에서는 대체로 우울이 중요한 요인인 것으로 나타난다. 스마트폰중독은 주로 대학생 대상 연구가 많았고 우울이 주요 요인으로 등장하는데(황경혜 외., 2012; 김병년, 2013; 전호선·장승옥, 2014; 양경미, 2016), 이는 우울한 대학생이 SNS 등의 사용에 중독되는 것으로 볼 수 있다. 따로 SNS중독의 연구에서는 대학생의 자기불일치가 우울에 영향을 주고 SNS중독 경향에 영향을 준다는 결과를 제시했다(이수진·김태곤, 2018). 고은혜와 배상률(2016)은 중고등학생 대상 연구에서 오프라인에서 친구관계가 좋지 않고 그대신 SNS에서 긍정적 친구관계를 맺을수록 SNS중독에 빠진다는 결과를 제시했다. 이는 오프라인에서 대인관계에서 오는 우울 등이 원인이 되어 SNS에서의 해소가 중독과 연관이 되는 것이라 볼 수 있다.

그동안의 스마트폰중독 연구에서는 자기통제력도 또한 중요한 요인인 것으로 나타나는데(김남선 · 이규은, 2012; 김병년, 2013; 최정은외., 2014), 중학생 대상의 조사에서 낮은자기통제력과 충동성이 주요 요인인 것을 제시하고(박은민 · 박기희, 2014), 대학생 조사에서도 이현숙과 배상윤(2017)은 자기통제력과 충동성이 주요 요인임을 제시했다. 아마도 이는 스마트폰사용시 게임중독의 특성을 반영하는 것으로 볼 수 있다.

그러나 자아존중감의 영향력은 몇 연구 외에는(양경미., 2016; 김경숙 · 이덕남, 2019) 대체로 그 영향력이 높지는 않는 것으로 나타나는데, 김경숙과 이덕남(2019)은 대학생 대상의 연구에서 자기통제력의 영향이 자아존중감을 통해 스마트폰중독에 영향을 준다는 결과를 제시했다.

그 외 사회환경 및 스트레스가 주요 요인이 되어 일상에서의 여러 스트레스를 해소하는 과정에서 스마트폰중독에 빠지게 된다는 연구결과가 있으며(전호선 · 장승옥, 2014; 이현숙 · 배상윤, 2017), 이종화(2016)는 아동 및 청소년패널조사 사용 연구에서 부모의 부정적 양육, 학교부적응, 또래애착이 스마트폰중독과 연관이 있음을 제시했다.

이처럼 스마트폰중독의 경우는 상대적으로 SNS나 모바일메신저 카카오톡 등의 사용에서 보듯이 우울하고 외로운 사람들이 다른 누군가와 교류와 소통을 목적으로 하는 경우가 많기 때문에 가정, 학교, 친구관계에서의 긴장과 스트레스 이외에 우울과 같은 요인이 중요한 설명요인이 되며, 아울러 게임중독에서 보듯이 스마트폰중독 역시 충동조절장애와 낮은 자기통제력의 결과라고도 볼 수 있는데, 스마트폰중독의 경우도 어떤 종류의 중독인지에 따라 그 주요 원인이 다르다고 할 수 있다.

맺음말

이 책은 사이버공간에서의 사회심리학의 여러 주제들을 다루었다. 사회심리학이 사회 속의 개인, 즉 개인과 개인의 관계, 집단이나 사회 속의 개인에 관한 여러 주제들을 다루듯이, 이 책에서는 자아, 사회지각, 태도, 감정 등 사회심리학의 주요 기초 개념부터 2, 3, 4, 5장에서 다루었고, 그 다음으로 개인과 개인의 대인관계에서 설득, 자기제시, 인상관리, 호감과 사랑을 6, 7, 8장에서, 사이버집단의 주제는 9장에서, 그리고 사이버공간에서의 개인의 행동영역으로 집합행동, 친사회적 행동, 폭력행동, 그리고 인터넷중독은 따로 10장에서부터 13장까지 다루었다.

본서에서 가장 주목했던 부분은 기존 사회심리학에서 다루었던 현실공간에서의 주요 주제들의 특성이 과연 사이버공간에서는 현실과 어떻게 다른가 하는 점이다. 사이버공간은 현실공간과 분명히 다르다. 사이버공간은 비대면의, 익명의, 자유의, 또한 때로는 가상의 공간이기에 현실과 다르다고 할 수 있으며, 그래서 사이버공간의 특성상 자아 등 여러 특성도, 개인과 개인의 관계도, 사이버집단의 특성도, 그리고 사이버공간의 여러 행동들도 현실의 그것들과는 다르다고 할 수 있다.

사이버공간의 자아의 모습은 기본 특성상 탈구조적이며, 다중적, 유동적이고, 때로는 현실과 달리 자아가 불안정하고 해체적이라고 주장된다. 또한 사이버공간에서는 여러 단서의 부족으로 인상형성이 어렵고 사이버공간에서의 귀인은 상대에게 일어난 일의 경우 외부 단서 부족으로 그것을 주위 상황보다는 상대에게 귀인하는 기본적 귀인오류의 경향이라든지, 또 자신에게 일어난 잘못을 자신보다 상대에게 귀인하는 자기위주편향이 높은 특징이 있다. 사이버공간에서의 개인과 개인의 대인관계에서는, 설득이나 또 친밀한 관계가 힘들다는 주장도 있다. 사이버집단은 규모가 크고, 가입과 탈퇴가 자유로우며, 응집력이 약한 특징이 있다. 그러한 이유로 집단규범에의 동조나 집단사고는 현실보다는 낮고, 집단의 극단적인 의사결정인 집단극화의 가능성은 높은 특징을 갖는다. 아울러 사이버공간에서는 자유로운 의사소통의 공론장이 되고 공통된 이슈를 네트워크를 통해 결집한다는 측면에서 집합행동은 더욱 활성화되고, 남을 돕는 데 드는 시간과 비용의 감소로 친사회적 행동은 더 일어나며, 익명성과 기회의 용이성 등으로 폭력행동도 현실보다 더 많이 일어나게 된다는 특징이 있다.

그러나 실제로 지금의 상황은 인터넷시대가 열리던 초창기 때와는 사뭇 다르다. 이제는 인터넷에서의 생활이 현실에서 중요한 일부분을 차지하면서, 그것이 현실과 별개의 가상의 공간이라기보다는 현실과 같은 공간이 되어가고 있기 때문이다. 더구나 SNS나 모바일메신저 등의 사용은 이미 알고 있는 지인과의 의사소통 사이에서 일어난다. 이처럼 사람들은 사이버공간에서 현실에서의 사람들을 만나는 등 사이버공간은 현실의 연장선으로서의 장이 되어가고 있다.

그러한 점에서 사이버공간에서의 자아의 모습도 현실과 별개의 것은 아니고 현실의 연장선으로서 현실의 모습을 담고 있는 것이 일반적이다. 그 모습이 현실과 다르다 할지라도 그것은 현실에서 존재하지 않던 모습이 아니라 현실의 욕구의 표현이자 다만 표출하지 않던 잠재해 있는 진정한 자아의 모습이라 할 수 있다. 개인과 개인의 관계에서도 그 관계는 시간이 걸릴 뿐 그 교류가 늘어남에 따라 충분히 현실에서처럼 친밀한 관계가 가능하다는 것이 일반적 견해이다. 오히려 인터넷을 통해 서로 자주 접촉할 수 있어서, 또 서로 공유하는 관심사나 주제 때문에, 그리고 서로 자기노출을 통해 그 관계는 더욱 친밀해지고 서로에게 호감과 매력을 느낄 수도 있다.

앞서 논의들에서도 살펴보았지만 사이버공간이 현실과 얼마나 다른가에 대한 질문의 답은 사이버공간이 현실과 얼마나 연관되어 있느냐에 따라 그것이 현실과 유사할 수도 있고 다를 수도 있다고 보는 것이 적절할 것이다. 예를 들어 사이버공간에서 현실의 사람들과 자주 만나는 사람의 경우 그 사람의 자아는 현실의 연장선상에 있지 다중적이거나 해체적이라고 볼 수는 없다. 또 귀인에 있어서도 사이버공간에서는 통상 기본적 귀인오류나 자기위주편향이 많다고 하지만 그 상대가 자신의 집단의 성원이거나 잘 아는 사이인 경우 그렇지 않다. 사이버공간에서의 대인관계에서도 이미 현실에서 아는 사이에서 사이버공간을 통해 더 접촉하고 교류하는 사이라면 그 관계는 더욱 충분히 친밀하게 발전할 수 있는 사이가 될 것이다. 서로 아는 사이이거나 혹은 앞으로 만나게 될 사이가 될 경우 인상관리도 더 적극적이 된다는 것을 우리는 이미 살펴보았다. 자기노출도 사이버공간에서는 처음 만나는 사람 사이에서도 가능하다고 하지만 이 또한 앞으로 만날 것을 기대하거나 그 관계가 지속적일 것이라 기대할 때 자기노출이 더 이루어진다고 논의한 바 있다. 또 사이버공간에서만의 사랑은 불완전하지만 이미 아는 사이거나 사이버공간이 그 현실의 관계를 보완할 때 사랑이 증진된다고 할 수 있다. 사이버집단에서의 동조의 경우도 마찬가지이다. 즉 일반적으로는 사이버집단규범에의 동조 가능성은 낮다고 할 수 있지만 그 집단의 성원들이 현실에서도 만나고 모이는 사이라면 그 집단의 응집력도 강하고 그 집단에의 동조의 가능성도 높다고 볼 수 있을 것이다.

이렇게 볼 때 현실공간과 사이버공간이 얼마나 유사하고, 또 다른가는 그것이 개인마다 다르다고 보는 것이 옳은 답이 될지 모른다. 즉 그것은 개인마다 사이버공간을 이용하는 정도가 다르기 때문이다. 어떤 사람은 그것을 현실과 별개의 세상으로 다뤄 이용하지만, 어떤 다른 사람은 그것을 현실의 연장선상에서 또 다른 현실의 일부분으로 이용하기 때문이다. 전자에게는 사이버공간이 현실과 다른 세상이겠지만 그리고 그곳에서 새로운 자아와 인간관계, 집단생활을 경험하겠지만, 그렇지 않은 후자에게는 그리고 많은 대부분의 사람들이 여기에 해당되겠지만 사이버공간은 현실과 별개의 세상은 아닐 것이다. 아마도 현실에 적응 못하고 사이버공간을 현실의 대안으로 삼는 사람은 몰라도 현실에 잘 적응하면서 사이버공간을 이용하는 사람에게 사이버공간은 현실과 크게 다르지 않을 것이다. 전자는 현실에서 실패하여 사이버공간을 대안으로 삼고 새로운 자아와 인간관계를 누리겠지만 현실에 잘 적응하는 사람에겐 사이버공간이 현실의 연장선상에 있기 때문이다. 사이버공간에서 현실의 생활을 이어가고 현실에서 만나는 사람과의 관계를 지속적으로 유지하는 사람에겐 사이버공간이 현실과 다르지 않다.

사이버공간이 새로운 환경으로서 개인의 삶을 완전히 변화시킨다고 보기는 어렵다. 즉 사이버공간은 그 특성상 분명 현실과 다른 공간이긴 하지만 사람들이 그 공간을 어떻게 받아들이고 이용하는가에 따라 달라지게 되기 때문이다. 즉 우리가 사이버공간에 있느냐 현실공간에 있느냐에 따라 그 영향을 다소 받기는 하겠지만 우리 자신이 어떤가가 못지않게 중요하다는 것이다. 오히려 사이버공간에서는 현실에 있을 때보다 개인의 역할이 더 크다고 볼 수 있다. 현실에서나 사이버공간 모두에서는 환경요소와 개인요소에 의해 개인이 어느 정도 영향을 받지만 앞서 논의에서도 살펴보았듯이 사이버공간에서는 환경보다 개인의 태도, 소신, 신념이 더 중요하다는 것이 보다 폭넓게 받아들여지고 있기 때문이다. 우리가 앞서 살펴본 집합행동, 친사회적 행동, 폭력행동에 있어서도 개인적 요소의 요인들이 보다 중요했다는 것을 확인할 수 있었다. 사이버집단 연구에서도 우리는 그러한 예들을 이미 살펴보았는데, 집단규범에의 동조나 집단사고, 집단극화, 그리고 집단 간의 갈등에 이르기까지 모든 집단 내 행동의 경우도 개인이 갖고 있는 집단정체성이 높고 낮은지에 따라 그 정도가 달라진다고 볼 수 있기 때문이다.

본서는 기존의 사회심리학의 주요 주제들을 사이버공간에 적용해 보려는 것에 주목했다. 그러나 본서는 기존 사회심리학 주제들을 사이버공간에 적용해 보고 기존 논의와 경험조사 연구들을 정리하고 있음에도 불구하고, 그외의 새로운 주제들을 다루지 못한 한계를 지녀 앞으로의 연구는 이러한 점에 보완이 필요하다고 하겠다. 사이버공간이 우리에게 중요한 일상의 한 부분을 차지하고 있는 점에서 기존의 사회심리학은 새롭게 모색되어야 할 것이다. 이러한 점에서 앞으로 더 많은 연구가 이루어지길 기대한다.

참고문헌

고은혜·배상률. 2016. “청소년의 소셜미디어 중독 경향성에 영향을 미치는 요인에 관한 탐색적 연구: SNS이용행태 및 부모중재 유형을 중심으로”. 『청소년학연구』 23(6): 451-472.

고준·신선진·김희웅. 2008. “온라인 커뮤니티에서 자기표현욕구의 영향요인과 디지털 아이템 구매의도에 미치는 효과”. 『경영정보학연구』 18(1): 117-144.

곽민석·조광민·이광용. 2014. “기술수용모델과 계획된 행동이론을 적용한 스포츠용품 온라인 구매의도 모형 검증”. 『한국체육학회지인문사회과학』 53(3): 423-441.

권재환·이은희. 2005. “판별분석을 이용한 게임중독 청소년들의 심리적 사회환경적 특성 예측”. 『한국심리학회지: 건강』 10(1): 95-112.

김경미. 2006. “인터넷이 집합행동 참여에 미치는 영향: 2002 여중생 추모 촛불집회를 중심으로”. 『한국사회학』 40(1): 183-211.

김경숙·이덕남. 2019. “대학생의 자기통제 및 충동성이 자아존중감과 스마트폰중독에 미치는 매개효과”. 『한국컴퓨터정보학회논문지』 24(6): 183-188.

김관규. 2002. “Computer-Mediated Communication을 통한 인간관계와 현실공간 인간관계의 비교”. 『한국방송학보』 16(1): 79-108

김관규·임현규. 2002. “CMC를 통해 형성되는 대인인상특징과 인상형성에 영향을 미치는 요인”. 『한국언론학보』 45(4): 109-143.

김남선·이규은. 2012. “대학생의 자기통제력과 생활스트레스가 스마트폰

중독에 미치는 영향." 『한국보건정보통계학회지』 37(2): 72-83.
김대중. 2016. '컴퓨터 매개 커뮤니케이션에서 정서표현에 영향을 미치는 요인: 분노와 슬픔의 정서를 중심으로". 『사이버커뮤니케이션학회보』 33(1): 47-86.
김동노 · 노중기 · 노진철 · 신진욱 · 이승훈 · 이정옥 · 이혜숙 · 조대엽 · 홍성태. 2013. 『한국사회의 사회운동』. 다산.
김명소 · 한영석. 2001. "합리적 행위이론과 계획된 행동이론에 의한 온라인 구매행동 이해". 『한국심리학회지: 사회 및 성격』 15(3): 17-32.
김미희 · 김기범 · 차영란. 2005. "현실 및 가상공간에서의 집단범주화방식과 상호작용여부에 따른 집단성 지각 및 내집단 편애". 『한국심리학회지: 사회 및 성격』 19(3): 37-54.
김병년. 2013. "대학생의 자기통제력과 스마트폰중독간의 관계에서 우울의 매개효과." 『한국가족복지학』 39(3): 49-81.
김상조. 2008. "온라인 경험가치가 소비자 신뢰 및 감정에 미치는 영향". 『통상정보연구』 10(1): 117-135.
김성경. 2007. "우리나라 자원봉사자의 적극적 자원봉사참여의 영향요인에 관한 연구: 자원봉사정체감의 조절효과를 중심으로". 『한국가족복지학』 21: 167-186.
김수정. 2004. "청소년의 정보통신 윤리의식과 사이버비행과의 관계연구". 『청소년복지연구』 6(1): 69-89.
김아름 · 박민아 · 전대원 · 강미리 · 공혜진 · 구유리 · 진민수 · 김주환. 2011. "트위터 프로필 사진 유형과 메시지 유형이 트위터 계정소유자의 인상형성에 미치는 영향". 『한국HCI학회논문지』 1-9.
김용철. 2008. "정보화시대의 사회운동: 온라인 사회운동의 유형과 특징". 『사이버커뮤니케이션학보』 25(1): 5-42.
김유정. 2008. "웹 개인미디어에서의 사이버 자기표현." 『한국언론학보』 52(6): 78-99.
김유정. 2011. "소셜네트워크서비스에 대한 이용과 충족 연구: 페이스북

이용을 중심으로". 『미디어, 젠더 & 문화』 20: 71-105.

김윤식·정규엽. 2009. "호텔 브랜드 블로그 특성이 구매의도 및 온라인 구전 커뮤니케이션에 미치는 영향". 『호텔경영학연구』 18(3): 1-22.

김은미·임소영·박현아. 2017. "관계적 커뮤니케이션으로서의 뉴스공유: 자기제시 성향과 뉴스공유 대상의 특성을 중심으로".『한국방송학보』 31(3): 114-151.

김종범·한종철. 2001. "인터넷중독 하위집단의 특성연구". 『한국심리학회지: 상담및심리치료』 13(2): 207-219.

김종욱·박상철·이원준. 2005. "온라인 소비자 구매행동에서 제품관여도의 조절효과에 관한 연구". 『경영과학』 22(2): 51-76.

김주원·김용준. 2008. "자선단체기부자의 기부동기와 기부행동에 대한 실증연구". 『경영학연구』 37(3), 629-658.

김준수. 2017. "모바일 메신저 유료 이모티콘의 캐릭터 속성요인이 구매의도에 미치는 영향". 『디지털콘텐츠학회논문지』 18(1); 209-215.

김혜원. 2001. "청소년들의 인터넷이용현황과 그에 대한 원인분석: 인터넷 중독 증세와 음란행위를 중심으로". 『제37회 청소년문제연구 세미나 자료집』. pp. 19-66. 한국청소년단체협의회.

남영옥. 2004. "청소년의 사이버섹스 중독과 성비행의 심리사회적 변인". 『청소년학연구』 11(1): 159-183.

남영옥. 2005. "중학생의 인터넷중독, 게임중독, 음란물중독의 심리사회적 특성 비교". 『청소년학연구』 12(3): 363-388.

민경배. 2006. 『사이버스페이스의 사회운동』. 한국학술정보(주).

민수홍. 2005. "낮은 자기통제력의 결과로서의 청소년비행과 학교에서의 징계경험". 『청소년학연구』 12(2): 1-25.

박동진·권명순·최정화. 2013. "개인의 건강정보지향, 인터넷 건강정보에 대한 태도, e-헬스 리터러시 수준과 건강 관련 행위의 관계". 『홍보학연구』 17(3): 379-413.

박상철·정남호. 2013. "온라인 여행 커뮤니티에서 이용자 관여도의 매개적 효과 연구". 『호텔경영학연구』 22(1): 191-212.

박석철. 2005. "자아정체성과 인터넷커뮤니티 이용행위". 『방송통신연구』 겨울호 255-285.

박성복 · 황하성. 2007. "온라인 공간에서의 자기노출, 친밀감, 공동 공간감에 관한 연구". 『한국언론학보』 51(6): 469-494

박성희. 2004. "사이버공간의 대리자아 아바타의 역할 유형 분석". 『한국언론학보』 48(5): 375-404.

박성희 · 최준호. 2004. "인터넷 이용 동기와 이용 행태 간 상관관계에 대한 탐색적 비교 연구: 한국과 미국의 네티즌을 대상으로". 『한국언론학보』 48(4): 243-270.

박수이. 2006. "가상사회의 자기제시와 인상형성 차원에 관한 연구". 『정보화정책』 13(2): 165-188.

박영호 · 김미경. 2004. "초등학생의 게임중독과 심리적 특성과의 관계". 『교육이론과실천』 13(1): 335-359.

박은민 · 박기희. 2014. "중학생 자녀가 지각한 부모와의 양육태도가 스마트폰중독에 미치는 영향: 불안과 충동성의 매개효과." 『한국가족복지학』 19(3): 529-547.

박지영 · 김귀애 · 홍창희. 2012 "청소년의 휴대전화 중독적 사용과 이용동기, 또래관계, 정서적 요인과의 관계". 『Korean Journal of Clinical Psychology』 31(1): 151-169.

박현희 · 이금 · 전중옥. 2010. "온라인 화장품 광고의 소비자 설득효과에 관한 연구: 사회증거 메시지 유형과 제품유형을 중심으로". 『한국의류산업학회지』 12(6): 755-763.

배성만 · 박중규 · 고영삼. 2012. "부모-자녀 의사소통과 인터넷중독과의 관계: 심리, 행동적 문제와 인터넷사용동기의 이중매개효과". 「한국심리학회지:학교」 9(3): 529-544.

배영광 · 권경인. 2018. "부모-자녀 의사소통이 청소년음란물 중독에 미치는 영향: 소외감과 자기통제력의 매개효과". 『청소년상담연구』 26(2):

385-408.

서승연・이영호. 2007. "일상적 스트레스, 사회적지지, 몰두성향과 인터넷 중독과의 관계". 『Korean Kournal of Clinical Psychology』 26(2): 391-405.

성지연・박정의. 2008. "웹사이트의 비주얼적 요소가 유권자 태도에 미치는 영향력에 대한 실험연구". 『사이버커뮤니케이션학보』 25(2): 71-106

손장권・이성식・전신현. 1994. 『미드의 사회심리학』. 일신사.

손준상. 2007. "인터넷쇼핑에서 느낌감정과 인지평가가 웹충성도에 미치는 영향에 관한 연구". 『대한경영학회지』 20(1): 153-174.

신나민. 2006. "아바타를 통해 본 초, 중, 고, 대학생의 자아이미지 비교분석". 『교육정보미디어연구』 12(2): 5-24.

신호경・이민석・김홍국. 2011. "모바일 사용행동에 대한 실증연구: 스마트폰 사용중독을 중심으로." 『정보화정책』 18(3): 50-68.

아영아・정원철. 2010. "청소년의 학업 및 가족갈등 스트레스가 인터넷중독에 미치는 영향." 『청소년복지연구』 12(4): 257-277.

양경미 2016. "대학생의 자아존중감, 우울이 스마트폰중독에 미치는 영향". 『한국융합학회논문지』 7(1): 113-123.

양심영・박영선. 2005. "청소년의 휴대폰 중독성향의 예측모형". 『대한가정학회지』 43(4): 1-16.

어기준. 2000. "청소년 PC중독의 유형과 문제점". 『청소년의 PC중독』. 청소년상담원.

오종환・장수연・이준환. 2014. "한글 자음 및 모음 사용을 통해 드러나는 온라인에서의 정서표현에 대한 탐색적 연구". 『멀티미디어학회논문지』 17(7): 866-878.

우성범・권정혜・양은주. 2014. "청소년의 온라인, 오프라인 공간의 친밀감 형성: 자기개방과 반응성 친밀감을 중심으로". 『한국심리학회지: 사회 및 성격』 28: 111-125.

유계환. 2019. "중학생이 느끼는 부모의 비지지적 양육태도와 인터넷중독의 관계에서 자존감의 매개효과". 『아동교육.』 28(3): 151-167.

유재웅・조윤경. 2019. "계획된 행동이론에 근거한 사이버 괴롭힘 행위의도 예측요인". 『한국언론학보.』 60(1): 265-289.

유창조・안광호・방선이. 2009. "온라인 구정정보 방향성과 동의수준이 소비자 평가에 미치는 영향: 웹사이트상에서의 실험설계를 바탕으로". 『소비자문화연구』 12: 27-46.

윤영민. 2000. "청소년의 인터넷사용: 분석모형의 개발". 『정보사회와 미디어』 2: 133-153.

이경님. 2003. "아동이 지각한 어머니와의 의사소통과 자기통제가 게임중독에 미치는 영향". 『대한가정학회지』 41(1): 77-91.

이경님. 2004. "개인적 변인과 환경적 변인이 아동의 게임중독경향에 미치는 영향". 『대한가정학회지』 42(4): 99-118.

이계원. 2001. 『청소년의 인터넷중독에 관한 연구』. 이화여자대학교대학원 박사학위논문.

이동환・강내원・전종우. 2017. "SNS를 통한 시민 사회운동의 공론화 과정: #그런데 최순실은?" 『사이버커뮤니케이션학회보』 34(2): 83-123.

이득규. 2009. "온라인쇼핑몰에서 구매고객의 인지부조화가 불만족 및 재구매에 미치는 영향에 관한 연구". 『한국품질경영학회 춘계학술발표논문집』 2009: 184-197.

이미나・서희정・김현아. 2012. "투표인증샷 분석: 자기표현과 설득의 커뮤니케이션". 『한국언론학보』 56(6): 246-277

이상욱・이지은・한성준・정동훈. 2013. "소셜미디어 이용자의 자기노출, 공유 메시지, 커뮤니케이션 방향, 그리고 관계 우형 차원의 이해와 행태". 『사이버커뮤니케이션학보』 30: 87-129.

이성식. 2003. "청소년폭력비행에 있어 일반긴장이론의 검증: 상황론적 논의를 통해". 『형사정책』 15(2): 85-106.

이성식. 2005. "사이버공간의 익명성이 청소년언어폭력에 미치는 영향: 기존 요인들과의 비교". 『한국청소년연구』 16(1): 77-107.

이성식. 2006a. “중학생 오프라인과 온라인 폭력 원인모색을 위한 주요 요인들의 적용”. 『청소년학연구』 13(6): 179-200.

이성식. 2006b. “사이버언어폭력의 원인과 방지대책”. 『형사정책』 18(2): 421-440.

이성식. 2008. “사이버공간에서의 자아와 청소년비행”. 『형사정책연구』 19(3): 229-249.

이성식. 2011. 『사이버범죄학: 원인. 유형. 대책』. 그린.

이성식. 2014. “대학생의 사이버일탈 설명요인에 관한 연구: 주요 네 이론에서 요인들을 중심으로”. 『한국공안행정학회보 』54: 145-168.

이성식・전신현. 2004. “청소년들의 자아증진동기로서 인터넷공간에의 관여, 정체성형성과 인터넷중독: 정체성이론의 적용”. 『한국청소년연구』 15(2): 27-56.

이성식・전신현. 2006. “청소년 인터넷중독 유형별 설명요인의 모색”. 『청소년학연구』 13(4): 151-171.

이성식・전신현・심홍진. 2016. “모바일인스턴트 메신저상의 청소년 사이버불링 설명을 위한 통합모델의 검증: 배출요인과 촉진요인들의 상호작용효과를 중심으로”. 『형사정책연구』 27(2): 293-314.

이수진・김태곤. 2018. “대학생의 자기불일치와 우울이 SNS중독 경향성에 미치는 영향: 인지적 정서조절전략의 조절된 매개효과”. 『한국심리학회지:학교』 15(3): 511-535.

이윤미・양혜영・이민아・김주환. 2006. “방문자의 자아구성, 자아존중감, 성별이 개인 웹사이트에 드러난 자기제시에 대한 평가에 미치는 영향”. 『한국언론정보학보』 36: 254-287.

이은주. 2008. “탈개인화 효과에 관한 사회적 자아정체성 모델”. 『커뮤니케이션 이론』 4(1): 7-31.

이재신・김지은. 2009. “전문가와 네티즌 영화평의 온라인 구전 효과”. 『한국방송학보』 23(2): 449-484.

이정기・강경수. 2015. “맞춤형 스마트 광고 수용의도 결정 요인 연구:

보호동기이론, 기술수용모델, 계획행동이론을 중심으로". 『스피치와 커뮤니케이션』 26: 85-114.

이정기 · 이유진 · 김병규 · 김보미 · 최선률 · 구자영 · 바냐콜레바. 2014. "웹툰 이용동기와 계획행동이론 변인이 웹툰 관련 행동의도에 미치는 영향: 영화관람, 유료 콘텐츠 전환시 이용, 캐릭터 상품 구매의도의 비교". 『커뮤니케이션학 연구』 22(2): 89-121.

이정윤. 2005. "인터넷중독 하위유형에 따른 심리적 특성 차이". 『청소년학연구』 12(1): 43-61.

이종하. 2016. "청소년 스마트폰 중독모형에 관한 연구." 『한국콘텐츠학회논문지』 16(9): 433-442.

이항우. 2012. "소셜 미디어, 사회운동의 개인화, 그리고 집합 정체성 구성: 페이스북 그룹 함께 점령 사례 분석". 『경제와사회』 95: 254-287.

이해경. 2002. "인터넷상에서 청소년들의 폭력게임 중독을 예측하는 사회심리적 변인들". 『한국심리학회지: 발달』 14(4): 55-79.

이해경 (2009). 10대 "청소년들의 휴대폰 중독적 사용의 예측변인들." 『청소년학연구』 16(1): 117-153.

이현숙 · 배상윤. 2017. "일부 대학생의 스트레스, 자아요인 및 정서요인이 스마트폰중독정도에 미치는 영향." 『한국콘텐츠학회논문지』 17(5): 328-336.

이현선 · 리대룡. 2004. "구전으로서 온라인 사용후기의 효과에 관한 연구". 『홍보학연구』 8: 234-268.

이희경. 2003. "청소년 게임이용요인과 개인사회적요인이 게임몰입과 게임중독에 미치는 영향". 『청소년학연구』 10(4): 355-380.

장우영. 2010. "네트워크 개인주의와 시민저항: 2008년 촛불시위를 사례로". 『한국정치연구』 19(3): 25-54.

장해 · 박주식. 2015. "온라인 구전 신뢰성의 선행요인과 2차 구전의도에 미치는 영향: 온라인 구전 관여도의 조절효과를 중심으로". 『경영과 정보연구』 34(1): 81-101.

전세훈·이지연. 2017. “부정정서와 인터넷중독의 관계”. 『사회과학연구』 24(3): 291-312.

전신현. 1998. “여성의 감정이입과 남을 돕는 행동”. 『여성연구논총』 13: 67-94.

전신현. 2008. “사회관계, 우울, 인터넷사용간의 관계: 초등학생 패널조사를 이용한 검증”. 『청소년학연구』 15(5): 51-73.

전신현. 2011. “온라인 도움행동의 원인에 관한 경험연구: 서울시 대학생을 중심으로”. 『정보화정책』 18(1): 55-72.

전신현. 2015. “대학생의 오프라인과 온라인에서의 도움행동 원인 비교”. 『한국청소년연구』 26(1): 195-215.

전우영·정현주. 2006. “인터넷쇼핑에서 사용후기가 제품에 대한 평가와 구매의도에 미치는 영향”. 『한국심리학회지: 소비자광고』 7(1): 113-129.

전현규·이건창. 2015. “온라인 커뮤니티에서 개인의 감정과 공동체의식이 사용자의 지식공유의도에 미치는 영향에 관한 실증연구”. 『경영학연구』 44(6): 1473-1510.

전호선·장승옥. 2014. “스트레스와 우울이 대학생 스마트폰중독에 미치는 영향." 『청소년학연구』 21(8): 103-129.

정대율. 2013. “디지털 지식상품의 가격수용도와 구매인지부조화 영향요인에 관한 연구”. 『정보시스템연구』 22(4): 85-115.

정새봄·원도연·정유미. 2015. “모바일 스포츠뉴스의 플로우(Flow)경험에 따른 이용지속성에 관한 연구: 기술수용모델(TAM)과 합리적 행동이론(TRA)의 적용”. 『한국스포츠산업경영학회지』 20(6): 35-53.

정재휘·김영걸. 2006. “전문가 커뮤니티내에서의 지식기여 및 활용활동에 영향을 미치는 요인: 지식생태계 관점으로”. 『한국지식경영학회 춘계학술심포지엄』.

조남근·양돈규. 2001. “청소년이 지각한 사회적 지지와 인터넷 중독경향 및 인터넷 관련 비행간의 관계”. 『한국심리학회지: 발달』 14(1):

91- 111.
조동기・오영석・조희경. 2001.『사이버공간에서의 여론형성과 집합행동』. 정보통신정책연구원.
조미혜・전수현・최은경. 2014. “페이스북 이용자의 자존감, 삶의 만족도, 성별의 차이가 자아표현 동기 및 사회교류 동기에 미치는 영향”.『한국콘텐츠학회논문지』 14(9): 513-528.
조수영. 2011. “인터넷 건강 정보의 정보원 유형과 상업 링크 유무, 질병의 심각성에 따른 설득 효과 차이”.『한국언론학보』 55(3): 123-152.
조승호・조정렬. 2011. “인터넷 웹사이트에서 소비자의 적극적 불평행동에 관한 연구: 감정이론과 계획행동이론을 중심으로”.『한국콘텐츠학회논문지』 11(12): 220-229.
조아미・방희정. 2003. “부모, 교사, 친구의 사회적지지가 청소년의 게임중독에 미치는 영향”.『청소년학연구』 10(1): 249-275.
조영신・정세훈. 2013. “소셜미디어를 이용한 사회공헌 활동 PR에서 활동주체와 전달 정보원에 따른 설득효과 연구”.『한국광고홍보학보』 15(4): 38-69.
조윤주. 2011. “부모와의 역기능적 의사소통이 청소년의 게임중독에 미치는 영향."『청소년학연구』 18(3): 27-48.
조춘범・임진섭. 2010. “청소년의 부모-자녀 상호작용이 인터넷 게임중독과 비행에 미치는 영향 연구: 자아존중감의 매개효과 검증을 중심으로."『청소년학연구』 17(9): 197-226.
주지혁. 2013. “아이폰 이용자를 통해 본 스마트폰 이용의도 예측모형 비교: 기술수용모형(TAM), 계획된 행동이론(TPB) 및 통합모형을 중심으로”.『디지털정책연구』 11(1): 89-97.
진보래. 2019. “초기 청소년의 외로움과 게임중독의 종단적 관계: 게임이용자 패널데이터의 자기회귀 교차지연효과”.『한국콘텐츠학회논문지』 19(5): 178-186.

최문형 · 박미경 · 이홍재. 2013. “SNS 이용과 교량적 네트워크 및 결속적 네트워크의 관계 분석: 계획된 행동이론의 적용”. 『한국행정학회 춘계학술발표논문집』.

최자영 · 김경자. 2003. “계획적 행동이론을 적용한 소비자들의 온라인 쇼핑행동 분석”. 『소비자학연구』 14(4): 89-103.

최정은 · 서은지 · 이은희 · 유문숙. 2014. “대학생의 스마트폰 중독수준과 정서지능, 자기통제력과의 관계”. 『가정간호학회지』 21(1): 44-51.

하동희 · 이형룡. 2018. “온라인 관광 커뮤니티 특성이 정보유용성, 긍정적 감정, 지속적 이용의도에 미치는 영향”. 『관광연구』 33(1): 163-183.

한덕웅 · 이민규. 2001. “계획된 행동이론에 의한 음주운전행동의 설명”. 『한국심리학회지: 사회 및 성격』 15(2): 141-158.

한희진 · 윤미선. 2010. “학교급과 성별에 따른 청소년의 스트레스가 휴대폰 과다사용에 미치는 영향". 『청소년학연구』 17(6): 21-46.

황경연. 2002. “무역포털사이트 이용 결정요인에 관한 연구”. 『무혁학회지』 27(3): 97-120.

황경혜 · 유양숙 · 조옥희. 2012. “대학생의 스마트폰 중독사용 정도에 따른 상지통증, 불안, 우울 및 대인관계”. 『한국콘텐츠학회논문지』 12(10): 365-375.

황상민. 2000. 『사이버공간에 또 다른 내가 있다』. 김영사.

황지연. 2004. “사이버공동체의 정체성과 집합행동”. 『정보와 사회』 6: 105-137.

Agnew, R. 1992. “Foundation for a General Strain Theory of Crime and Delinquency”. *Criminology* 30: 47-87.

Ajzen, I. 1985. “From Intentions to Action: A Theory of Planned Action”. In J. Kuhl and J. Beckman(eds.), *Action Control: From Cognition to Behavior*. New York: Springer.

Akers, R.L. 1985. *Deviant Behavior: A Social Learning Approach*. 3rd

Edition. Belmont, CA: Wadsworth.

Alberici A.I. and Milesi, P. 2013. "The Influence of the Internet on the Psychosocial Predictors of Collective Action". *Journal of Community and Applied Social Psychology* 23: 373-388.

Allport, F.H. 1985. Social Psychology. Boston: Houghton, Mifflin.

Altman, I. and Taylor, D.A. 1973. *Social Penetration: The Development of Interpersonal Relationships*. Holt, Rinehart & Winston.

Amichai-Hamburger, Y. 2005. *The Social Net: Understanding Human Behavior in Cyberspace*. Oxford University Press.

Anderson, N.H. 1965. "Average vs Adding for Opinion Change". *Journal of Experimental Psychology* 70: 394-400.

Antheunis, M.C. and Schouten, A.P. 2011. "The Effects of Other-Generated and System-Generated Cues on Adolescents' Perceived Attractiveness on Social Network Sites". *Journal of Computer-Mediated Communication* 16: 391-406.

Antheunis, M.C., Valkenburg, P.M. and Peter, J. 2007. "Computer-Mediated Communication and Interpersonal Attraction: An Experimental Test of Two Explanatory Hypotheses". *Cyberpsychology and Behavior* 10: 831-836

Armstrong, L., Phillips, J. and Saling, L. 2000. "Potential Determinants of Heavier Internet Usage". *International Journal of Human-Computer Studies* 53: 537-550.

Asch, S.E. 1946. "Forming Impression of Personality". *Journal of Abnormal and Social Psychology* 41: 258-290.

Asch, S.E. 1955. "Opinions and Social Pressure". *Scientific American* 193: 31-35.

Axelsson, A. 2002. "The Digital Divide: Status Differences in Virtual Emvironments". In R. Schroeder(ed.), *Social Like or Avatars:*

Presence and Interaction in Shared Virtual Environment. New York: Springer.

Bacev-Giles, C. and Haji, R. 2017. "Online First Impressions: Person Perception in Social Media Profiles". *Computers in Human Behavior* 75: 50-57.

Bandura, A. 1977. *Social Learning Theory.* Englewood Cliffs, NJ: Prentice Hall.

Bareket-Bojmel, L., Moran, S. and Shahar, G. 2016. "Strategic Self-Presentation on Facebook: Personal Motives and Audience Response to Online Behavior". *Computers in Human Behavior* 55: 788-795.

Bargh, J.A. and McKenna K. 2004. "The Internet and Social life". Annual Review of Psychology 55: 573-590.

Bargh, J.A., McKenna K. and Fitzsimons, G.M. 2002. "Can You see the Real Me? Activation and Expression of the True Self on the Internet". *Journal of Social Issues* 58(1): 33-48.

Barglow, R. 1994. *The Crisis of the Self in the Age of Information.* London: Routledge.

Baruh, L. and Cemalcilar, Z. 2015. "Rubbernecking Effect of Intimate Information on Twitter: When getting Attention Works against Interpernal Attraction". *Cyberpsychology, Behavior, and Social Networking* 18(9): 506-513.

Batson, C.D., Duncan, B.D., Ackerman, P., Buckley, T. and Birch, K. 1981. "Is Empathic Emotion a Source of Altruistic Motivation?". *Journal of Personality and Social Psychology* 40: 290-302.

Batson, C.D., Dyck, J., Brandt, J.R., Batson, J.G., Powell, A.L., McMaster, M.R. and Griffitt, C. 1988. "Five Studies Testing Two New Egoistic Alternatives to the Empathy-Altruism Hypothesis". *Journal of Personality and Social Psychology* 55:

52-77.

Bazarova, N.N. 2012. "Public Intimacy: Disclosure Interpretation and Social Judgements on Facebook". *Journal of Communication* 62(5): 815-832.

Bazarova, N.N. and Walther, J.B. 2009. "Attributions in Virtual Groups". *Small Group Research* 40(2): 138-162.

Bearman, A.L., Klentz, B. Diener, E. and Svanum, S. 1979. "Self-Awareness and Transgression in Children; Two Field Studies". *Journal of Personality and Social Psychology* 37(10): 1835-1846.

Bem, D.J. 1967. "Self-Perception: An Alternative Interpretation of Cognitive Dissonance Phenomena". *Psychological Review* 74: 183- 200.

Ben-Ze'ev, A. 2004. *Love Online: Emotions on the Internet.* Cambridge: Cambridge University Press.

Berkowitz, L. 1972. "Frustration, Comparisons, and Other Sources of Emotion Arousal as Contributors to Social Unrest". *Journal of Social Issues* 28: 77-91.

Bickart, B. and Schindler, R.M. 2001. "Internet Forums as Influential Sources of Consumer Information". *Journal of Interactive Marketing* 15(3): 31-40.

Bierhoff, H.W. 2002. *Prosocial Behavior.* New York: Psychology Press.

Boulton, M., J. Lloyd, J. Down, and H. Marx. 2012. "Predicting Undergraduates' Self-reported Engagementin Traditional and Cyber-bullying from Attitude". *Cyberpsychology, Behavior and Social Networking* 15: 141-147.

Brandon, D.P. and Hollingshead, A.B. 2007. "Characterizing Online Groups". In A.N. Johnson et al.(eds.), *Oxford Handbook of*

Internet Psychology. Oxford University Press.

Brenner, V. 1997. "Psychology of Computer Use: Parameters of Internet Use, Abuse and Addiction". *Psychological Reports* 80: 879-882.

Brusting, S. and Postmes, T. 2002. "Social Movement Participation in the Digital Age: Predicting Offline and Online Collective Action". *Small Group Research* 33(5): 525-554.

Butler, B.S., Sproull, L., Kiesler, S. and Kraut, R.E. 2005. "Community Effort in Online Groups: Who does the Work and Why?". In L. Atwater(ed.), *Leadership at a Distance*. Mahwah, NJ: Erlbaum.

Caplan, S.E. 2002. "Problematic Internet Use and Psychosocial Well-being: Development of a Theory-based Cognitive-Behavioral Measurement Instrument". *Computers in Human Behavior* 18(5): 553-575.

Caplan, S.E. (2003). "Preference of Online Social Interaction: A Theory of Problematic Internet Use and Psychosocial Wellbeing." *Communication Research* 30: 625-648.

Carter, S.R. and Buckwalter, J.G. 2009. "Enhancing Mate Selection through the Internet". *International Journal on Personal Relationships* 3: 105-125

Cartwright, D. 1968. "The Nature Group Cohesiveness". In D. Cartwright and A. Zander(eds.), *Group Dynamics*. New York: Harper and Row.

Chaiken, S. and Eagly, A.H. 1983. "Communication Modality as a Determinant of Persuasion: the Role of Communicator Salience". *Journal of Personality and Social Psychology* 45: 241-265.

Charlton, J.P. 2002. "A Factor-Analytic Investigation of Computer Addiction and Engagement". *British Journal of Psychology* 93:

329-344.

Charng, H., Pilavin, J.A. and Callero, P.L. 1988. "Role-Identity and Resoned Action in the Prediction of Repeated Behavior". *Social Psychology Quarterly* 51: 303-317.

Chen, B. and Marcus, J. 2012. "Students' Self-Presentation on Facebook: An Examination of Personality and Self-Construal Factors". *Computers in Human Behavior* 28: 2091-2099

Chen, H.M. 2013. "Group Polarization in Virtual Communities: The Case of Stock Message Boards". *iConference 2013 Proceedings* 185-195.

Chiou, W.B. and Wan, C.S. 2007. "Using Cognitive Dissonance to Induce Adolescents' Escaping form the Claw of Online Gaming: The Roles of Personal Responsibility and Justification of Cost". *Cyberpsychology and Behavior* 10(5): 663-670.

Choi, M. and Toma, C.L. 2014. "Social Sharing through Interpersonal Media: Patterns and Effects on Emotional Weel-being". *Computers in Human Behavior* 36: 530-541.

Chung, Donghun and Nam Chang Soo. 2007. "An Analysis of the Variables Predicting Instant Messenger Use". *New Media and Society* 9(2): 212-234.

Cialdini, R.B., Brown, S.L., Lewis, B.P., Luce, C. and Neuberg, S.L. 1997. "Reinterpreting the Empathy-Altruism Relationship: When One into One equals Oneness". *Journal of Personality and Social Psychology* 73: 481-494.

Cohen, L.E. and Felson, M. 1979. Social Change and Crime Rate Trends: A Routine Activity Approach. *American Sociological Review* 46:505-24.

Collins, N.L. and Miller, N.C. 1994. "Self-Disclosure and Liking: A Meta Analytic Review". *Psychological Bulletin* 116: 457-475.

Cramton C.D. 2001. "The Mutual Knowledge Problem and Its Conse-quences for Dispersed Collaboration". *Organization Science* 12: 346-371.

Daft, R.L. and Lengel, R.H. 1984. "Information Richness: A New Approach to Managerial Behavior and Organization Design". *Research in Organizational Behavior* 6: 191-233.

Darbyshire, D., Kirk, C., Wall, H. and Kaye, L. 2016. "Don't Judge a Facebook by its Cover: Exploring Judgement Accuracy of Other's Personality on Facebook". *Computers in Human Behavior* 58: 380-387.

Davies, J.G. 1962. "Towards a Theory of Revolution". *American Sociological Review* 27: 5-19.

Davis, R.A. 2001. "A Cognitive-Behavioral Model of Pathological Internet Use". *Computers in Human Behavior* 17: 187-195.

Davis, F.D., Bagozzi, R.P., Warshaw, P.R. 1989. "User Acceptance of Computer Technology". *Management Science* 35: 982-1003.

Derks, D., Fischer, A.H. and Bos, A.E. 2008. "The Role of Emotion in Computer-mediated Communication: A Review". *Computers in Human Behavior* 24: 766-785.

DiBlasio, P. and Milani, L. 2008. "Computer-Mediated Communication and Persuasion: Peripheral vs. Central Route to Opinion shift". *Computers in Human Behavior* 24: 798-815.

Doane, A,N. M.R. Pearson, and M.K. Kelley. 2014. "Predictors of Cyberbullying Perpetration among College Students: An Application of the Theory of Reasoned Action". *Computers in Human Behavior* 36:154-162.

Dollard, J., Doob, J., Miller, N., Mowrer, O. and Sears, R. 1939. *Frustration and Aggression.* New Haven, CT: Yale University Press.

Dovidio J.F., Allen, J. and Schroeder, D.A. 1990. "The Specificity of Empathy-induced Helping: Evidence for Altruism". *Journal of Personality and Social Psychology* 59: 249-260.

Dovidio, J. F., Piliavin, J. A., Gaertner, S. L., Schroeder, D. A., & Clark, R. D. (1991). *The arousal: cost-reward model and the process of intervention.* In M.S. Clark(Ed), Review of Personality and Social Psychology: Vol 12. Prosocial Behavior. Newbury

Dovidio, J.H., J.A. Piliavin, D.A. Schroeder, and L.A. Penner. 2006. *The Social Psychology of Prosocial Behavior.* New Jersey: Lawrence Erlbaum Associates.

Dresner, E. and Herring, S.C. 2010. "Function of Nonverbal in CMC: Emoticons and Illocutionary Force". *Communication Theory* 20: 249-266.

Dubrovsky, V.J., Kiesler, S. and Sethna, B.N. 1991. "The Equalization Phenomenon: Status Effects in Computer-Mediated and Face-to-Face Decision-making Groups". *Human Computer Interaction* 6: 119-146.

Eagly, A.H. and Chaiken, S. 1993. *The Psychology of Attitude.* New York: Harcourt, Brace Javanovich.

Eastrick, P. Eagly, A. Finkel, E. and Johnson, S. 2011. "Implicit and Explicit Preferences for Physical Attractiveness in a Romantic Partner: A Double Dissociation in Predictive Validity". *Journal of Personality and Social Psychology* 101: 993-1011.

Eckstein, S. (2001). "Community as Gift-Giving: Collectivist Roots of Volunteerism". *American Sociological Review*, 66, 829-851.

Edwards, W. 1954. "The Theory of Decision-making". *Psychological Bulletin* 51: 380-417.

Einolf, C. 2008. "Empathic Concern and Prosocial Behaviors: A Test of Experimental Results Using Survey Data". *Social Science*

Research 37(4): 1267-1283.

Eisenberg, N. and Miller, P.A. 1987. "The Relation of Empathy to Prosocial and Related Behavior". *Psychological Bulletin* 101: 91-119.

Ellison, N., Heino, R. and Gibbs, J. 2006. "Managing Impressions Online: Self-Presentation Processes in the Online dating Environment". *Journal of Computer-Mediated Communication* 11(2): 120-135.

Ellison, N.B., Steinfield, C. and Lampe, C. 2007. "The Benefits of Facebook Friends: Sicial Capital and College Students' Use of Online Social Network Sites". *Journal of Computer-Mediated Communication* 12: 1142-1168.

Feaster J. 2010. "Expanding the Impression Management Model of Communication Channels: An Information Control Scale". *Journal of Computer-Mediated Communication* 16: 115-138.

Fenigstein, A., Scheier, M.F. and Buss, A.H. 1975. "Public and Private Self-Consciousness: Assessment and Theory". *Journal of Consulting and Clinical Psychology* 43: 522-527.

Festinger, L.A. 1954. "A Theory of Social Comparison Processes". *Human Relations* 7:117-140.

Festinger, L.A. 1957. *A Theory of Cognitive Dissonance*. Stanford, CA: Stanford University Press.

Fiore, A.T. and Donath, J.S. 2005. "Homophily in Online Dating: When do You like Someone like Yourself?" *Computer-Human Interaction* 1371-1374.

Fischer, A.H., Manstead, A,S., Zaalberg, R. 2004. "Social Influences on the Emotion Process". *European Review of Social Psychology* 14: 171-201.

Fishbein, M. and Ajzen, I. 1975. *Belief, Attitude, Intention, and*

Behavior. Reading, MA: Addison-Wesley.

Fogg, B.J. 2002. *Persuasive Technology*. Morgan Kaufman Publushers.

Fong, K. and Mar, R.A. 2015. "What does My Avartar say about Me?: Inferring Personality from Avartars" *Personality and Social Psychology Bulletin* 41(2):237-249.

Fulk, J., Schimitz, J. and Stainfield, C.W. 1990. "A Social Influence Model of Technology Use". In J. Fulk and C. Steinfield(eds.), *Organizations and Communication Technology*. Philadelphia: Temple University.

Gangestad, S.W. and Snyder, M. 2000. "Self-Monitoring: Appraisal and Reappraisal". *Psychological Bulletin* 126:530-555.

Garrett, R.K. 2006. "Protest in an Information Society:A Review of Literature on Social Movement and New ICTs". *Communication and Society* 9(2): 202-224.

Gecas, V. 1989. "The Social Psychology of Self-Efficacy". *Annual Review of Sociology* 15: 1291-1316.

Gergen, K.J. 1991. *The Saturated Self*. New York: Basic Books.

Gibbs, J.L., Ellison, N.B. and Heino, R.D. 2006. "Self-Presentation in Online Personals: The Role of Anticipated Future Interaction, Self-Disclosure, and Perceived Success in Internet Dating". *Communication Research* 33(2): 152-177.

Goffman, E. 1959. *The Presentation of Self in Everyday Life*. Garden City, NJ: Doubleday / Anchor.

Goldberg, I.K. 1996. "Internet Addiction Disorder".

http://www.rider.edu/users/suler/psycyber/supportgp.htlm.

Gonzales, A. and Hancock, J. 2011. "Mirror mirror on My Facebook Wall: Effect of Exposure in Facebook on Self-Esteem". *Cyberpsychology, Behavior and Social Networking* 14(1-2): 79-83.

Gottfredson, M. and Hirschi, T. 1990. *A General Theory of Crime*. CA: Stanford University Press.

Granic, I. and Lamey, A.V. 2000. "The Self-Organization of the Internet and Changing Modes of Thought". *New Ideas in Psychology* 18: 93-107.

Greenfield, D. 1999. "Psychological Characteristics of Compulsive Internet Use: A Preliminary Analysis". *Cyberpsychology and Behavior* 2: 403-412.

Guadagno, R. and Cialdini, R. 2002. "Online Persuasion: An Examination of Gender Differences in Computer-Mediated Interpersonal Influence". *Group Dynamics: Theory, Research and Practice Special Issue on Internet Research* 6: 38-51.

Guadagno, R. and Cialdini, R. 2005. "Online Persuasion and Compliance: Social Influence on the Internet and Beyond". In A. Amichai-Hamburger(ed.), *The Social Net: Understanding Human Behavior in Cyberspace*. New York: Oxford University Press.

Guadagno, R., Okdie, B. and Kruse, S. 2012. "Nating Decription: Gender, Online Dating and Exaggerated Self-Presentation". *Computers in Human Behavior* 28: 642-647.

Gueguen, N. and Jacob, C. 2002. "Social Presence Reinforcement and Computer-mediated Communication: The Effect of the Solicitor's Photography on Compliance to a Survey Request Made by E-Mail". *Cyber Psychology and Behavior* 5(2): 139-142.

Hall, J.A. and Pennington, N. 2013. "Self-Monitoring, Honesty, and Cue Use on Facebook: The Relationship with User Extraversion and Consciousness". *Computers in Human Behavior* 29(4): 1556-1564.

Hancock, J.T. and Dunham, P.J. 2001. "Impression Formation in

Computer-Mediated Communication Revised". *Communication Research* 28: 325-347.

Hancock, J.T. and Toma, C.L. 2009. "Putting Your Best Face Forward: The Accuracy of OnlineDating Photograph". *Journal of Communication* 59(2):367-386.

Harlow, S. 2011. "Social Media and Social Movements: Facebook and an Online Guatemalan Justice Movement that moved Offline". *New Media and Society* 14(2): 225-243.

Haythornwaite, C. and Hagar, C. 2005. "The Social Worlds of the Web". *Annual Review of Information Science and Technology* 39: 311-346.

Heider, F. 1958. *The Psychology of Interpersonal Relation*. New York: Wiley.

Hew, K.F. 2011. "Students' and Teachers' Use of Facebook". *Computers in Human Behavior* 27: 662-676.

Hewitt, J.P. 1991. *Self and Society: A Symbolic Interactionist Social Psychology*.

Hidalgo, C.T., Rodriguez, E.D.H., and Verlegh, P.W.J. 2015. "Th Social Sharing of Emotion in Online Social Network. *Computers in Human Behavior* 52:364-372.

Higgins, E.T. 1987. "Self-Discrepancy: A Theory relating Self and Affect". *Psychological Review* 94: 319-340.

Hiltz, S.R. and Turoff, M. 1978. *The Network Nation: Human Communication via Computer*. Reading, MA: Addison-Wesley.

Hindelang, M.S., Gottfredson, M.R. and Garofalo, J. 1978. *Victims of Personal Crime*. Cambridge. MA: Ballinger.

Hirsch, C.J. Hortacsu, A. and Ariely, D. 2010. "What make You click? Mate Preferences in Online Dating". *Quantitative Marketing and Economics* 8(4): 393-427.

Hirschi, T. 1969. *Causes of Delinquency.* Berkeley: Free Press.
Hochschild, A.R. 1979. "Emotion Work, Feeling Rules, and Social Structure". *American Journal of Sociology* 85: 551-575.
Hochschild, A.R. 1983. The Managed Heart. Berkeley: University of California.
Holstein, J.A. and Gubrium, J.F. 2000. *The Self We Live by Narrative Identity in a Postmodern World.* New York: Oxford University Press.
Hong, S. and Park, H.S. 2012. "Computer-Mediated Persuasion in Online Reviews: Statistical Versus Narrative Evidence". *Computers in Human Behavior* 28: 906-919.
Hsieh, S.H. and Tseng, T.H. 2017. "Playfulness in Mobile Instant Messaging: Examing the Influence of Emotocons and Text Messaging on Social Interaction". *Computers in Human Behavior* 69: 405-414.
Huang, A.H., Yen, D.C. and Zhang, X. 2008. "Exploring the Potential Effects of Emoticons". *Information & Management* 45(7): 466-473.
Hussain, Z. and Griffiths, M.D. 2008. "Gender Swapping and Socializing in Cyberspace: An Exploratory Study". *Cyber Psychology and Behavior* 11(1): 47-53.
Ingram, J., Cadieux,J. and Berrada, A.M. 2015. "E-Shopping Acceptance: A Qualitative and Metaanalytic Review". *Information and Management* 52(1): 44-60.
Izard, C.E. 1977. *Human Emotion.* New York: Plenum.
Jakobs, E, Manstead, A,S., and Fischer, A.H. 2001. "Social Motives, Emotional Feelings, and Smiling". *Cognition and Emotion* 13:321-345.
Janz, P., Pepping, C. and Halford, W. 2015. "Individual Differences

in Dispositional Mindfulness and Initial Romantic Attraction: A Speed Dating Experiment". *Personality and Individual Differences* 82: 14-19.

Janis, I.L. 1972. *Victims of Group Think*. Boston: Houghton-Mifflin.

Janssen, J.H., Hssetstejin, W.A. and Westerink, J.H.D. 2014. "How Affective Technologies can influence Intimate Interactions and improve Social Connectedness". *International Journal of Human-Computer Studies* 72(1): 33-43.

Jessup, L.M., Connolly, T. and Galegher, J. 1990. "The Effects of Anonymity on GDSS Group Process with an Idea-Generating Task". *MIS Quarterly* 14(3): 313-321.

Jiang, L.C., Bazarova, N.N. and Hancock, J.T. 2011. "The Discolsure-Intimacy Link in Computer-mediated Communication: An Attributuinal Extension of Hyperpersonal Model". *Human Communication Research* 37: 58-77.

Jiang, L.C.,. Bazarova, N.N. and Hancock, J.T. 2013 "From Perception to Behavior: Disclosure Resprocity and the Intensification of Intimacy in Computer-mediated Communication". *Communication Research* 40: 125-143.

Joinson, A.N. 2001. "Self-Disclosure Computer-Mediated Communication: the Role of Self-Awareness and Visual Anonymity". *European Journal of Social Psychology* 31: 177-192.

Joinson, A.N. 2003. *Understanding the Psychology of Internet Behavior*. Palgrave McMillian.

Jones, E.E. and Davis, K.E. 1965. "From Acts to Dispositions: The Attribution Process in Person Perception". In L. Berkowitz(ed.), *Advances in Experimental Social Psychology*. New York: Academic Press.

Jones, E.E. and Nisbett, R.E. 1972. "The Action and Observer:

Divergent Perceptions of the Causes of Behavior". In E.E. Jones et al.(eds.), *Attribution: Perceiving the Causes of Behavior.* Morristown, NJ: General Learning Press.

Kafetsios, K., Chatzakou, D., Tsigilis, N. and Vakali, A. 2017. "Experience of Emotion in Face to Face and Computer-mediated Social Interactions: An Event Sampling Study". *Computers in Human Behavior* 76: 287-293.

Kahn, R. and Kellner, D. 2004. "New Media and Internet Activism: From the Battle of Seattle to Blogging". *New Media and Society* 6(1): 87-95.

Kandel, D. 1978. "Similarity in Real-Life Adolescent Friendship Pairs". *Journal of Personality and Social Psychology* 36: 306-312.

Kaplan, H.B. 1980. *Deviant Behavior in Defense of Self.* New York: Academic Press.

Kashima, Y. and Triandis, H.C. 1986. "The Self-Serving Bias in Attribution as a Coping Strategy: A Cross-Cultural Study". *Journal of Cross Cultural Psychology* 17: 83-97.

Kato, Y., Kato, S. and Akahori, K. 2007. "Egffect of Emotional cues transmitted in E-mail Communication on the Emoticons experienced by Senders and Receivers". *Computers in Human Behavior* 23: 1894-1905.

Kelley, H.H. 1967. "Attribution Theory in Social Psychology". In D. Davis(ed.), *Nebraska Symposium on Motivation.* Lincoln: University of Nebraska Press.

Kemper, T.D. 1978. A Social Interactional Theory of Emotions. New York: Wi;ey.

Kemper, T.D. 1987. "How Many Emotions are There? Wedding the Social and the Automatic Components". *American Journal of Sociology* 93: 263-289.

Kiesler, S., Siegel, J. and McGuiere, T.W. 1984. "Social Psychological Aspects of Computer-Mediated Communication". *American Psychologist* 39: 1123-1134.

Kim, J. and Lee, J.E. 2011. "The Facebook Paths to Happiness: Effects of the Number of Facebook Friends and Self-Presentation on Subjective Well-Being". *Cyberpsychology, Behavior and Social Networking* 6: 359-364.

Kim, J.U., and Kim, W.J. and Park, S.C. 2010. "Consumer Perceptions on Web Advertisements and Motivation Factors to Purchase in the Online shopping". *Computers in Human Behavior* 26: 1208-1222.

Kim, J.W., Kim, Y. and Yoo, J.J. 2014. "The Public as Active in Social Movement: Facebook and Gangjeong Movement". *Computers in Human Behavior* 37: 144-151.

Kim, U. and Park, Y.S. 2003. "An Indigenous Analysis of Success Attribution: Comparison of Korean Students and Adults". In K.S. Yang, K.K. Hwang, P. Pedersen and I. Daibo(eds.), *Progress in Asian Social Psychology: Conceptual and Empirical Contributions*. New York: Praeger.

Klandermans, B. 1988. "The Formation and Mobilization of Consensus". *International Social Movement Research* 1: 173-196.

Kraut, R., Patterson, M., Lundmark, V., Kiesler, S., Mukophadhyay, T. and Scherlis, W. 1998. "Internet Paradox: A Social Technology that reduces Social Movement and Psychological Well- being?". *American Psychologists* 53: 1017-1031.

Kraut, R., Kiesler, S., Boneva, B., Cummings, J., Helgeson, V. and Crawford, A. 2002. "Internet Paradox Revisited". *Journal of Social Issues* 58(1): 49-74.

Kroon, M.B.R., Hart, P. and Van Kreveld, D. 1991. "Managing

Group Decision Making Processes: Individual Versus Collective Accountability and Groupthink". *International Journal of Conflict Management* 2(2): 91-115.

Kuo, F.Y., Tseng, C.Y., Tseng, F.C. and Lin, C.S. 2013. "A Study of Social Information Control Affordances and Gender Difference in Facebook Self-Presentation". *Cyberpsychology, Behavior and Social Networking* 16(9): 635-644.

LaPiere, R. 1934. "Attitude versus Actions". *Social Forces* 13: 230-237.

Lapsley, D.K., Fitzerald, D.P., Rice, K.G. and Jackson, S. 1989. "Seperation Individuation and the New Look at the Imagenary Audience and Personal Label a Vest of an Integrated Model". *Journal of Adolescent Research* 4(4): 483-505.

Latane, B. 1981. "The Psychology of Social Impact". *American Psychologist* 36: 343-356.

Latane, B. and Darley, J.M. 1968. "Group Inhibition of Bystander Intervention in Emergencies". *Journal of Personality and Social Psychology* 10: 215-221.

Lange, A., Van de Ven, J.P., and Schrieken, B. and Emmelkamp, P.M. 2001. "Interapy, Treatment of Posttraumatic Stress through the Internet". *Journal of Behavior Therapy and Experimental Psychiatry* 32:73-90.

Lazarus, R.S. 1968. "emotions and Adaptation: Conceptual and Empirical Relations", In W.J. Arnold(ed), *Nebraska Symposium on Motivation.* University of Nebraska Press.

Lea, M., O'Shea, T., Fung, P. and Spears, R. 1992. "Flaming in Com- puter-mediated Communication". In M. Lea(ed.), *Contexts in Computer-Mediated Communication.* London: Harvester Wheatsheaf.

Lea, M. and Spears R. 1991. "Computer-Mediated Communication, De-Individuation and Group Decision-Making". *International Journal of Man-Machine Studies* 34(2): 283-301.

Lea, M. and Spears, R. 1992. "Paralanguage and Social Perception in Computer-Mediated Communication". *Journal of Organizational Computing and Electronic Commerce* 2: 321-341.

Lea, M., Spears, R., Watt, S.E., Rogers, P. and Reicher, S. 2000. "The InSIDE Story: Social Psychological Processes Affecting Online Groups". In M. Lea, R. Spears, S.E. Watt, P. Rogers and S. Reicher(eds.), *SIDE-Issues Centre Stage: Recent Developments in Studies of De-Individuation in Groups* The Netherlands: KNAW.

Lee, E. 2007. "Deindividuation Effects on Group Polarization in Computer-Mediated Communication: The Role of Group Identification, Public-Self-Awarene and Perceived Argument Quaility". *Journal of Communication* 57(2): 385-403.

Lee, L., Piliavin, J.A. and Call, V.R. 1999. "Giving Time, Money, and Blood: Similarities and Differences". *Social Psychology Quarterly* 62(3): 276-290.

Lee, M.C. and Tsai, T.R. 2010. "What Drives People to Continue to Play Online Games? An Extension of Technology Model and Theory of Planned Behavior". I*nternational Journal of Human-Computer Interaction* 26(6): 601-620.

Leary, M.R. 1995. *Self-Presentation: Impression Management and Interpersonal Behavior.* Brown & Benchmark.

Leung, L. 2008. "Internet Embeddedness: Links with Online Health In-formation Seeking, Expectancy Value/Quality of Health Informati-on Websites, and Internet Usage Patterns". *Cyberpsychology and Behavior* 11(5): 565-569.

Leventhal, H. 1974. "Emotions: A Basic Problem for Social Psychology" In Nemeth(ed), *Social Psychology*. Chicago: Rand McNally.

Lindgaard, G., Fermandes, G., Dudek, C. and Brown, J. 2006. "Attention Web Designers: You have 50 milliseconds to make a Good First Impression". *Behavior and Information Technology* 25(2): 115-126.

Lin, R. and Utz, S. 2017, "Self-Disclosure on SNS: Do Disclosure Intimacy and Narrativity influence Interpersonal Closeness and Social Attraction?". *Computers in Human Behavior* 70: 426-436.

Lo, S. 2008. "The Nonverbal Communication Functions of Emoticons in Computer-mediated Communication. *Cyberpsychology and Behavior* 11(5): 595-597.

Locher, D.A. 2002. Collective Behavior. Upper Saddle River, NJ: Prentice Hall.

Luor, T., Wu, L., Lu, H., and Tao, Y. 2010. "The Effect of Emoticons in Simplex and Complex Task-oriented Communication: An empirical Study of Instant Messaging. *Computers in Human Behavior* 26: 889-895.

Manzi, C., Coen, S., Regalia, C., Yevenes, A.M., Giuliani, C. and Vignoles, V.L. 2018. "Being in the Social: A Cross-Cultural and Cross-Generational Study on Identity Processes related to Facebook Use". *Computers in Human Behavior* 80: 81-87.

Marriott, T.C. and Buchanan, T. 2014. "The True Self Online: Personality Correlates of Preference for Self-Expression Online, and Observer Ratings of Personality Online and Offline". *Computers in Human Behavior* 32: 171-177.

Matheson, K. and Zanna, M.P. 1989. "The Impact of Computer-Mediated Communication on Self-awareness". *Computers in*

Human Behavior 4: 221-233.

Matsueda, R.L. 1982. "Testing Control Theory and Differential Associations: A Causal Modeling Approach". *American Sociological Review* 47: 489-504.

McAdam, D. 1986. "Recruitment to High-Risk Activism: The Case of Freedom Summer". *American Journal of Sociology* 92: 64-90.

McCarthy, J.D. and Zald, M.N. 1977. "Resource Mobilization and Social Movements". *American Journal of Sociology* 82: 112-127.

McCaughey, M. and Ayers, M.D. 2003. *Cyberactivism: Online Activism in Theory and Practice*. New York: NY: Routledge.

McCaugley, C. and Segal, M. 1987. "Social Psychology of Terrorist Group". *Group Processes and Interpersonal Relations* 9: 231-256.

McGuire, W.J. 1985. "Attitude and Attitude Change". In G,. Lindzey and E. Aronson(eds.) *Handbook of Social Psychology*. NewYork: Random House.

McKenna, K. and Bargh, J.A. 1999. "Causes and Consequences of Social Interaction on the Internet: A Conceptual Framework". *Media Psychology* 1:249-269.

McKenna, K., Green, A.S. and Gleason, M. 2002. "Relationship Formation on the Internet: What's Big Attraction?". *Journal of Social Issues* 58(1): 9-31.

McPhail. C. 1991. *The Myth of Madding Crowd*. Hawthorne, NY:Aldine de Gruyter.

Mead, G.H. 1934. *Mind, Self and Society*. University of Chicago Press.

Meier, R.F. and Miethe, T.D. 1993. Understanding Theories of Criminal Victimization. In *Crime and Justice*, Vol 15, A.J. Reiss and M. Tonry(eds.). Chicago: University of Chicago Press.

Melucci, A. 1989. *Nomads of the Present: Social Movement and Individual Needs in Contemporary Society*. London, Hutchinson.

Miller, D.T. and Ross, M. 1975. "Self-Serving Biases in the Attribution of Casuality: Fact or Fiction?". *Psychological Bulletin* 82: 213-225.

Miller, J.G. 1984. "Culture and the Development of Everyday Social Explanation". *Journal of Personality and Social Psychology* 46: 961-978.

Miranda, S.M. 1994. "Avoidance of Groupthink: Meeting Management Using Group Support Systems". *Small Group Research* 25(1): 105-136.

Montoya, R.M., Horton, R. and Kirchner, J. 2008. "Is Actual Similarity necessary for Attraction? A Meta-Analysis of Actual and Perceived Similarity". *Journal of Social and Personal Relationships* 25: 889-922.

Morahan-Martin, J. and Schumacher, P. 2000. "Incidence and Correlates of Pathological Internet Use among College Students". *Computers in Human Behavior* 16: 13-29.

Morahan-Martin, J. and Schumacher, P. (2003). "Loneliness and Social Uses of the Internet." *Computers in Human Behavior* 19:659-671.

Morgan, C. and Cotton, S.R. 2003. "The Relationship between Internet Activities and Depressive Symptoms in a Sample of College Freshmen". *Cyberpsychology and Behavior* 6(2): 133-142.

Moscovici, S. and Zavalloni, M. 1969. The Group as a Polarizer of Attitude. *Journal of Personality and Social Psychology* 12: 125- 135.

Nisbett, R.E. and Wilson, T.D. 1971. "The Halo Effect: Evidence for Unconscious Alteration of Judgements". *Journal of Personality and Social Psychology* 35(4): 250-256.

Orenga, C,G., Zornoza, A., Prieto, A.F. and Silla, J.M. 2000. "The Influence of Familiarity among Group Members, Group Atmosphere and assertiveness on Uninhibited Behavior through Three Different Communication Media". *Computers in Human Behavior* 16:141-159.

Papacharissi, Z. 2002. "The Presentation of Self in Virtual Life". *Journalism and Mass Communication Quarterly* 78(3): 643-660.

Parise, S., Kiesler, S., Sproull, L. and Waters, K. 1999. "Cooperating with Life-like Interface Agents". *Computers in Human Behavior* 15(2): 123-142.

Park, N. and Yang, A. 2012. "Online Environmental Community Members' Intention to Participate in Environmental Activities: An Application of the Theory of Planned Behavior in the Chinese Context". *Computers in Human Behavior* 28(4): 1298-1306.

Park, T.W. and Lee, K.Y. 2014. "An Integrated Model of Information Processing of eWOM in Social Network Service". *Advertising Research* 100: 172-224.

Parkinson, B., Fischer, A.H. and Manstead, A. 2005. *Emotion in Social Relations.* Psychology Press.

Patchin, J.W. and Hinduja, S. 2011. "Traditional and Nontraditional Bullying among Youth: A Test of General Strain Theory". *Youth and Society* 43(2): 727-751.

Patterson, G.R. 1982. *Coercive Family Process.* Castalia.

Peddibhotla, N.B. and Subramani, M.R. 2007. "Contributing to Public Document Repositories: A Critical Mass Theory Perspective". *Organization Studies* 28(3): 327-346.

Penner, L.A. and Finkelstein, M.A. 1998. "Dispositional and Structural Determinants of Volunteerism". *Journal of Personality and*

Social Psychology 74: 525-537.

Perfumi, S.C., Bagnoli, F., Caudek, C. and Guazzini, A. 2019. "Deindividuation Effects on Normative and Informational Social Influence within Computer-mediated-comunication". *Computers in Human Behavior* 92: 230-237.

Peter, J., Valkenberg, P.M. and Schouten, A. 2005. "Developing a Model of Adolescent Friendship Formation on the Internet". Cyberpsychology and Behavior 8: 423-430.

Petty, R.E. and Cacioppo, J.T. 1986. *Communication and Persuasion: Central and Peripheral Routes to Attitude Change*. New York: Springer.

Phares, E., Wilson, K. and Klyver, N. 1971. "Internal-External Control and Attribution of Blame under Neutral and Distractive Conditions". *Journal of Social Psychology* 18: 285-288.

Piliavin, J. A., & Callero, P. (1991). *Giving blood: The development of altruistic identity*. Baltimore, MD: Johns Hopkins University Press.

Piliavin, J.A., Callero, P.L. and Grube, J.E. 2002. "Role as Resource for Action in Public Service". *Journal of Social Issues* 58: 469-486.

Piliavin, J.A., Dovidio, J.F., Gaertner, S.L. and Clark, R.D. 1981. *Emergency Intervention*. New York: Academic Press.

Piquero, N.L. and Sealock, M.D. 2000. "Generalizing General Strain Theory: An Examination of an Offending Population". *Justice Quarterly* 17: 49-84.

Plutchik. R. 1980. Emotion: A Psychoevolutionary Synthesis. New York: Harper and Row.

Poster, M. 1995. *The Second Media Age*.

Postmes, T. and Lea, M. 2000. "Social Processes and Group Decision

Making: Anonymity in Group Decision Support Systems". *Ergonomics* 43(8): 1252-1274.

Postmes, T. and Spears, R. 1998. "Deindividuation and Anti-normative Behavior: A Meta-Analysis". *Psychological Bulletin* 102: 238-259.

Postmes, T., Spears, R., Sakhel, K. and De Groot, D. 2001. "Social Influence in Computer-Mediated Communication: The Effects of Anonymity on Group Behavior". *Personality and Social Psychology Bulletin* 27(10): 1243-1254.

Postmes, T. and Brunsting, S. 2002. "Collective Action in the Age of the Internet". *Social Science Computer Review* 20(3): 290-301.

Postmes, T., Spears, R. and Lea, M. 2002. "Intergroup Differentiation in Computer-Mediated Communication: Effects of Depersonalization". *Group Dynamics: Theory, Research and Practice* 6(1): 3-16.

Pratt, T.C. and Cullen, F.T. 2000. "The Empirical Status of Gottfredson and Hirschi's General Theory of Crime: A Meta-Analysis". *Criminology* 38: 931-964.

Putnam, R. D. (2002). *Bowling alone: The Collapse and revival of the American community*. New York: Touchstone Books.

Rainnie, H.L. 2004. "Forward". In P.N. Howard and S. Jones(eds.), *Society Online: The Internet in Context*. Thousand Oaks, CA: Sage.

Ranzini, G. and Hoek, E. 2017. "To You who are Listening: Imaginary Audience and Impression Management on Facebook". *Computers in Human Behavior* 75: 228-235.

Reicher, S.D., Spears, R. and Postmes, T. 1995. "A Social Identity Model of Deindividuation Phenomena". In W. Stroebe and M. Hewstone(eds.), *European Review of Social Psychology*, vol 6. Chichester: Wiley.

Reis, J.C., Bonacin, R. and Hornung, H.H. 2018. "Intenticons: Participatory Selection of Emoticons for Communication of Intentions". *Computers in Human Behavior* 85: 146-162.

Rheingold, H. 1993. *Virtual Community*. MA: Addison- Wesley.

Rice, R.E. and G. Love. 1987. "Electronic Emotion: Socio-Emotional Content in a Computer-mediated Communication Network". *Communication Research* 14: 85-108.

Robinson, L. 2007. "The Cyberself: the Selfing Project goes Online, Symbolic Interaction in the Digital Age". *New Media and Society* 9(1): 93-110.

Rosander, M. and Eriksson, O. 2012. "Conformity on the Internet: The Role of Task Difficulty and Gender Differences". *Computers in Human Behavior* 28(5): 1587-1595.

Rosenberg, M. 1979. *Conceiving the Self.* Basic Books.

Rosenberg, M., Schooler, C. and Shoenbach, C. 1989. "Self-Esteem and Adolescent Problems: Modeling Reciprocal Effects". *American Sociological Review* 54: 1004-18.

Ross, L. 1977. "The Intuitive Psychologist and His Shortcoming: Distortions in the Attribution Process". In L. Berkowitz(ed.), *Advances in Experimental Social Psychology*. New York: Academic Press.

Ross, M. and Fletcher, G.J.O. 1985. "Attibuttion and Social Perception". In G,. Lindzey and E. Aronson(eds.) *Handbook of Social Psychology*. NewYork: Random House.

Rotter, J.B. 1966. "Generalized Expectancies for Internal versus External Control of Reinforcement". *Psychological Monographs* 80.

Rui, J. and Stefanone, M.A. 2013. "Strategic Self-Presentation Online: A Cross-Cultural Study". *Computers in Human Behavior* 29:

110-118.

Rui, J. and Stefanone, M.A. 2018. "Tha Tagging was Annoying: An Extention Expectancy Violation Theory to Impression Management on Social Network Sites". *Computers in Human Behavior* 80: 49-58.

Sargeant, A. 1999. "Charitable Giving: Toward a Model of Donor Behavior". *Journal of Marketing Management* 15: 215-238.

Sassenberg, K. and Jonas, K.J. 2007. "Attitude Change and Social Influence on the Net". A.N. Johnson et al.(eds.), *Oxford Handbook of Internet Psychology*. Oxford University Press.

Schlenker, B.R. 1980. *Impression Management: The Self-Concept, Social Identity and Interpersonal Relations*. Monterey: Ca: Books/Cole.

Schlenker, B.R. 2003. "Self-Presenttion". In M.R. Leary & J.P. Tangney(eds.), *Handbook of Self and Identity*. NewYork Guilford.

Schwartz, S.H. 1977. "Normative Influences on Altruism". In L. Berkowitz(ed.), *Advances in Experimental Social Psychology*. New York: Academic Press.

Schwartz, S.H., and Howard, J.A. 1981. "A Normative Decision-making Model of Altruism". In J.P. Rushton and R.M. Sorrentino(eds.), *Altruism and Helping Behavior*. Hillsdale, NJ: Lawrence Erlbaum Associates Inc.

Schwartz, N. and Bohner, G. 1996. "Feeling and Their Motivational Implications: Moods and the Action Sequence". In P.M. Gollwitzer and J.A. Bargh(eds.), *The Psychology of Action: Linking Cognition and Motivation to Behavior*. New York: Guilford.

Schouten, A.P., Valkenburg, P.M. and Peter, J. 2009. "An Experimental Test of Processes Underlying Self-Disclosure in Computer-Mediated Communication". *Cyberpsychology: Journal of Psychosocial Research on Cyberspace* 3: 1-15.

Sedikides, C. 1993. "Assessment, Enhancement, and Verification Determinants of the Self-Evaluation Process." *Journal of Personality and Social Psychology* 55(2): 317-338.

Seidman, G. 2013. "Self-Presentation and Belonging on Facebook: How Personality influences Social Media Use and Motivations". *Personality and Individual Differences* 54: 402-407.

Seidman, G. 2014. "Expressing the True Self on Facebook". *Computers in Human Behavior* 31: 367-372.

Shaw, M.E. 1964. "Communication Networks". In L. Berkowitz(ed.), *Advances in Experimental Social Psychology*. New York: Academic Press.

Shaw, M.E. 1981. *Group Dynamics: The Psychology of Small Group Behavior*. New York: McGraw-Hill.

Sherif, M. 1936. *The Psychology of Social Norms*. New York: Harper and Row.

Shim, M., Lee, M.J., and Park, S.H. 2008. "Photograph Use on Social Network Sites among South Korean College Students: The Role of Public and Private Self-Conscious". *Cyberpsychology and Behavior* 11:489-493.

Short, J., Williams, E. and Christie, B. 1976. *The Social Psychology of Telecommunications*. London: Wiley.

Shott, S. 1979. "Emotion and Social Life: a Symbolic Interactionist Analysis". *American Journal of Sociology* 84: 1317-1334.

Sia, C., Tan, B.C. and Wei, K. 2002. "Group Polarization and Computer-Mediated Communication: Effects of Communication Cues, Social Presence, and Anonymity". *Information Systems Research* 13(1): 70-90.

Smelser, N. 1963. *Theory of Collective Behavior*. New York: Free

Press.

Smilowitz, M., Compton, D.C. and Plint, L. 1988. *Computers in Human Behavior* 4: 311-321.

Smilowitz, M., Compton, D.C. and Flint, L. 1988. "The Effects of Computer Mediated Communication on an Individual's Judgement: A Study based on the Methods of Asch's Social Influence Experiment". *Computers in Human Behavior* 4: 311-321.

Snyder, M. 1979. "Self-Monitoring". In L. Berkowitz(ed.), *Advances in Experimental Social Psychology*. New York: Academic Press.

Snyder, M and Debono, K.G. 1985. "Appeals to Image and Claims about Quality: Understanding the Psychology of Advertising". *Journal of Personality and Social Psychology* 49(3): 586-597.

Sparks, B.A., Perkins, H.E. and Buckley, R. 2013. "Online Travel Reviews as Persuasive Communication: The Effects of Content Type, Source, and Certification Logos on Consumer Behavior". *Tourism Management* 39: 1-9.

Spears, R., Lea, M. and Lee, S. 1990. "De-individuation and Group Polarization in Computer-mediated Communication". *British Journal of Social Psychology* 29: 121-134.

Spears, R., Postmes, T., Lea, M. and Wolbert, A. 2002. "When are Net Effect Gross Product? The Power of Influence and the Influence of Power in Computer-mediated Communication". *Journal of Social Issues* 58: 91-107.

Sproull, L. and Kiesler, S. 1986. "Reducing Social Context Cues: Electronic Mail in Organizational Communication". *Management Science* 32: 1492-1512.

Sproull, L., Conley, C. and Moon, J.Y. 2005. "Prosocial Behavior on the Net". In Amichai-Hamburger(ed.), *The Social Net: Understanding Human Behavior in Cyberspace*. New York:

Oxford University Press.

Stearns, C.Z. and Stearns, P.N. 1986. Anger. Chicago : University of Chicago.

Stoner, J.A.F. 1961. *A Comparison of Individual and Group Decisions Involving Risk.* Unpublished Master's Thesis, Massachusetts Institute of Technology.

Strano, M.M. and Queen, J.W. 2012. "Covering Your Face on Facebook: Suppression as Identify Management". *Journal of Media Psychology* 24(4): 166-180.

Stryker, S. 1980. *Symbolic Interactionism: A Social Structural Version.* Benjamin / cummings.

Sturmer, S, Snyder, M and Omoto, A.M.. (2005). "Prosocial Emotions and Helping: The Moderating Role of Group Membership". *Journal of Personality and Social Psychology* 88: 532-545.

Sunnafrank, M.J. 1986. "Predicted Outcome Value during Intitial Interactions: A Reformulation of Uncertainty Reduction Theory". *Human Communication Research* 13(1): 3-33.

Swann, W.B. 1983. "Self-Verification: Bring Social Relaity into Harmony with the Self". *Social Psychological Perspectives on the Self* 2: 33-66.

Tajfel, H. 1981. *Human Groups and Social Categories.* Cambridge: Cambridge University Press.

Tedeschi, J.T., Lindskold, S. and Rosenfeld, P. 1985. *Introduction to Social Psychology.* West Publishing Company.

Thoits, P.A. 1989. "The Sociology of Emotions". *Annual Review of Sociology* 15: 317-342.

Thompsen, P.A. 1996. "What Fueling the Flames in Cyberspace? A Social Influence Model". In S. Lance, R. Jacobson and S.B. Gibson(eds.), *Communications and Cyberspace.* New Jersey:

Hampton Press.

Tian, Q. 2011. "Social Anxiety, Motivation, Self-Disclosure, and Computer-Mediated Friendship: A Path Analysis of the Social Interaction in the Blogosphere". *Communication Research* 40(2): 237-260.

Tidwell, L.C. and Walther, J.B. 2002. "Computer-Mediated Communication Effects on Disclosure, Impressions, and Interpersonal Evaluations". *Human Communication Research* 28: 317-348.

Tidwell, L.C., Eastwik, P. and Finkel, E. 2013. "Perceived, not Actual, Similarity predicts Initial Attraction in a Live Romantic Context: Evidence from the Speed-Dating Paradigm". *Personal Relationships* 20: 199-215.

Toma, C.L., Hancock, J.T. and Ellison, N.B. 2008. "Separating Fact from Fiction: An Examination of Deceptive Self-Presentation in Online Dating Profiles". *Personality and Social Psychology Bulletin* 34: 1023-1036.

Tong, S.T., Van Der Heide B., Langwell, L. and Walther, J.B. 2008. "Too Much of a Good Thing? The Relationship Between Number of Friends and Interpersonal Impressions on Facebook". *Journal of Computer-Mediated* 13(3): 531-549.

Tosun, L.P. 2012. "Motives for Facebook Use and Expressing True Self on the Internet". *Computers in Human Behavior* 28: 1510-1517.

Tsikerdekis, M. 2013. "The Effects of Perceived Anonymity and Anonymity States in Conformity and Groupthink in Online Communities: Awikipedia Study". *Technology* 64(5): 1001-1015.

Turkle, S. 1995. *Life on the Screen: Identity in the Age of the Internet*. New York: Touchstone.

Turner, J.C. 1982. Towards a Cognitive Redefinition of the Social

Group. In J.C. Turner and H. Giles(eds.). *Intergroup Behavior.* Chicago: University of Chicago Press.

Turner, J.C., Hogg, M.A., Oakes, P.J., Reicher, S.D. and Wetherell, M.S. 1987. *Rediscovering the Social Group: A Self-Categorization Theory.* New York: Blackwell.

Turner, R.H. 1976. "The Real Self". *American Journal of Sociology* 81: 989-1016.

Turner, R.H. 1978. "The Role and the Person". *American Journal of Sociology* 84: 1-23.

Turner, R.H. and Killian, L.M. 1972. *Collective Behavior.* Englewood Cliff, NJ: Prentice Hall.

Utz, S. 2010. "Show Me Your Friends and I Will Tell You What Type of Person You Are: How One's Profile, Number of Friends, and Type of Friends Influence Impression Formation on Social Network Sites". *Journal of Computer-Mediated* 15(2): 314-335.

Varnali, K. and Toker, A. 2015. "Self-Disclosure on Social Networking Sites". *Social Behavior and Personality* 43(1): 1-14.

Vasalou, A. and Joinson, A.N. 2009. "Me, Myself and I: The Role of Interactional Context on Self-Presentation through Avatars". *Computers in Human Behavior* 25: 510-520.

Vermeulen, A., Vadebosch, H. and Heirman, W. 2018. "#Smiling. #Venting, or Both? Adolescents' Social Sharing of Emotions on Social Media". *Computers in Human Behavior* 84: 211-219.

Wall, D.S. 2001. "Cyber Crimes and the Internet". In D.S. Wall(ed.), *Crime and the Internet.* New York: Routledge.

Wall, D.S. 2007. *Cybercrime.* Cambridge: Polity Press.

Wallace, P. 1999. *The Psychology of the Internet.* Cambridge: Cambridge University Press.

Walther, J.B. 1992. "Interpersonal Effects in Computer-Mediated Interaction: A Relational Perspective". *Communication Research* 19: 52-90.

Walther, J.B. 1993. "Impression Development in Computer-Mediated Interaction". *Western Journal of Communication* 57: 381-398.

Walther, J.B. 1994. "Anticipated Ongoing Interaction versus Channel Effects on Relational Communication in Computer- Mediated Interaction". *Human Communication Research* 20: 473-501.

Walther, J.B. 1996. "Computer-Mediated Communication: Impersonal, Interpersonal, and Hyperpersonal Interaction". *Communication Research* 23: 3-43.

Walther, J.B. 2007. "Selective Self-Presentation in Computer-mediate Communication: Hyperperonal Dimensions of Technology, Language and Cognition". *Computers in Human Behavior* 23: 2538-2557.

Walther, J.B., Boos, M. and Jonas, K.J. 2002. "Misattribution and Attributional Redirection in Distributed Virtual Groups". *Proceedings of the 35th Hawaii International Conference on System Sciences.*

Walther, J.B. and Bazarova, N.N. 2007. "Misattribution in Virtual Groups: The Effects of Member Distribution on Self-Serving Bias and Partner Blame". *Human Communication Research* 33(1): 1-26.

Walther, J.B., Deandrea, D.C. and Tong, S.T. 2010. "Computer-Mediated Communication Versus Vocal Communication and the Attenuation of Pre-Interaction Impressions". *Media Psychology* 13(4): 364-386.

Walther, J.B., Van Der Heide, B., Kim, S.Y., Westerman, D. and Tong, S.T. 2008. "The Role of Friends' Appearance and Behavior on Evaluations of Individuals on Facebook". *Human Communication Research* 34: 28-49.

Walther, J.B. Van De Heide, B., Hamel, L.M. and Shulman, H.C. 2009. "Self-Generated versus Other-Generated Statements and Impressions in Computer-mediate Communication: A Test of Warranting Theory using Facebook". *Communication Research* 36: 229-253.

Wang, C. and Wang, C. 2008. "Helping Others in Online Games: Prosocial Behavior in Cyberspace". *Cyber Psychology and Behavior* 11(3): 344-346.

War, M. and Stafford, M. 1991. "The Influence of Delinquent Peers: What they think or what they do?" *Criminology* 29: 851-866.

Wasko, M.M. and Faraj, S. 2005. "Why should I share? Examining Social Capital Knowledge Contribution in Electronic Networks of Practice". *MIS Querterly* 29(1): 35-57.

Waterloo, S.F., Baumgartmer, S.E., Peter, J. and Valkenberg, P.M. 2017. "Norm of Online Expressions of Emotion: Comparing Facebook, Twitter, Instagram, and WhatsApp". *New Media and Society* online publication.

Weiner, B., Frieze, I., Kukla, A., Reed, L., Rest, B. and Rosenbaum, R.M. 1971. *Perceiving the Causes of Success and Failure.* Morristown, NJ: General Learning Press.

Whitty, M.T. 2008. "Revealing the 'Real' Me, searching for the 'Actual' You: Presentations of the Self on an Internet Dating Site". *Computers in Human Behavior* 24: 1707-1723.

Wiatrowski, M.D., Griswold, D.B. and Roberts, M.K. 1981. "Social Control Theory and Delinquency". *American Sociological Review* 46: 525-541.

Wicklund, R.A. 1975. "Objective Self-Awareness". In L. Berkowitz(ed.), *Advances in Experimental Social Psychology.* New York: Academic Press.

Wilkins, D.J., Livingstone, A.G. and Levine, M. 2019. "All Click, No Action? Online Action, Efficacy Perceptions, and Prior Experience combine to affect Future Collective Action". *Computers in Human Behavior* 91: 97-105.

Willard, N.E. 2006. *Cyberbullying and Cyberthreat: Responding to the Challenge of Online Social Aggression, Threats, and Distress.* Eugene, OR: Center for the Safe and Responsible Internet Use.

Wilson, J. 2000. "Volunteering". *Annual Review of Sociology* 26: 215- 240.

Wilson, V.E. 2003. "Perceived Effectiveness of Interpersonal Persuasion Strategies in Computer-Mediated Communication". *Computer in Human Behavior* 19: 537-552.

Wilson, J. & Musick, M. (1997). Who Cares? Toward an Integrated Theory of Volunteer Work. *American Sociological Review* 62: 694-713.

Yardi, S. and Boyd, D. 2010. "Dynamic Debates: An Analysis of Group Polarization Over Time on Twitter". *Bulletin of Science, Technology & Society* 30(5): 316-327.

Ybarra, M., Alexander, C. and Mitchell, K.J. (2005). "Depressive Symptomomatology, Youth Internet Use and Online Interactions: A National Survey." *Journal of Adolescent Health* 36:9-18.

Yoo, J. and Kim, M. 2014. "The Effects of Home Page Design on Consumer Responses: Moderating Role of Centrality of Visual Product Aesthetics". *Computers in Human Behavior* 38:240-247.

Young, K.S. 1997. "The Relationship between Depression and Internet Addiction". *Cyberpsychology and Behavior* 1: 25-28.

Young, K.S. 1998. *Caught in the Net.* New York: John Wiley.

Zajonc, R.B. 1968. "Attitudinal Effects of Mere Exposure". *Journal of*

Personality and Social Psychology 9: 2-27.

Zwier, S., Araujo, T., Boukes, M. and Willemsen, L. 2011. "Boundaries to the Articulation of Possible Selves through Social Networking Sites: The Case of Facebook Profilers' Social Connectedness". *Cyberpsychology, Behavior, and Social Networking* 14(10): 571-576.

찾아보기